"十三五"国家重点出版物出版规划项目

转型时代的中国财经战略论丛

内部控制与内部人交易行为研究：理论与实证

陈作华　著

中国财经出版传媒集团
经济科学出版社
Economic Science Press

图书在版编目（CIP）数据

内部控制与内部人交易行为研究：理论与实证/陈作华著.
—北京：经济科学出版社，2020.9
（转型时代的中国财经战略论丛）
ISBN 978-7-5218-1943-4

Ⅰ.①内…　Ⅱ.①陈…　Ⅲ.①企业内部管理-研究
Ⅳ.①F272.3

中国版本图书馆 CIP 数据核字（2020）第 190211 号

责任编辑：于海汛　李　林
责任校对：郑淑艳
责任印制：李　鹏　范　艳

内部控制与内部人交易行为研究：理论与实证
陈作华　著
经济科学出版社出版、发行　新华书店经销
社址：北京市海淀区阜成路甲 28 号　邮编：100142
总编部电话：010-88191217　发行部电话：010-88191522
网址：www.esp.com.cn
电子邮箱：esp@esp.com.cn
天猫网店：经济科学出版社旗舰店
网址：http://jjkxcbs.tmall.com
北京季蜂印刷有限公司印装
710×1000　16 开　15.5 印张　240000 字
2020 年 12 月第 1 版　2020 年 12 月第 1 次印刷
ISBN 978-7-5218-1943-4　定价：68.00 元
（图书出现印装问题，本社负责调换。电话：010-88191510）

总　序

山东财经大学《转型时代的中国财经战略论丛》（以下简称《论丛》）系列学术专著是"'十三五'国家重点出版物出版规划项目"，是山东财经大学与经济科学出版社合作推出的系列学术专著。

山东财经大学是一所办学历史悠久、办学规模较大、办学特色鲜明，以经济学科和管理学科为主，兼有文学、法学、理学、工学、教育学、艺术学八大学科门类，在国内外具有较高声誉和知名度的财经类大学。学校于2011年7月4日由原山东经济学院和原山东财政学院合并组建而成，2012年6月9日正式揭牌。2012年8月23日，财政部、教育部、山东省人民政府在济南签署了共同建设山东财经大学的协议。2013年7月，经国务院学位委员会批准，学校获得博士学位授予权。2013年12月，学校入选山东省"省部共建人才培养特色名校立项建设单位"。

党的十九大以来，学校科研整体水平得到较大跃升，教师从事科学研究的能动性显著增强，科研体制机制改革更加深入。近三年来，全校共获批国家级项目103项，教育部及其他省部级课题311项。学校参与了国家级协同创新平台中国财政发展2011协同创新中心、中国会计发展2011协同创新中心，承担建设各类省部级以上平台29个。学校高度重视服务地方经济社会发展，立足山东、面向全国，主动对接"一带一路"、新旧动能转换、乡村振兴等国家及区域重大发展战略，建立和完善科研科技创新体系，通过政产学研用的创新合作，以政府、企业和区域经济发展需求为导向，采取多种形式，充分发挥专业学科和人才优势为政府和地方经济社会建设服务，每年签订横向委托项目100余项。学校的发展为教师从事科学研究提供了广阔的平台，创造了良好的学术生态。

习近平总书记在全国教育大会上的重要讲话，从党和国家事业发展全局的战略高度，对新时代教育工作进行了全面、系统、深入的阐述和部署，为我们的科研工作提供了根本遵循和行动指南。习近平总书记在庆祝改革开放40周年大会上的重要讲话，发出了新时代改革开放再出发的宣言书和动员令，更是对高校的发展提出了新的目标要求。在此背景下，《论丛》集中反映了我校学术前沿水平、体现相关领域高水准的创新成果，《论丛》的出版能够更好地服务我校一流学科建设，展现我校“特色名校工程”建设成效和进展。同时，《论丛》的出版也有助于鼓励我校广大教师潜心治学，扎实研究，充分发挥优秀成果和优秀人才的示范引领作用，推进学科体系、学术观点、科研方法创新，推动我校科学研究事业进一步繁荣发展。

伴随着中国经济改革和发展的进程，我们期待着山东财经大学有更多更好的学术成果问世。

山东财经大学校长 [signature]

2018 年 12 月 28 日

前　言

2005年10月27日修订的《中华人民共和国公司法》第一百四十一条规定："公司董事、监事、高级管理人员应当向公司申报所持有的本公司的股份及其变动情况，在任职期间每年转让的股份不得超过其所持有本公司股份总数的百分之二十五"。自此，我国开始允许内部人有限制地买卖本公司股票，交易活动日趋频繁。公司内部人处在生产经营的第一线，相比外部人在公司未来业绩和重大事件等信息上占有明显的优势，基于自利性目的，公司内部人可能会利用信息优势选择在恰当的时机买卖本公司股票，获取超常回报或者规避损失。因此，内部人交易可能成为内部人寻租的途径，这无疑会破坏市场公平，损害外部投资者利益。因此，为约束内部人通过股票交易进行寻租，《中华人民共和国公司法》、《中华人民共和国证券法》（以下简称《证券法》）及相关法规强化了对内部人交易的监管，尤其对定期报告前后敏感期间的交易进行了相应规定，同时要求上市公司及时披露与内部人交易相关的信息，提高内部人交易的透明度。比如2007年中国证券监督管理委员会颁布的《上市公司董事、监事和高级管理人员所持本公司股份及其变动管理规则》第十一条对内部人交易信息披露进行了规定："上市公司董事、监事和高级管理人员所持本公司股份发生变动的，应当自该事实发生之日起两个交易日内，向上市公司报告并由上市公司在证券交易所网站进行公告。"该规则第十三条对敏感期交易也进行如下规定："上市公司董事、监事和高级管理人员在下列期间不得买卖公司股票：一是上市公司定期报告公告前30日内；二是上市公司业绩预告、业绩快报公告前10日内；三是自可能对本公司股票交易价格产生重大影响的重大事项发生之日或在决策过程中，至依法披露后两个交易日内。"

尽管我国相关法律法规对内部人交易行为进行了规范和约束，内部人交易行为也已置于法律法规监管体系之下，但是我国有关证券交易的法律法规仍然处在惩罚宽松、执行不严和漏洞较多的状态。因此，在我国资本市场上，内部人利用信息优势谋取高额回报并侵害外部投资者利益的股票交易行为时有发生，“敏感期交易”和“延迟披露”等违规现象仍较为普遍。这引发了市场和监管者的普遍担忧，成为我国资本市场亟须解决的问题。

内部控制作为现代企业管理的重要组成部分，从产生的根源来看，其基本目标是提高报告信息质量和促进企业合法合规经营，进而实现企业经营效率的改善。2008 年，中华人民共和国财政部等五个部门联合发布《企业内部控制基本规范》（简称为 C－SOX），要求我国上市公司完善内部控制系统，提高经营管理水平和风险防范能力。强调内部控制系统要确保企业经营符合法律法规的要求，保证财务报告及相关信息的真实可靠。因此，内部控制作为提高信息质量和确保企业经营管理合法合规的重要制度安排，能有效降低内部人的私有信息占有量进而有效抑制内部人利用股票交易寻租吗？是否有助于提高企业的合法合规性，降低内部人违规交易行为，进而保护外部投资者利益？对这些亟待验证问题的回答，既为规范内部人交易行为提供了理论基础，又为检验内部控制政策实施后果提供了重要尺度，成为有意义的研究机会。不过，由于我国内部人交易历史比较短，大样本数据获取比较难，迄今为止鲜有文献结合我国特色制度背景从内部控制的视角对内部人交易行为进行系统的研究。因此，本研究希望通过分析内部控制在内部人交易行为中所发挥的作用，为规范内部人交易行为提供理论依据和经验支持。

基于以上考虑，本研究实证检验了内部控制对内部人交易信息含量、内部人交易寻租、内部人亲属交易行为、内部人违规交易行为以及董监高机会主义减持的影响，揭示内部控制在内部人交易过程中发挥的作用，厘清内部人交易行为与资本市场之间的关联。本研究在系统梳理国内外相关文献及理论的基础上，采用规范研究和实证研究相结合的方法，以我国沪深两市上市公司为研究对象，从内部控制的视角对如何有效抑制内部人私有信息占有、内部人寻租以及内部人违规交易等进行了全面深入的研究。

具体而言，本研究首先对内部人交易和内部控制等主要概念进行了界定，梳理了国内外关于内部控制以及围绕内部人交易展开的相关研究文献；其次运用信息经济学和制度经济学，从委托代理理论、信息不对称理论和信号理论出发深入分析了内部人交易的理论基础，借以探求内部控制影响内部人交易的作用机理。在后续的实证检验部分，从内部人交易信息含量、内部人交易寻租、内部人亲属股票交易、内部人违规交易行为与董监高机会主义减持五个方面，检验了内部控制能否以及如何影响内部人交易行为。

实证研究发现：其一，内部人交易行为与交易后股票未来超常回报之间存在显著的相关关系，且内部控制能够显著地弱化这种关系。结果表明，我国内部人交易具有较高的信息含量，高质量内部控制能够有效降低内部人私有信息的占有量和内部人交易行为具有的预测未来市场业绩的能力。其二，内部控制质量与内部人交易获取的超常收益存在显著的负相关关系，且二者的负相关关系在控制住可能的内生性问题后依然显著；说明高质量内部控制可有效降低内部人与外部人之间的信息不对称，可有效降低内部人寻租的程度，有助于保护投资者利益。其三，市场认为内部人亲属卖出股票交易传达了新信息，对此做出了显著的负面反应；内部控制对内部人亲属交易所引起的市场反应有着显著的影响。其四，内部控制与内部人违规交易行为显著负相关，即内部控制质量越高，内部人违规交易行为发生越少。具体而言，内部控制与内部人违规交易比率和内部人敏感期交易比率显著负相关，与内部人延迟披露比率的负相关关系不显著。结果表明，内部控制能有效抑制内部人违规交易行为的发生，有利于提高公司经营管理的合法合规性，进而保护投资者利益。其五，相对于低质量内部控制，高质量内部控制显著地抑制了董监高减持的择机性，结果表明内部控制对董监高机会主义减持行为具有治理效应；这一治理效应在法制环境较好地区更为显著，而在民营企业与国有企业均较为显著，无显著差异。进一步检验发现，内部控制能有效抑制董监高的信息优势，部分说明了内部控制发挥治理效应的机理。

与国内外内部人交易行为研究相比，本研究的学术贡献可能表现在以下几个方面：

第一，既有关于内部人交易行为的研究鲜见从内部控制视角进行系统研究的，本研究把内部人交易行为进一步拓展到内部人亲属交易行为和内部人违规交易行为，构建了内部控制如何有效抑制内部人及其亲属利用信息优势获取超额利润以及如何抑制内部人违规交易行为的理论框架，系统阐述了它们之间的作用机理，厘清了它们之间的关系。

第二，首先，本研究在内部控制对内部人交易寻租的影响研究中，首次采用了日超常收益和月超常收益两个维度度量了内部人交易寻租，为验证内部控制如何抑制内部人利用私有信息优势进行寻租提供了可能。其次，在内部控制对内部人违规交易行为的影响研究中，首次采用了内部人违规交易行为发生比率对内部人违规交易行为进行度量，并进一步区分为内部人交易信息披露延迟违规发生比率和内部人敏感期交易发生比率，从而为内部控制能否抑制内部人违规交易行为的研究提供了保证。

第三，本研究有利于强化对内部人交易的规范管理，抑制内部人违规交易行为，维护资本市场的健康发展和保护投资者信心，为我国公司内部人交易法律法规的完善提供了理论支持和政策建议；本研究还有助于验证内部控制制度在我国的执行效果，为内部控制制度在我国的实施提供理论支持和经验证据。同时拓展了内部控制与内部人交易行为研究，丰富了相关文献。

目　录

第1章 绪　论

1.1 研究背景和意义

1.1.1 研究背景

内部人交易是公司董事、监事和高管买卖本公司股票的行为，是证券市场和学术研究中的一个颇具争议的话题。尽管现有研究表明内部人交易是一种有效契约机制（Roulstone，2003），又是一种潜在地揭露私有信息以提高市场效率的信息传递机制（Manne，1966；Carlton and Fischel，1983），但由于内部人接近或参与企业的生产经营决策，在公司未来业绩和重大事件等信息占有上具有明显的优势，这可能成为企业内部人侵占外部人利益的主要驱动因素，从而引起了外部投资者和监管者的重点关注。

相比外部投资者，上市公司内部人所具有的“天然”信息优势在定期报告截止日至定期报告披露日之间尤为突出，而且在这一敏感期间进行交易的内部人延迟披露交易信息现象较其他期间更为严重（曾庆生和张耀中，2012）。大部分国家监管机构对定期报告前后敏感期间的交易进行了规定，并且要求内部人和上市公司及时披露交易信息。我国监管机构也对此进行了规定，如2007年中国证监会颁布的《上市公司董事、监事和高级管理人员所持本公司股份及其变动管理规则》第十三条对敏感期交易进行了规定：“上市公司董事、监事和高级管理人员在下列期间不得买卖公司股票：一是上市公司定期报告公告前30日内；二是上市公司业绩预告、业绩快报公告前 10 日内；三是自可能对本公司股票交易价格产生重大影响的重大事项发生之日或在决策过程中，至依法披露后两个交易日内。”同时，该规则第十一条对内部人交易信息披露进行了规定：“上市公司董事、监事和高级管理人员所持本公司股份发生变动的，应当自该事实发生之日起两个交易日内，向上市公司报告并由上市公司在证券交易所网站进行公告。”

除此之外，《中华人民共和国公司法》（以下简称《公司法》）《中华人民共和国证券法》（以下简称《证券法》）以及相关法规对内部人交易行为进行了约束，内部人交易行为也已初步置于法律法规监管体系之下。2006 年起《公司法》和《证券法》对内部人交易开始了有限制的解禁。2006 年《公司法》第一百四十二条规定：“公司董事、监事、高级管理人员应当向公司申报所持有的本公司的股份及其变动情况，在任职期间每年转让的股份不得超过本公司股份总数的百分之二十五；所持本公司股份自公司股票上市交易之日起一年内不得转让。”本条规定了公司内部人转让股份时应遵守的数额上的限制。2006 年《证券法》第四十七条规定：“上市公司董事、监事、高级管理人员、持有上市公司股份百分之五以上的股东，将其持有的该公司的股票在买入后六个月内卖出，或者在卖出后六个月内又买入，由此所得收益归该公司所有，公司董事会应当收回其所得收益。”该条对内部人可能进行短线交易进行了限制。

尽管我国法律法规对内部人交易行为进行了约束和限制，对规范上市公司内部人交易行为也发挥了重要作用，但与国外发达经济体有关内部人交易的法律法规相比，我国内部人交易法律法规仍有诸多漏洞和不足，在内部人亲属交易的立法上尤其突出，可能成为内部人借此牟利的工具。2007 年深圳证券交易所颁布《深圳证券交易所上市公司董事、监事和高级管理人员所持有本公司股份及其变动管理业务指引》，其中规定上市公司内部人亲属包括配偶、子女、父母和兄弟姐妹等，持有内部人所在公司股票的上述人员须在所持公司股份变动后两个交易日内如实申报；2008 年颁布的《关于进一步规范中小企业板上市公司董事、监事和高级管理人员买卖本公司股票行为的通知》第九条规定，上市公司的董事、监事及高级管理人员的配偶不得在敏感期内买卖内部人所在公司的股票。除此之外，我国对内部人亲属交易在法律法规上再无明确的规定，这给刻意规避法律漏洞的内部人留下了钻营的机会。

同时，在我国证券市场上，内部人利用私有信息优势谋取高额回报，损害外部投资者利益的股票交易行为时有发生，“敏感期交易”和“延迟披露”等违规现象较为普遍，内部人交易时利用亲属关系规避法律约束的现象也大量存在。上述违规现象的存在，无疑破坏了市场公平，损害了外部投资者的利益，由此引起了市场和监管者的普遍担忧。因此，如何促进内部人交易健康有序运行，保护外部投资者利益成为我国证券市场发展中亟须解决的现实问题。

内部人利用信息优势通过股票交易行为进行寻租，“敏感期交易”和“延迟披露”现象的频繁发生，以及内部人交易时利用亲属关系规避法律约束现象的存在，与我国近年来不断强化内部控制保护投资者利益的目的是背离的。1992 年美国 COSO 委员会发布的指导内部控制实践的纲领性文件《内部控制——整合框架》指出：“内部控制是由企业董事会、经理层以及其他员工实施的，为财务报告的可靠性、经营活动的效率和效果、相关法律法规的遵循性等目标的实现而提供合理保证的过程”，从 COSO 委员会对内部控制的定义可以看出，内部控制的根本目的在于降低内部人与外部人之间的信息不对称，提高企业经营的合法合规性，保护投资者利益。2001 年后美国发生了一系列重大财务欺诈案件，推动了《萨班斯－奥克斯利法案》（简称为 SOX）的产生，要求上市公司强化内部控制保护投资者利益。从我国内部控制规范体系的进展来看，财政部等五部门在 2008 年联合发布《企业内部控制基本规范》（简称为 C－SOX），明确提出强化内部控制的目的在于提高企业经营管理水平和风险防范能力，促进企业可持续发展。尽管 COSO 报告、SOX 和 C－SOX 都强调了企业内部控制的重要性，但内部控制作为提高公司治理水平、保护投资者利益的重要手段，能够有效降低信息不对称、抑制内部人谋取私利吗？能够提高企业的合法合规性，从而降低内部人的违规交易行为吗？能够有效抑制内部人利用亲属关系以规避法律约束吗？这些问题成为检验我国内部控制政策实施效果的一个重要方面，也为如何规范内部人交易行为提供了独特的视角，如何回答这些问题为本书提供了研究机会。

1.1.2 研究意义

允许上市公司董事、监事和高管在二级市场买卖本公司股票的交易行为在我国尚不足十年的历史，因而我国学者围绕内部人交易开展的相关研究与西方发达经济体相比仍然比较薄弱，而且研究领域比较狭窄。本书展开的内部控制影响内部人交易行为的研究，对于强化上市公司内部控制，制定和完善内部人交易法律法规，保护外部投资者利益，促进我国证券市场的健康和有序发展，均具有积极的理论意义和现实意义。

截至当前，国内外学者围绕内部控制经济后果开展的研究已经取得了丰硕的成果，但从内部控制如何影响内部人交易行为视角研究内部控制经济后果的相关文献少之又少。尽管内部控制并非是专门用来解决内部人交易相关问题的，但内部控制作为提高公司治理水平、保护投资者利益的重要手段，内部人利用信息优势谋求私利进行寻租的行为、内部人违规交易行为以及内部人利用亲属关系规避法律监管的行为均是内部控制约束和控制的对象。本书深入剖析了内部控制对内部人交易行为影响的作用机理，研究了内部控制能否和如何影响内部人交易寻租、内部人违规交易行为及内部人亲属交易行为，丰富了内部控制经济后果相关研究，提供了基于中国特殊制度背景下的经验证据。

内部控制政策的实施有助于实现企业目标，实现股东财富最大化。但是内部控制政策在企业实施过程中需要支付较高的成本，因此对于内部控制政策执行收益与成本孰高孰低，无论在理论界还是实务界仍然存有争论。本书研究发现内部控制质量的改善有助于降低内部人的私有信息优势，进而有助于抑制内部人通过交易行为进行寻租，有助于约束内部人的违规交易行为，并对内部人亲属卖出股票交易行为获取超常回报有显著的抑制作用。本书的研究结论有助于化解内部控制实施成本与收益孰高孰低的争论，使得企业能够以更加积极的态度执行内部控制政策，同时为我国内部控制政策的制定和完善提供了理论依据，也有效地检验了我国政策制定部门和监管部门推出的一系列内部控制相关政策、法规的执行效果。

公司董事、监事和高管处在企业生产经营的第一线，具有天然的信息优势。而且他们接受外部股东的委托，参与公司治理和运营，出于自利目的，他们可能会损害外部投资者利益。由此，本书以委托代理理论、信息不对称理论和信号理论为依托，分别从内部人交易信息含量、内部人交易寻租、内部人违规交易行为和内部人亲属交易行为等视角对内部人交易行为的内在机理进行了系统研究，对内部人及其亲属的交易动机究竟是出于寻租还是出于流动性和多元化投资组合等进行了剖析。本书的研究为我国证券监管部门制定和完善内部人交易相关法律、法规和规范内部人交易行为提供了理论支持和经验证据，为如何从公司内部控制层面加强内部人交易的监管提供了借鉴。

内部人买卖本公司股票的行为作为最直接和可信的信号，向市场传递了公司的内部信息。因此，内部人及其亲属的交易行为均会对外部投资者、上市公司以及证券市场产生影响。本书的研究验证了这一论断，发现内部人及其亲属交易行为具有信号传递功能，引起了市场上投资者的显著反应。这一结论为投资者通过关注和模仿内部人及其亲属交易行为保护其投资利益提供了借鉴。本书研究还发现，有效的内部控制可以显著弱化内部人交易的信号功能，是提高市场效率和保护投资者利益的有效措施。因此本书的研究结论丰富和拓展了投资者利益保护相关文献。

1.2 主要概念界定

1.2.1 内幕交易的概念界定

目前各国对内幕交易的概念并未有一致的界定，但对于内幕交易的本质则取得了共识，即内幕交易违背了公开、公平和公正的原则，削弱了资本市场的根基，损害了投资者利益，因此内幕交易属于违法行为，为各国法律所禁止。众所周知，美国是世界上最早的为禁止内幕交易立法的国家，美国《1933 年证券法》和《1934 年证券交易法》及 1942 年美国证券交易委员据此制定的第 10b－5 规则是美国内幕交易法律体系的基石。第 10b－5 规则以兜底性条款的形式，提供了禁止内幕交易的规范含义和法理基础，使之成为美国规制内幕交易的法律中最重要的规则（毛玲玲，2007）。该规则的主要内容是，任何人在证券交易活动中，不得就任何与交易活动有关的重大事实做任何不实陈述、或忽略任何重大事实，或从事任何与交易活动有关的欺诈或欺骗行为。

《证券法》第七十三条明确指出，“禁止证券交易内幕信息的知情人和非法获取内幕信息的人利用内幕信息从事证券交易活动。”第七十六条进一步规定，“证券交易内幕信息的知情人和非法获取内幕信息的人，在内幕信息公开前，不得买卖该公司的证券，或者泄露该信息，或者建议他人买卖该证券。”从《证券法》的规定来看，内幕交易是指内幕信息的知情人和非法获取内幕信息的人在内幕信息公开前利用内幕信息买卖公司证券，或者泄露该信息或者建议他人买卖证券的违法行为。根据《证券法》对内幕交易的界定，内幕交易主要由三大要素构成：一是内部交易主体，即内幕信息知情人；二是内幕交易工具，即内幕信息；三是内幕交易客体，也就是公司证券。《证券法》第七十四条对内幕信息的知情人进行了界定，指出证券交易内幕信息的知情人包括：发行人的董事、监事、高级管理人员；持有公司百分之五以上股份的股东及其董事、监事、高级管理人员，公司的实际控制人及其董事、监事、高级管理人员；发行人控股的公司及其董事、监事、高级管理人员；由于所任公司职务可以获取公司有关内幕信息的人员；证券监督管理机构工作人员以及由于法定职责对证券的发行、交易进行管理的其他人员；保荐人、承销的证券公司、证券交易所、证券登记结算机构、证券服务机构的有关人员。同时《证券法》第七十五条对内幕信息进行了界定，该条指出内幕信息是指在证券交易活动中，涉及公司的经营、财务或者对该公司证券的市场价格有重大影响的尚未公开的信息，具体包括：公司分配股利或者增资的计划；股权结构的重大变化；公司债务担保的重大变更；公司营业用主要资产的抵押、出售或者报废一次超过该资产的百分之三十；公司的董事、监事、高级管理人员的行为可能依法承担重大损害赔偿责任；上市公司收购的有关方案；国务院证券监督管理机构认定的对证券交易价格有显著影响的其他重要信息等。从《证券法》对内幕信息和内幕信息知情人的界定来看，内幕信息主要是与公司重大投融资活动、经营活动以及引起证券交易价格变动的其他活动紧密相关的信息，而内幕信息知情人涵盖范围比较广，凡是对内幕信息知情的公司内部人以及与内幕信息相关的外部人均包含在内。

我国学者对内幕交易的界定，与《证券法》的界定基本是等同的。曾庆生（2008）是我国较早开展内部人交易研究的学者，他认为内幕交易是掌握重要非公开信息的人买卖证券的行为，“重要的非公开信息”指的是“内幕信息”，是指尚未公开披露，而一旦披露将对证券价格有重要影响的信息。并将内幕交易分为广义和狭义之分，认为狭义的内幕交易为法律所严格禁止。后来陈乾坤（2012）将内幕交易定义为内部人员和以不正当手段获取内部信息的其他人员违反法律、法规的规定，泄露内部信息，根据内部信息买卖证券或者向他人提出买卖证券建议的行为。徐向艺等（2014）认为，内幕交易是内幕消息的知情人和非法获取内幕信息的人，利用或者建议他人利用内幕信息在该信息尚未正式披露之前从事证券交易以达到获利或者减少自身损失的目的的交易行为。在这个界定中，他们指出了内幕交易的目的在于获利或避免损失。

从上述国内外对内幕信息的概念界定可以看出，内幕交易是指内幕信息的持有人或其他人利用内幕信息进行交易获取超常收益的行为，它损害了市场的根基，即公开、公平和公正的原则，属于违法行为。

1.2.2 内部人交易的概念界定

对内部人交易进行定义的关键是对内部人范围的界定。1934 年美国证券交易法将公司内部人定义为高管、董事以及持股比例超过 10% 的股东。其后如芬纳蒂（Finnerty，1976）、塞伊洪（Seyhun，1986，1988）、罗泽夫和扎曼（Rozeff and Zaman，1988）以及拉格尼沙克和李（Lakonishok and Lee，2001）等美国学者对内部人的界定基本上沿用了美国证券交易法的规定。比如，拉格尼沙克和李（2001）将内部人分成三组：一是管理层，包括 CEO、CFO、董事会主席、董事、高级职员、总裁和副总裁等；二是大股东，指的是持有股份超过 10% 且不是管理层的股东；三是其他人，指的是需要对美国证券交易委员会报告交易信息的除了管理层和大股东之外的所有投资者，比如，拥有重要内部信息的公司律师。因此，拉格尼沙克和李（2001）对内部人交易的界定是：持有公司股票超过 10% 的高管、董事和股东的交易行为。并特别指出，内部人配偶、未成年子女以及其他亲属进行股票交易也应包括在内部人交易范围之内。

2006 年前《公司法》第一百四十七条规定，“股份有限公司的董事、监事、经理应当向公司申报所持有的本公司的股份，并在任期内不得转让”，这意味着内部人交易被变相完全禁止（李勇和王美今，2003）。因此，我国学者在 2006 年之前对于内部人交易的研究比较少。李勇和朱淑珍（2005）认为内部人主要是指发行股票或公司债券的董事、监事、经理、副经理以及有关高级管理人员，还包括持有公司百分之五以上股份的股东。并认为内幕交易人员并不等同于公司内部人，将公司内部人员买卖本公司股票的活动定义为内部人交易，而将知情人员利用信息优势获取不正当交易利润的行为定义为内幕交易。

曾庆生（2008）认为内部人交易为内部人买卖本公司股票的行为，该定义比较粗糙，边界没有严格界定。陈乾坤（2012）对内部人交易与内幕交易进行了界定和区分，他认为公司中的内部人主要是指上市公司的董事、监事、高级管理者以及持有一定比例股份的大股东，内部人交易是指公司内部人在二级市场上买卖自己公司证券的行为。陈乾坤（2012）认为内部人交易不同于内幕交易，内幕交易属于违法行为，而内部人交易将被定义为合法的。高垚（2008）指出内部人交易就是指公司董事、监事和高管买卖自己公司股票的行为。综上国内外学者对内部人交易概念的界定，内部人交易指的是公司董事、监事、高级管理人员以及持有一定股份比例的股东买卖本公司股票的交易行为。本书所指的内部人交易主要是公司董事、监事和高级管理人员买卖本公司股票的交易行为。

1.2.3 内幕交易和内部人交易的不同

国外对内幕交易和内部人交易并未进行更细致的区分。但是本书的研究是立足于内部人交易而非内幕交易，因此，对二者的区分尤为必要。综合上述内幕交易和内部人交易的概念界定，二者的不同之处体现在以下几个方面。

1. 交易主体涵盖范围不同

内幕交易主体是内幕信息的知情人，《证券法》将其分为七类，不但包括公司内部人，而且还包括与公司有关的外部人或机构。而内部人交易的主体是公司董事、监事和高管。因此，从交易主体来看，内幕交易中的主体范围要远远大于内部人交易的主体范围。

2. 交易动机不同

内幕交易动机只有一个，那就是凭借内幕信息获取非法收益（高垚，2008）。而内部人交易动机则比较复杂，内部人利用信息优势谋取超常回报是被证明的主要动机（Jafee，1974；Finnerty，1976；Seyhun，1986，1992；Rozeff and Zaman，1988 等），除此之外，内部人还可能因为消费、多元化投资以及流动性需要等原因而进行交易。

3. 二者产生的经济后果不同

内幕交易违背了证券市场公开、公平、公正的原则，打击了投资者的信心，导致市场运行低效，因此内幕交易可以说百害而无一利。内部人交易可能存在损害投资者利益情形的发生，但是内部人交易本身既是一种有效契约机制（Roulstone，2003），又是一种传递私有信息提高市场效率的信息传递机制。因此，站在监管层的角度看，监管层并不会禁止所有的内部人交易，但是反对基于重大未公开信息的内幕交易（朱茶芬等，2011）。

4. 交易性质不同

皮尔斯托斯基和罗尔斯东（Piostroski and Roulstone，2005）认为内部人的信息优势在于通过识别外部人的定价偏误或较高的预测未来现金流量的能力实现的。萨威基和什里斯塔（Sawicki and Shrestha，2008）认为内部人收益源于两点：一是暂时的错误定价，市场上外部投资者因未能准确解释信息而未能更好地评价公司的内在价值；二是内部人具有的出众的预测未来现金流量的能力。因此，综合来看，内部人的信息优势是估价判断优势和现金流量预测优势，这种信息优势来自内部人的判断分析能力，内部人利用这种信息优势可以获得超常收益，不属于违法行为。但是内幕信息一般是能够引起公司股价巨变的尚未公开的重大事件信息，如果内部人利用这种信息则会获得巨大的利益，严重损害外部投资者利益，破坏了市场公平，因此内幕信息的利用为各国所禁止。

从上述关于内幕交易和内部人交易的不同来看，二者之间存在着部分重叠，如果内部人利用尚未公开的重大事件信息进行交易，那么内部人的股票交易则变成了内幕交易，所以内部人交易可能会转化成内幕交易。因此，内部人交易未必是违法的，但内幕交易一定是法律所禁止的。

1.2.4 内部控制的概念界定

内部控制思想渊源于内部牵制。内部牵制思想在西方可以追溯到古埃及和古希腊时期，在我国则可以追溯到公元前的西周时期。内部牵制是内部控制发展进程中的第一阶段，也是内部控制发展史上经历时间最长的阶段（杨有红，2013）。审计师劳伦斯·R. 迪克西（Lawrence R. Dicksee，1905）最早提出内部牵制的概念，并认为职责分工、会计记录、人员轮换是内部牵制的要素。蒙哥马利（Montgomery，1912）指出，所谓内部牵制是指组织内部必须进行职责分工，业务上必须进行交叉检查和交叉控制，防止错误或舞弊发生的制度。《柯氏会计辞典》（Kohler's Dictionary for Accountant）指出内部牵制的本质内涵是“防止错误和其他非法业务发生的业务流程设计”，其对内部牵制主要特点的描述是以任何个人或部门不能单独控制任何一项或一部分业务权力的方式进行组织上的责任分工，每项业务通过正常发挥其他个人或部门的功能进行交叉检查或交叉控制。因此，职责分工成为人们对内部牵制思想理解的关键所在。人们关注职责分工的原因在于两个或以上的人或部门无意识地犯同样错误的概率较小，而且两个或以上的人或部门有意识地合伙舞弊的可能性大大低于单独一个人或部门舞弊的可能性（李心合，2013）。总的来看，20 世纪 40 年代之前人们更为习惯将内部控制表达为内部牵制，普遍认为内部牵制的主要特征是职责分工，主要目标是防止组织内部的错误和舞弊。后来，我国学者李心合（2013）重新梳理了内部牵制的内涵，对内部牵制理论进行了创新性思考，他指出内部牵制是一种管理控制机制，而不仅是会计控制；内部牵制的目标在于防范和控制风险，而不仅是防范舞弊；内部牵制的机制在于合作，而不仅是职责分离。

1936 年美国会计师协会（AIA）发布的《注册会计师对财务报告的审查》一文中最早提出了内部控制（Internal control）一词。1949 年，美国注册会计师协会（AICPA）所属的审计程序委员会（CPA）首次正式提出了内部控制的概念，认为“内部控制包括企业内部为保护资产、审核会计数据的正确性和可靠性、提高经营效率、坚持既定管理方针而采用的组织计划，以及各种协调方法和措施”。这个概念已突破了仅与会计相关的局限，内部控制的内涵已经从单一的会计层面拓展到与企业经营管理相关的多个层面。1953 年美国审计程序委员会对内部控制的定义进行了修正，将内部控制按照其关注领域的不同划分为两类，即会计控制和管理控制。随后，1958 年美国审计程序委员会发布第 29 号审计程序公告，将内部控制分为内部会计控制和内部管理控制两类，其中前者包含与财产安全和会计计量准确性和可靠性直接相关的各种控制程序和方法，后者包含与企业经营效率直接相关的控制程序和方法。1988 年，在《审计准则公告》（第 55 号）中“内部控制制度”概念被“内部控制结构”所取代，内部控制结构的基本内涵是为获得企业特定目标的合理保证而建立的各种政策和程序，并认为内部控制结构由控制环境、会计系统和控制程序三要素组成。

在 1992 年，企业内部控制发展史上迎来了里程碑事件，即资助组织委员会 COSO 发布《内部控制——整合框架》。《内部控制——整合框架》对内部控制的含义进行了界定，指出“内部控制是由董事会、经理层及其他员工实施的，为运营活动的效率和效果、财务报告的可靠性、相关法律法规的遵循性等目标的实现而提供合理保证的过程”，并确立了内部控制的五个要素，即控制环境、风险评估、控制活动、信息与沟通以及监督。内部控制的三个目标和五个要素成为内部控制整合框架的核心内容。COSO 委员会对内部控制概念的界定在内部控制概念发展史具有重要意义，为后来内部控制政策的完善和推行做了铺垫。随着对内部控制认识的不断深入，2004 年 COSO 委员会发布了《企业风险管理——整合框架》，将企业内部控制推进到了以企业风险管理为主的阶段。该框架指出“企业风险管理是一个过程，该过程受组织的董事会、管理层和其他人员影响、应用于战略制定并贯穿在整个企业之中”。该框架在《内部控制——整合框架》的基础上将内部控制要素拓展到八个，增添了目标设定、事项识别和风险应对三个要素；并将内部控制目标拓展到了四个，增加了战略管理目标，同时还扩大了报告范畴。

21 世纪初以来，借鉴其他国家和经济组织关于内部控制制度建设的经验，我国政府加快了有关内部控制的理论和制度建立，并获得了飞速发展。2004 年我国制定《审计机关内部控制测评准则》，该准则对内部控制进行了定义，“本准则所称内部控制，是指被审计单位为了维护资产的安全、完整，确保会计信息的真实、可靠，保证其管理或者经营活动的经济性、效率性和效果性并遵守有关法规，而制定和实施相关政策、程序和措施的过程。内部控制由控制环境、风险评估、控制活动、信息与沟通和监督五个要素组成。”2008 年，财政部、证监会、审计署、银监会和保监会联合发布《企业内部控制基本规范》，该规范明确了内部控制的基本含义，认为“内部控制是由企业董事会、监事会、经理层和全体员工实施的、旨在实现控制目标的过程。内部控制的目标是合理地保证企业经营管理合法合规、资产安全、财务报告及相关信息真实完整、提高经营效率和效果，促进企业实现发展战略。”我国政策制定机构对于内部控制的定义，是在借鉴 COSO 委员会对内部控制定义的精神内涵的基础上，结合我国具体情况进行了拓展。因此，《企业内部控制基本规范》发布的目的在于提高我国企业的管理水平和风险防范能力，是我国内部控制制度建设的重大突破。

综上分析，内部控制是由企业全体人员参与的，为了实现既定的目标而实施的程序和政策。内部控制的本质在于内部人员之间的制衡和监督，以激励内部人员为实现企业目标而努力工作。

1.3 研究思路和研究方法

1.3.1 研究思路

本书的研究主题是内部控制对内部人交易行为的影响，具体是内部控制能否以及如何影响内部人及其亲属通过股票交易寻租，内部控制能否以及如何弱化内部人交易的信息含量，内部控制能否抑制内部人的违规交易行为。本书综合运用委托代理理论、信息不对称理论和信号理论对上述问题进行了深入分析，并进行了实证检验，以揭示内部控制在内部人交易过程中所发挥的作用，揭示内部人交易行为与资本市场之间的关联性。整个研究思路依照文献回顾—理论分析—实证检验—结论的逻辑顺序展开。本书共分9章，研究思路与逻辑框架见图1-1。

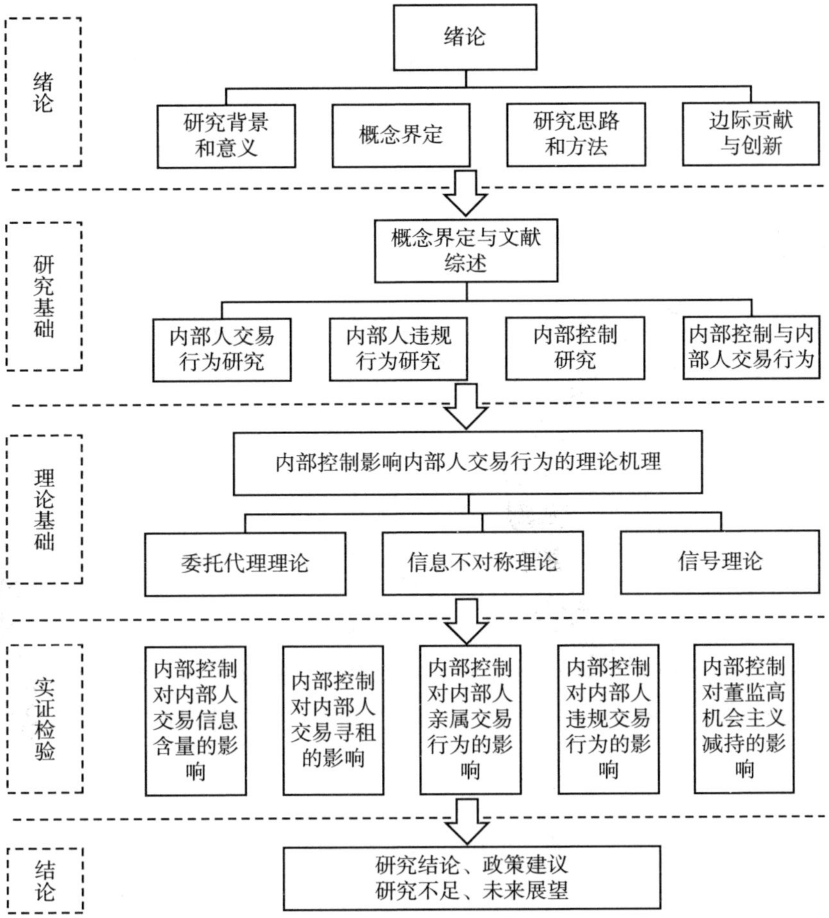

绪论

绪论

研究背景和意义　概念界定　研究思路和方法　边际贡献与创新

研究基础

概念界定与文献综述

内部人交易行为研究　内部人违规行为研究　内部控制研究　内部控制与内部人交易行为

理论基础

内部控制影响内部人交易行为的理论机理

委托代理理论　信息不对称理论　信号理论

实证检验

内部控制对内部人交易信息含量的影响　内部控制对内部人交易寻租的影响　内部控制对内部人亲属交易行为的影响　内部控制对内部人违规交易行为的影响　内部控制对董监高机会主义减持的影响

结论

研究结论、政策建议
研究不足、未来展望

图1-1　研究思路与逻辑框架

本书具体内容如下：

第1章，绪论。本部分首先介绍选题背景、研究意义，其次对内部人交易和内部控制等主要概念进行了界定，最后介绍了本书的研究思路、研究方法以及学术贡献和创新点。

第2章，文献综述。本部分第一对内部人交易市场择时能力相关文献进行了回顾，已有文献中一致发现内部人具有择时交易获取超常收益的能力，这为研究内部控制作用于内部人交易行为提供了铺垫。第二对内部人交易行为与公司信息质量之间关系的相关文献进行了回顾，探求信息质量在内部人交易行为中发挥的作用。第三对内部控制经济后果的相关文献进行梳理，由于内部控制对内部人交易的影响属内部控制经济后果研究范畴，因此对与本书研究话题相关的研究领域如内部控制对盈余质量、违规行为、资本成本和非效率投资的影响进行了综述和评价，指出了既有文献存在的局限和未来研究的方向。第四对内部控制与内部人交易行为之间的关系进行了文献回顾。第五对相关文献进行了总体述评，引出了本书的研究话题。

第 3 章，理论基础。本部分对与内部控制和内部人交易相关的委托代理理论、信息不对称理论和信号理论的基本内容进行了回顾和梳理；并运用委托代理理论、信息不对称理论和信号理论对内部人交易行为的内在机理进行了剖析，以探求内部控制影响内部人交易的作用机理，为后文的研究奠定理论基础。

第 4 章，内部控制对内部人交易信息含量的影响研究。公司内部人相比外部人具有私有信息优势，内部人交易行为作为传递私有信息的最直接和可信的信号是否引起外部市场参与者的关注？高质量内部控制能否抑制内部人交易信息含量？由此，本书基于一个较长的时间窗口检验了内部人交易与未来超常回报之间的关系，并检验了内部控制是否以及如何影响内部人交易与未来超常回报之间的关系，即内部控制能否以及如何影响内部人交易信息含量。

第 5 章，内部控制对内部人交易寻租的影响研究。内部控制作为降低信息不对称，解决代理问题的重要机制设计，目的在于保护外部投资者的利益不受内部人侵占。因此，本部分主要检验高质量内部控制能否有效抑制内部人利用私有信息优势寻租的问题。

第 6 章，内部控制对内部人亲属股票交易行为的影响研究。内部人亲属具有获取内部人私有信息的天然优势，内部人亲属交易行为是内部人交易行为的延伸和替代。我国对内部人亲属交易行为尚未有立法约束，因此内部人可能利用亲属关系规避法律的监管。本章运用事项研究法以及多元回归分析法对内部人亲属的交易行为进行分析，对内部控制能否有效抑制内部人亲属获取超常收益进行了系统研究，本章的研究丰富和拓展了对内部人交易行为的研究，是第 4 章、第 5 章内容的延伸。

第 7 章，内部控制对内部人违规交易行为的影响研究。内部人交易法律法规规定内部人不能在敏感期交易本公司股票，而且不得延迟披露交易信息。然而，内部人在交易过程中，“敏感期交易”和“延迟披露”等违规现象较为普遍。内部控制作为保证企业经营管理合法合规的重要制度安排，能否降低内部人违规交易行为，确保内部控制合规性目标的实现，进而保护外部投资者利益，尚未有系统研究。因此，本章以内部人违规交易比率、内部人敏感期交易比率和内部人延迟披露比率作为内部人违规交易行为的替代变量，考察了内部控制对内部人违规交易行为的影响，是第4章、第5章和第6章的补充和验证。

第8章，内部控制对董监高机会主义减持的影响研究。公司董监高处在生产经营第一线，与外部投资者相比，在估值判断和现金流量预测等方面具有信息优势。机会主义动机可能会推动董监高滥用信息优势或操控信息谋取超额回报。董监高减持，尤其是违规减持带来了较为负面的影响，扰乱了市场交易秩序，损害了中小投资者利益，引发了资本市场的异常波动，成为破坏金融安全的不稳定因素。为此，2017年5月26日中国证监会发布实施经修订的《上市公司股东、董监高减持股份的若干规定》，目的在于为违规减持行为扎上制度藩篱，抑制董监高过度的短期投机行为，引导他们规范、理性和有序减持。因而，如何强化对董监高机会主义减持行为的监管成为内部控制研究的重要问题。基于此，本章实证检验了内部控制在董监高减持行为中所发挥的角色，是对第4章、第5章和第6章的进一步检验。

第9章，研究结论、政策建议与研究展望。本部分依据前述基本理论分析和实证研究的结果，总结前述研究结论，并提出相应的建议和未来研究方向。

1.3.2 研究方法

本书将采用规范研究与实证研究相结合的方法。以委托代理理论、信息不对称理论和信号理论为基础，采用规范研究方法分析了内部人交易动机以及信息优势在内部人交易中的作用，并分析内部控制如何影响内部人交易行为。随之采用实证研究方法对作用机理进行了检验，并提出有针对性的政策建议。针对本书提出的研究目标和研究内容，在具体研究过程中使用了如下研究方法：

（1）绪论部分：在对我国内部人交易相关法律制度和内部控制监管和披露制度进行梳理的基础上，结合我国内部人交易的现状和存在的问题，采用逻辑分析的方法呈现本书的研究背景和研究意义。同时对书中的主要概念进行了梳理和界定。

（2）文献综述部分：采用科学合理的文献检索和整理方法，对涉及内部控制和内部人交易的经典文献、最新文献按照不同主题进行梳理，并进行述评，找出本书可能的研究话题。

（3）理论基础部分：依据本书研究的需要，对委托代理理论、信息不对称理论和信号理论及其在内部人交易行为中的应用为基础，从内部控制对内部人及其亲属交易行为和违规交易行为的影响等多个方面搜集和整理相关文献资料，采用逻辑分析方法剖析内部控制对内部人交易行为影响的作用机理，从而构建了本书的理论框架。

（4）实证检验部分：本书首先实证检验内部控制对内部人交易信息含量和内部人交易寻租的影响，其次检验了内部控制与内部人亲属交易行为的关系，最后检验了内部控制能否抑制内部人违规交易行为。在理论分析的基础上，借鉴现有研究，建立计量经济模型，具体采用描述性统计、组间差异比较、相关性分析、单变量分析和多元回归分析以及事项研究法等实证检验方法。在计量经济学方法运用中，考虑到内部控制和内部人交易之间的内生性问题，采用两阶段回归等方法降低内生性问题对本书研究结论的不利影响。

1.4 主要贡献

与国内外内部控制和内部人交易行为研究相比，本书的学术贡献可能表现在以下几个方面：

第一，既有的关于内部人交易行为的研究鲜见从内部控制视角进行系统研究，本书的研究把内部人交易行为进一步拓展到内部人亲属交易行为和内部人违规交易行为，构建了内部控制如何有效抑制内部人及其亲属利用信息优势获取超额利润以及如何抑制内部人违规交易行为的理论框架，系统地阐述了它们之间的作用机理，厘清了它们之间的关系。

第二，首先，在内部控制对内部人交易寻租的影响研究中，首次采用了日超常收益和月超常收益两个维度度量了内部人交易寻租，为验证内部控制如何抑制内部人利用私有信息优势进行寻租提供了可能。其次，在内部控制对内部人违规交易行为的影响研究中，首次采用了内部人违规交易行为发生比率对内部人违规交易行为进行度量，并将其进一步区分为内部人交易信息披露延迟发生比率和内部人敏感期交易发生比率，从而为内部控制能否抑制内部人违规交易行为的研究提供了保证。

第三，有利于加强内部人交易的规范管理，有助于抑制内部人违规交易行为，有助于维护资本市场的健康发展和保护投资者信心，为我国公司内部人交易法律法规的完善提供了理论支持和经验证据。本书的研究还有助于验证内部控制制度在我国的执行效果，为内部控制制度在我国的实施提供理论支持和经验证据。同时本书拓展了内部控制与内部人交易行为研究，丰富了相关文献。

第2章 文献综述

2006 年，我国开始有限制地允许公司内部人在二级市场买卖本公司股票，随之有关内部人交易的话题渐渐成为研究的热点。然而由于我国资本市场开放内部人交易的时间过短，围绕内部人交易的研究文献无论是在研究领域，还是在研究方法上都有待深入。而与我国不同的是，西方发达国家并未禁止内部人交易，他们在内部人交易领域取得了丰硕的研究成果。与内部人交易研究中存在的中西方不均衡的情形相比，自 21 世纪初以来，有关内部控制的研究成为中西方学术界共同关注的热点，并取得了大量研究成果，研究领域涉及范围广泛，研究方法多种多样。在内部人交易和内部控制的研究领域中，直接从内部控制视角研究内部人交易行为的相关文献较为少见，而二者之间却存有较深的理论渊源。因此，选择从内部控制对内部人交易行为的影响作为切入点展开的研究具有重要的理论意义和现实意义。为了凸显本书的研究价值，突出本书选题的研究必要性和研究意义，本章围绕内部人交易、内部控制以及内部控制与内部人交易行为等几个方面进行文献回顾和梳理，为下文章节的理论分析和实证研究奠定基础。

2.1 内部人交易市场择时能力

近年来，既有文献一致表明内部人交易为内部人带来了超常收益（Jaffe，1974；Finnerty，1976；Givoly and Palmon，1985；Seyhun，1986；Rozeff and Zaman，1988；曾庆生，2008；朱茶芬等，2011）。杰夫（Jaffe，1974）指出内部人确实拥有特殊信息，而且内部人以特殊信息进行交易并赚取高额收益是广泛存在的，这也表明内部人交易违反证券监管法律法规可能性的存在。芬纳蒂（Finnerty，1976）认为内部人具有打败市场的能力，他们确实能够辨别公司是否能够获利的情形，这个研究发现倾向于拒绝强式有效市场假设。吉弗里和帕尔莫（Givoly and Palmon，1985）认为内部人交易超常收益的获得与交易后公司特有新闻事件的披露无关，因为内部人交易超常回报持续到了市场对公司特有新闻事件进行反应的特别时期，内部人交易超常回报是紧随交易自身产生的。塞伊洪（1986）研究发现，内部人交易不但能够获得超常收益，而且外部投资者模仿内部人交易也可获得超常收益。罗泽夫和扎曼（1988）也发现了与塞伊洪（1986）类似的结论，把外部人通过模仿内部人交易而获益的现象称为“内部人交易异象”，进一步发现，假定存在2%的交易成本时，超常收益消失。我国学者曾庆生（2008）以内部人卖出股票交易为研究对象，回归分析后发现，除董事长和总经理外的内部董事和经理的超常回报显著高于监事和独立蓝事；内部人本人卖出股票交易的超常回报显著高于内部人直系亲属。朱茶芬等（2011）提供的实证检验有力支持了内部人利用信息优势可赚取超常收益的论断。上述研究总体表明，在买卖本公司股票上，内部人相比外部人赚取了更为丰厚的回报。

皮尔斯托斯基和罗尔斯东（2005）将内部人赚取超常收益归因于信息优势，他们将信息优势分为两类，分别是估价判断优势和未来现金流量预测优势。对于估价判断优势，因外部人把公司的未来成长性考虑得太过美好，或低估了困境企业潜在的恢复能力，致使外部投资者对公司信息反应过度或反应不足，进而导致公司股票被错误定价。而内部人凭借其独有的信息和更为专业的知识能够识别出公司股票价格和基本面价值的偏离程度。因此，内部人利用其估价判断优势进行逆向交易可赚得超常收益。比如，塞伊洪（1992）研究表明内部人更可能在显著的价格上升（下降）后出售（买入）股票，与预测到利用随后的股价反转进行交易是一致的。罗泽夫和扎曼（1998）研究发现内部人交易中买入股票交易与股票的价值性（现金/股价比率越大，则公司股票属于价值性股票的可能性越大）正相关，表明内部人选择大量买入价值性（卖出成长性）企业的股票，与外部人高估成长性股票低估价值性股票的假设一致。朱茶芬等（2011）的实证研究表明公司高管在卖出交易中充分利用了估价判断优势，准确地抓住了高估值偏差的市场机会进行套现。这些证据表明内部人交易行为与预期股票回报较高（低）时买入（卖出）证券是一致的，或与股价被低估（高估）时买入（卖出）证券也是一致的（Fama and French，1992；Lakonishok et al.，1994）。由此可见，估价判断优势是影响内部人市场择时能力的重要因素。

对于未来现金流量预测优势，管理者拥有关于未来现金流量分布的私有信息，又因股票价格能对未预期的现金流量变动做出反应，因此，当内部人拥有的有关未来业绩和回报的私有信息不同于当前市场预期时，内部人会利用其信息优势进行交易以获取超常回报，即内部人认为公司未来价值升高时买入公司股票，反之则卖出公司股票。先前研究也曾检验了内部人是否基于未来现金流信息优势而进行交易。柯等（Ke et al.，2003）检验了季度盈余增加趋势突然中断前的内部人交易模式，发现盈余增加趋势突然中断前三到九个季度，内部人卖出股票呈显著增加趋势。类似地，埃利奥特等（Elliot et al.，1984）提供证据表明极端盈余增长前 12 个月内部人增加（减少）股票买入（卖出）。朱茶芬等（2011）经验研究发现，高管在买入股票交易中主要利用了业绩预测优势，当未来业绩良好时提前买入。因此，内部人具有的未来现金流量预测优势是内部人进行市场择时以获取超常回报的另一个重要因素。

已有文献不但发现基于信息优势的内部人交易能够为内部人带来超常回报，而且还发现内部人私有信息优势强度与超常市场回报之间有显著的相关性。确实，凯尔（Kyle，1985）在其模型中指出只有内部人知道风险资产的流动性价值，内部人的信息优势被视为这种流动性价值的方差，并证明到内部人交易收益随着内部人信息优势的增加而增加。在把财务信息披露融入凯尔（1985）模型的新模型中，白曼和韦雷基亚（Baiman and Verrecchia，1996）研究表明，公开披露信息越准确，内部人收益越低。巴斯等（Barth et al.，2001）认为信息不对称程度加剧使得私有信息拥有者可获取更高的收益。

也有很多文献对公司特征与内部人市场择时能力及获取超常回报的关系进行研究。比如，小规模企业内部人交易获取超常收益的水平更高，原因是小规模企业较少受到证券分析师、媒体的关注，内部人信息优势较大企业更强大（Seyhun，1986；Lakonishok and Lee，2001）。我国学者曾庆生（2008）发现，小规模公司内部人的超常回报显著高于大规模公司内部人，国有控股公司内部人的超常回报可能高于其他公司内部人。曾庆生和张耀中（2012）经验证据表明，中小板公司内部人在定期报告披露前利用信息优势获取了短期和中期相对超常回报，而主板公司内部人交易不存在此现象。再如，在研发活动密集的企业，由于研发项目组织市场的缺失、研发项目的独特性以及财务报告衡量研发项目价值的无能为力等均导致信息不对称程度加剧，提高了内部人拥有的信息优势，内部人交易的获利水平更高（Aboody and Lev，2000）。弗兰克尔和李（Frankel and Li，2004）将内部人交易后的股票回报与财务报表信息含量、分析师跟踪和自愿披露联系起来，研究发现财务报表信息含量和分析师跟踪数量的增加导致内部人交易与之后股票回报相关性减弱。奥菲克和叶麦克（Ofek and Yermack，2000）检验了基于股票的薪酬计划是否激发了内部人交易的动机，他们发现管理层在企业股票份额中如果占有较大的份额而且地位较高，再赋予经理层新的股权以强化激励，那么管理层出售股票的动机就越发明显。但他们认为股票出售的原因与经理层投资组合的再平衡而不是私有信息优势的利用相关。

我国学者在内部人交易择时能力研究中，多以高管或大股东减持为研究视角，研究结论较为一致，即高管或大股东在股票减持中具有明显的择时能力，而且获利较为丰厚，表明高管或大股东在减持股票中利用了重要的私有信息。比如，陈维和吴世农（2013）在对我国创业板上市公司高管和大股东减持股份的动因和后果的研究中发现，高管减持比例与公司成长性成反比，并具有明显的择机特征，而且减持行为导致公司市值下降，损害了投资者利益。朱茶芬等（2011）研究发现，大股东在股票减持中具有精准的择时能力，而且获利丰厚，市场对此做出了显著的负面反应。

综上分析，内部人买卖股票的交易行为为其带来了丰厚的回报，而获取丰厚回报的主要原因是内部人凭借私有信息优势所具有的精准的市场择时能力。

2.2 内部人交易行为与公司信息质量

2.2.1 内部人交易行为与应计利润质量

现代估价理论认为股票价格等于未来预期现金流量的现值。在一个较长的时间范围内，盈余之和等于现金流量之后，因此预期未来的盈余现值经过调整可作为预期未来现金流量现值的替代，从而把股价变动视为预期未来盈余现值的修正（Kormendi and Lipe，1987；Collins et al.，1994）。就上述观点而言，股票价格决定于未来盈余的大小和质量，而未来盈余的大小和质量依赖于当前的盈余质量（如盈余持续性）以及市场对当前盈余质量的解读能力。会计应计项目（包括应收账款变动、应付账款变动、存货变动以及折旧和摊销等）和当前现金流组成的会计盈余具有预测未来现金流量的能力，因此，会计盈余信息的主要任务是把公司未来现金流量信息传递给投资者（Dechow et al.，1998；Barth et al.，2001；Veenman，2011）。由此可见，盈余信息质量是投资者解读公司未来现金流量和公司价值的重要依据。盈余信息准确度越低可能会导致公司未来现金流以及公司价值的评定具有很大的不确定性，加剧企业管理层与市场参与者之间的信息不对称。近期的理论研究表明，在完全竞争的资本市场上，只有投资者的信息精确性会直接影响投资者的风险估算和权益资本成本，投资者的信息精确性是价值相关的；当市场为非完美竞争时，投资者的信息精确性可直接影响资本成本，也可间接通过信息不对称影响资本成本（Bhattachary et al.，2012；Lambert et al.，2011；Veenman，2011）。巴哈塔查瑞等（Bhattachary et al.，2012）进一步表明盈余精确度低提高了盈余宣告前后的信息不对称，由此，提高了知情投资者持有的私有信息的价值。

报告盈余的两个组成部分（包括应计利润和现金流量）具有不同的持续性，现金流量比应计利润更有持续性，根据有效市场理论，市场应能够区分二者的不同并进行相应定价。然而，先前研究表明即使是老练的市场参与者（如证券分析师和审计师）也不能充分理解会计应计项目的持续性和定价问题，投资者则更甚。如，斯隆恩（Sloan，1996）研究表明现金流比会计应计项目更有持续性，并且相对于现金流量而言，投资者不能充分理解各类应计项目的持续性并可能对其过高估价。德丰和帕克（Defond and Park，2001）以及谢（Xie，2001）的研究与斯隆恩（Sloan，1996）类似，提供的证据与应计项目错误定价一致。应计项目错误定价的原因可能有两个方面：一方面是企业应计项目产生的过程和未来盈余的关系非常复杂，以至于投资者不能充分理解和识别应计项目持续性较差的本质特征（Thomas and Zhang，2002）。如布拉德肖等（Bradshaw et al.，2001）研究发现即使是致力于解读会计信息的投资中介（如证券分析师和审计师）也改变不了投资者不能预测到超常高水平应计利润之后股票将经历下降的现实。另一方面，管理层机会主义地操控盈余，改变了盈余的原始信息，仅有管理者掌握了应计利润的本质含义，而投资者则不能立即理解其含义，只有到后来投资者发现应计项目持续性小于现金流时方才理解并修正原来的认识（Defond and Park，2001；Xie，2001；Thomas and Zhang，2002）。由于企业管理层可能持有与应计项目本质和持续性相关的有关经济因素的私有信息，这些经济因素可能会潜在地使会计应计项目导致未来较高或较低的盈余。因此，如果管理层预测到数额较高的报告盈余持续性很高并会导致未来股价上升，那么管理层有动机购买公司股票；反之，管理层将会利用应计项目不会持续的私有信息而出售他们的股票或不再买入股票。

阿布迪等（Aboody et al.，2005）研究发现，盈余质量中的系统性部分可被市场定价，当交易股票承受较高的盈余质量风险时，知情交易者能够赚取更高的收益。因为相对于盈余中的现金流量，会计应计项目易于受到管理层的操控，意味着较少私有信息被盈余公告获取，而且盈余质量是一项运用财务报告中的基本会计数据对信息不对称进行直接度量的一种方法，因此运用操控性应计利润作为信息不对称的替代是合理的。因此，盈余质量越高，内部人交易赚取的收益将会越低。M.帕克和T.帕克（M. Park and T. Park，2004）研究了内部人交易行为与盈余管理之间的关系。研究发现，当前操控性应计利润较高的企业管理层在随后的时期出售股票，表明出售股票的经理通过操控性应计利润故意提高了当期盈余；进一步研究发现，应计利润操控和股票出售之后，未来股票价格倾向于向下调整，内部人卖出股票交易引致的较高的操控性应计利润在解释交易后股票业绩下降时具有增量解释力。武聪和张俊生（2009）研究表明，内部人买入本公司股票的行为更多地发生在以调整异常支出为手段的正向盈余管理之前，而卖出行为则更多地发生在负向盈余管理之前。

上述文献一致表明，投资者对应计项目解读能力的不同以及管理层可能的操控行为，使得内部人在应计利润质量信息的占有上处于优势地位，内部人借此能获取超常回报。

2.2.2 内部人交易行为与信息披露质量

当一个或多个投资者拥有关于公司价值的私有信息，而其他投资者仅可获得公开的信息时，信息不对称就产生了。强化信息披露和提高信息披露质量则是降低信息不对称的重要途径，可以缓和逆向选择问题，提高市场流动性和降低资本成本（Diamond and Verrecchia，1991；Baiman and Verrecchia，1996）。布朗和希尔盖斯特（Brown and Hillegeist，2007）认为信息披露质量通过改变不知情交易者的交易行为和改变投资者搜寻私有信息的动机影响信息不对称。较高的信息披露质量提高了公司的可观察性，降低了公司特有的公共信息处理成本，因此较高的信息披露质量将激发不知情交易者进行更多的交易，因而可以提高市场效率。凯尔（1985）研究表明，知情交易的数量与预期的不知情交易及基于流动性交易成比例变动，因此导致即使在预期不知情交易数量发生变化的情况下，知情交易的相对数量保持不变。然而，某种程度上来讲，知情交易者是风险厌恶的和资本受约束的，预期知情交易的相对数量将低于不知情交易的增长。相应地，信息披露质量与较少的知情交易相关，因而降低了信息不对称。

韦雷基亚（Verrecchia，1982）认为公司披露的公开信息是私有信息的完美替代，投资者获取成本高昂的私有信息的数量一般会随着披露的公开信息的增多而降低。戴蒙德（Diamond，1985）也发现投资者获取私有信息的动机随着公司公开信息披露而减弱。而信息披露质量高的公司更可能及时公开披露重要信息和前瞻性信息（Brown and Hillegeist，2007），如此，高质量的信息披露将会降低私有信息搜寻动机。同时，既有研究表明，信息披露质量与私有信息事件的数量负相关。如，格尔布和扎罗温（Gelb and Zarowin，2002）以及伦德霍尔姆和迈尔斯（Lundholm and Myers，2002）发现当信息披露质量较高时，当前股票价格反映了有关未来盈余更多的信息。意味着，更多信息含量的披露降低了有关未来盈余信息被私下占有的数量。布朗和希尔盖斯特（2007）检验了信息披露质量如何影响信息不对称的，发现信息披露整体质量与信息不对称的平均水平负相关。二者的关系是由信息披露质量与私有信息事件的发生次数负相关导致的。这个结果间接表明，信息披露质量降低私有信息搜寻的动机，因而导致了较少的私有信息事件的发生。由此可见，高质量的信息披露降低了私有信息事件发生的数量，并降低了信息不对称。

尽管内部人交易的动机是多方面的，但是内部人与其他市场参与者之间的信息不对称是内部人交易的主要驱动因素（Huddart and Ke，2007）。随着内部人与外部人之间信息不对称程度的增加，内部人交易收益上升（Grossman and Stiglitz，1980；Glosten and Milgrom，1985；Kyle，1985）。因此，降低内部人收益的主要路径在于提高信息披露质量和信息透明度。金和迈尔斯（Jin and Myers，2006）围绕管理层机会主义、信息透明度和公司特有回报变异建立了一个理论框架，他们认为信息透明度阻止了内部人掩盖坏消息，允许不受阻碍的公司特有回报变异。

公司内部人可能拥有关于公司价值的私有信息，但他们利用私有信息获利受到法律环境的制约，因此，为说服外部投资者和监管者相信他们在遵守相应的监管制度，内部人在交易前很可能进行公开披露以降低法律风险（Rogers，2008）。尽管内部人进行了一定程度的信息披露，但他们对选择要披露的具体内容以及对这些内容的解释保留有相当大的自由裁量权。因此，内部人必然对持有信息优势的收益和潜在法律成本进行权衡。对上述问题，罗杰斯（Rogers，2008）研究了内部人交易如何影响披露质量的选择。研究发现，相对于没有交易动机的情形下，出售股票前内部人提供了高质量的披露；与保留私有信息优势一致的是，相对于没有交易动机的情形下，买入股票前内部人的披露质量较低。

综合上述分析，强化信息披露及提高信息透明度是降低内部人和外部人之间信息不对称的主要方式，使得内部人通过股票交易获取超常回报的能力得以降低。

2.2.3 内部人交易信息含量

内部人交易行为是否具有信息含量，也即内部人买入股票或卖出股票交易行为能否向市场传递不同的信息，市场能否识别这些信息并做出不同的反应，这些问题的检验可以佐证内部人交易行为的信号功能。费尔南德斯和费雷拉（Fernandes and Ferreira，2009）总结了内部人交易在信息含量上的两种不同的观点，一种观点是内部人交易及时准确地将信息反映到了股价上，即内部人交易使股价更具信息含量，股价反映了公司的真实价值（Calton and Fischel，1983）；另一种观点是，通过限制外部投资者可获得的收益，内部人交易挤出了外部投资者对信息的搜集（Fishman and Hugerty，1992）。一旦市场专业人员知道具有信息优势的内部人交易占有了较大的比重，他们将投入较少的资源搜集信息。如果挤出效应（即阻止他人获取信息）占据主导地位，内部人交易实际上使得股价在反应信息上是低效的。对内部人交易进行批评的人士指出通过提高信息不对称，内部人抑制了投资（Ausubel，1990），压制了股票市场的参与性和流动性（Leland，1992），并导致了额外的逆向选择问题和无效的公司行为（Manove，1989）。费尔南德斯和费雷拉（2009）运用 1980～2003 年 48 个国家的数据研究了一个国家首次实施内部人交易法律与股票价格信息含量的关系，他们发现，在发达国家，内部人交易法律的实施提高了股价的信息含量；而在发展中国家，内部人交易法律实施后股价信息含量的变动并不显著，原因是内部人在股价反应信息的重要贡献消失了。

我国学者曾庆生和张耀中（2013）研究了政治关联、分析师跟踪对内部人交易信息含量的影响，研究发现，与无政治关联公司相比，高级别政治关联公司的内部人交易信息含量较高；并发现分析师跟踪能够显著降低内部人交易信息含量。曾庆生（2014）采用深圳证券交易所对上市公司信息披露考评结果和盈余管理作为信息透明度的度量指标，检验了公司信息透明度是否影响内部人交易和内部人亲属交易的信息含量。实证结果表明，信息透明度对公司内部人交易的信息含量产生了显著的影响，低信息透明度公司的内部人交易的信息含量显著高于信息透明度高的公司，而信息透明度提高（或降低）能显著降低（或提高）内部人交易信息含量。不过曾庆生（2014）研究发现内部人亲属交易信息含量并未受到信息透明度的显著影响。弗兰克尔和李（2004）研究发现内部人净买入比率与交易后股票未来超常回报之间显著正相关，因此，内部人交易具有较高的信息含量；还发现增加分析师跟踪和提高财务报告信息含量能够降低内部人交易信息含量，即能够降低内部人利用私有信息优势进行交易的获利能力。

内部人交易本身不但具有信息含量，而且还可以围绕公司特定事件的发生向市场传递不同的信息，辅助市场对公司特定事件进行评判和分析。证券市场价格等于预期未来股利或预期未来盈余的现值。因此，公司特定事件的负面市场反应可能是由于未来发展前景的下调（预期未来现金流或盈余的下降），也可能是由于风险或者不确定性的增加（折现率的上升）导致的。风险增加或未来前景的下调可能是由于管理层信用和胜任能力以及财务报告质量较高的不确定性导致的（Palmrose et al.，2004；Hribar and Jenkins，2004；Francis et al.，2005；Kravet and Shevlin，2010）。公司理财研究表明具有信息优势的个人交易者从事的可观察的证券交易是重要信息传递的源头，这使得外部投资者对那些信息不对称严重的企业事件能进行更有效的定价（Jensen and Meckling，1976；Leland and Pyle，1977；Miller and Rock，1985）。因此，内部人交易在公司财务报告质量受到质疑时将发挥重要角色。比如，会计重述导致了未来财务报告缺乏可靠性（Wilson，2008），导致了管理层的信用受到了投资者的质疑（Palmrose et al.，2004；Hribar and Jenkins，2004），那么在会计重述前内部人卖出股票，将使得市场对会计重述的负面反应雪上加霜，因为卖出股票可能传递出公司未来向下调整的信号；而买入交易则将使得局势得以缓和。对此，巴德舒等（Badertscher et al.，2011）验证了这一观点，他们假设先前的内部人交易与市场对会计重述的反应有交互效应，研究发现市场对会计重述的反应受到了内部人交易行为的影响，其中，内部人买入股票交易导致了较小的市场反应，内部人卖出股票则导致了更大的负面反应。巴德舒等（2011）的研究表明重述宣告前的内部人交易是作用于会计重述宣告时的信用信号，影响了投资者对会计重述的定价。而顾和李（Gu and Li，2007）发现当内部人买入股票交易是在高科技企业创新战略自愿披露前发生时，那么市场对自愿披露的股价反应是更为积极的，这实质上与巴德舒等（2011）的研究结论是一致的。上述这些证据表明，投资者会借用内部人交易来解析公司事件，特别是这些事件具有较高的不确定性时，以此来判断公司事件的影响大小。萨默斯和斯威尼（Summers and Sweeney，1998）分析了财务报表欺诈和内部人交易行为的关系，以判定审计师在他们的模型中引入内部人交易行为是否会提高财务报表欺诈的风险估算。运用欺诈和非欺诈的配对样本，他们发现欺诈被发现和无欺诈的公司在内部人交易和几个控制变量上存在着显著地差异，研究结果表明进行财务报表欺诈的公司内部人大量出售股票以减少公司股票的持有量。这些结果表明，在审计期间如果内部人交易卷入其中，审计师评估的欺诈风险将得以提高。

上述文献分析表明，内部人交易具有较高的信息含量，当公司信息透明度越高，受到的监管越严格，内部人交易本身隐藏的私有信息就会越少，市场反应也就随之得以弱化。内部人交易具有的信号传递功能成为投资者对公司特定事件分析判断的工具。

2.3 内部人违规行为

近年来，公司证券违规现象的涌现导致了大量的文献集中于研究违规动因以及如何设计公司和公共政策来阻止违规行为的发生。诸多文献把违规行为的高发生率与公司外部融资需求和管理层股权薪酬等联系起来，亦有文献关注公司董事会、政府机关、机构投资者和财务分析师等在抑制和识别公司违规行为中所发挥的角色。贝克尔（Becker，1974）的犯罪经济理论框架表明，代理人犯罪是因预期收益的效用超过了被发现和罚款的负效用。依据 Becker 的犯罪经济理论，当违规预期收益上升和违规预期成本（违规被发现的概率乘以罚款金额）下降时，企业违规发生的概率则上升。这样企业违规过程包含两个决定性因素，即违规收益与违规被识别出的概率。

企业违规行为的发生与企业及内部人对预期收益的需求是紧密相关的。与违规收益相关的因素有：（1）外部融资的需要。为了满足融资的需要，企业在 IPO 或 SEO 前可能发生违规行为。如张等（Teoh et al.，1998a，1998b）和兰根（Rangan，1998）发现在 IPO 前或 SEO 前公司管理者选择正向操控性应计利润以机会主义地提高报告盈余，并且由于投资者对未来预期过分乐观而对这些操控性应计利润过高估价。德肖等（Dechow et al.，2011）研究发现，企业在外部融资前以及融资期间有较为活跃的盈余管理活动，与张等（1998a，1998b）和兰根（1998）研究结论一致。（2）内部人股权激励。股权激励可能会缓解外部股东和内部人之间的代理问题，有助于把内部人利益与股东利益结合起来（Jensen and Meckling，1976），从而激励、成就公司的投资决策和发展远景。同时，经验研究也表明，股权激励和期权赋予与企业价值最大化是一致的（Demsetz and Lehn，1985；Hiimmelberg et al.，1999；Core and Guay，1999；Rajgopal and Shevlin，2002）。但是股票期权并非是激励内部人的有效工具（Hall and Murphy，2002），经理常把期权作为了谋取私利的工具（Aboody and Kasznik，2000），股票期权与其授予背后的经济动机并不一致（Yermack，1995），这引起了研究人员、监管者和媒体的关注。由此，诸多文献检验了股权激励与违规行为之间的关系，这些研究一般假定，股权激励是导致经理操纵会计数字的诱因（Harris and Bromiley，2007；Efendi et al.，2007）。进一步，别布丘克等（Bebchuk et al.，2002）认为经理拥有影响他们薪酬的权力，并利用权力寻租，且采取违规行为极力掩饰他们的寻租行为，结果导致股东价值受损。然而埃里克森等（Erickson et al.，2006）的经验研究没有发现股权激励与违规之间相关的证据，阿姆斯特朗等（Armstrong et al.，2010）也发现了类似的结论，即 CEO 股权激励与会计违规之间未存在显著的正相关关系。因此，上述文献分析表明股票期权是把双刃剑，既可能与企业价值最大化目标一致，也可能与它相悖。而且有关股权激励与违规之间是否存在相关关系仍没有定论。

公司违规可能会使得管理层遭受巨大的财富损失、社会地位损失，甚至可能面临牢狱之灾。因此，违规的潜在成本很高。约翰逊等（Johnson et al.，2009）发现违规企业的经理面对的是较低的预期违规成本，因经理可能会认为他们的违规行为不会被发现或即使被发现也能逃避惩罚。违规企业之所以违规的根本原因在于违规行为被发现的概率较低，而且惩罚力度不够。与违规成本和违规被识别出的概率相关的因素：（1）市场化外部监督力量的强弱。机构投资者和证券分析师等作为市场化外部监督力量的重要代表，对于企业的违规行为有着较强的抑制作用。机构投资者有机会、资源和能力监督、约束和影响管理者（Hartzell and Starks，2003），经验证据表明其参与公司治理能够发挥积极的监督作用，能够有效地约束管理层违规行为（Prowse，1990；Chung et al.，2002；程书强，2006；等等）。证券分析师通常接受过财务、会计和金融以及相关行业背景的专业培训，因此，他们有能力发现公司的违规行为。例如，希利和帕利普（Healey and Palepu，2001）认为证券分析师和证券评级机构等信息中介从事信息生产加工有助于发现管理者的不当行为（misbehavior）。喻（Yu，2008）也认为对公司欺诈行为进行最有效识别的是证券分析师，分析师的参与有助于发现欺诈行为。（2）令人失望的经营业绩或股票业绩。德肖等（2011）发现，会计违规企业为了维持较高的股票市场价值防止其大幅度下滑而不断的鼓吹盈余，然而一旦被发现，财务和非财务业绩均会剧烈恶化。因此，财务业绩和非财务业绩的恶化可能传递了企业违规的信号。（3）公司治理和内部控制薄弱。德肖等（1996）研究了企业陷入诉讼的原因和结果，发现违规企业的董事会更可能受到管理层控制，CEO 与董事会主席更可能兼任，CEO 更可能是公司的创始人，更可能没有审计委员会和强大的外部股东。约翰逊等（2009）发现违规企业审计委员会中内部人占据大多数，这表明内部人提高了他们对审计委员会的影响，能降低审计委员会和审计师发现违规事件的概率。德肖等（2011）研究发现会计违规企业违规前及违规期间应计利润质量比较低，资产负债表外活动更为频繁，管理层对股票价格更为敏感。由此可见，公司治理水平不同，对于内部人的约束程度就会存在差异，内部人违规发生的可能性随之变化。以上文献分析表明，市场化外部监督力量、公司治理水平以及公司业绩在识别公司违规上发挥着重要作用。

关于企业违规行为的研究表明，违规收益和违规成本是决定企业是否违规的两大要素。我国资本市场上内部人违规交易行为的普遍存在，可能意味着内部人违规交易可以为其带来丰厚的回报，而违规行为被发现的概率较低且处罚力度不够。

2.4 内部控制经济后果

随着 2002 年《萨班斯 - 奥克斯利法案》的通过和我国 2008 年《企业内部控制基本规范》的联合发布，内部控制经济后果的研究话题成为国内外学术研究的主角。由于本书的研究主题属于内部控制经济后果范畴，结合国内外研究现状，从信息质量、内部人违规、资本成本和非效率投资等几个方面对内部控制经济后果进行综述。

2.4.1 内部控制与信息质量

无论是 COSO 委员会发布的《企业风险管理——整合框架》，还是我国财政部等五部门联合发布的《企业内部控制基本规范》，都将报告目标作为内部控制的核心目标之一，目的在于提高报告的可靠性，降低信息不对称，改善公司所处的信息环境。因此国内外学者从不同的视角对内部控制与报告信息质量的关系进行了探索。

多伊尔等（Doyle et al.，2007）把内部控制缺陷区分为公司层面缺陷和会计层面缺陷，分别对基于SOX法案302条款和404条款下披露的内部控制缺陷与应计利润质量的关系进行了研究。研究发现：（1）在公司层面上存在重大缺陷的公司有更低的应计利润质量，而会计层面上存在的重大缺陷与应计利润质量高低并无关联，可能与财务报告公布前审计师通过实质性测试识别会计层面缺陷并进行了矫正有关；（2）在SOX法案302条款下披露的重大缺陷与低质量应计利润存在着显著的相关关系，而在404条款下披露的重大缺陷与较差的应计利润质量无关。然而，当缺陷被分成公司层面缺陷和会计层面缺陷时，依据404条款披露的公司层面缺陷与较差的应计利润质量相关。多伊尔等（2007）的上述研究发现，运用赫克曼（Heckman，1979）两阶段方法以及倾向值匹配法（LaLonde，1986）控制住可能的自选择偏误后，结果依然稳健。多伊尔等（2007）的研究表明，内部控制缺陷是应计利润质量低下的根源，这个结论得到了阿什宝－斯凯夫等（Ashbaugh－Skaife et al.，2008）的支持。阿什宝－斯凯夫等（2008）采用截面检验和跨期检验的方式对内部控制缺陷和内部控制缺陷修复后对应计利润质量的影响进行实证研究，在横截面检验中发现，内部控制缺陷企业的异常应计利润和异常营运资本的数值无论在绝对值上，还是在正值和负值上均显著地大于无内部控制缺陷的企业，而且内部控制缺陷企业的应计利润不能可靠地反映企业过去、当前和未来的现金流量。在阿什宝－斯凯夫等（2008）的跨期检验中发现，披露内部控制缺陷问题且在随后收到SOX404无保留审计意见的企业相对于内部控制缺陷问题被首次披露年份的异常应计利润显著地下降了，而收到SOX404否定意见的有内部控制缺陷问题的企业，异常应计利润数值没有发生显著地变动。阿什宝－斯凯夫等（2008）的研究表明，内部控制缺陷企业的应计利润有更多的噪声，而且可靠性更低。之后，阿尔塔母若（Altamuro，2010）研究发现，内部控制监管措施的加强，有助于提高盈余持续性和现金流预测能力，并能够降低盈余管理行为，因此其研究结果表明内部控制监督的改善有助于财务报告质量的提高。吕等（Lu et al.，2011）以加拿大内部控制监管制度（SOX North）为背景，研究了加拿大内部控制设计缺陷披露与应计利润质量的关系，研究结果与多伊尔等（2007）和阿什宝－斯凯夫等（2008）的结论一致。

在实证会计理论（positive accounting theory）的代理理论框架内，会计稳健性发挥着解决代理冲突和提高契约效率的作用。由于高质量内部控制为企业提供了良好的内部控制环境［如强大的管理层基调（tone at the top）和（或）优秀的内部控制文化］并能够提供可靠的会计信息等，所以高质量的内部控制能够提升财务报告稳健性似乎是顺理成章的。然而，离开实证会计理论（positive accounting theory）的代理理论框架，内部控制质量和会计稳健性的正相关关系就变得不再清晰了，原因可能在于会计稳健性提高了盈余管理程度（Penman and Zhang，2002）从而加剧了代理冲突和降低了契约效率，并且会计稳健性对账面价值和盈余有意的低估致使财务报告失去中立性，那么高质量内部控制应提高会计稳健性的论断变得苍白无力起来。高和李（Goh and Li，2011）实证检验了内部控制质量与会计稳健性的关系，拓展和补充了多伊尔等（2007）和阿什宝－斯凯夫等（2008）的研究。高和李（Goh and Li，2011）研究发现，重大缺陷企业相对于无重大缺陷的控制组企业呈现出较低的会计稳健性。进一步，缺陷修复后的重大缺陷企业比缺陷仍然存在的重大缺陷企业有较高的会计稳健性。结论表明，高质量内部控制有助于会计稳健性的提高。米特拉等（Mitra et al.，2013）指出高和李（2011）的研究是以 SOX404 条款生效前的数据为基础的，而 SOX404 生效后，由于内部控制缺陷的识别和披露相比之前受到了严格的监管且必须经过审计师的审计，这使得内部控制缺陷企业运用更多的会计稳健性来努力降低报告的不确定性、提高信息可靠性和契约效率，从而满足内部控制缺陷企业的契约各方对稳健性的需求，进而缓解代理问题。在此基础上，米特拉等（2013）的经验研究发现，在 SOX404 生效前的时期，内部控制缺陷企业的会计稳健性低于无内部控制缺陷企业，与高和李（2011）的研究是一致的。但是，在监管加强的 SOX404 生效后，内部控制缺陷企业的会计稳健性要大于无内部控制缺陷企业。而且，在 SOX404 生效后的样本期间的早期，内部控制缺陷企业和无内部控制缺陷企业在会计稳健性上的差别更大和更具有显著性。阿尔塔母若（2010）

研究发现内部控制监管措施的加强却导致了会计稳健性的降低，与米特拉等（2013）的研究结论具有一致性。

我国学者从不同角度分析了内部控制质量与信息质量之间的关系。方红星和金玉娜（2011）以是否披露内部控制鉴证报告作为内部控制质量高低的标志，研究了内部控制质量和盈余管理的关系，发现高质量内部控制能够抑制公司的会计选择盈余管理和真实活动盈余管理。叶建芳等（2012）研究发现内部控制存在缺陷的公司不仅有较高程度的应计项目盈余管理程度，同时也进行了更多的基于真实活动的盈余管理行为；从时间维度上看，如果存在内部控制缺陷的上市公司在以后年度纠正了内部控制缺陷（在内部控制评估报告中不再披露内部控制缺陷的存在），这些公司的应计项目盈余管理和基于真实活动的盈余管理都会有所减少。刘启亮等（2013）以盈余管理和财务重述衡量会计信息质量来研究其与内部控制质量之间的关系，研究发现二者之间的关系为正相关。方红星和张志平（2012）研究表明，公司具有较高的内部控制质量时，管理层机会主义行为受到限制，对预期经济损失"坏消息"及时识别和确认力度增加，会计稳健性增强；后续期间，相对内部控制质量没有变化的公司，内部控制质量提高的公司具有更高的会计稳健性，反之内部控制质量下降的公司则具有更低的会计稳健性。董望和陈汉文（2011）研究表明，在信息"生产"方面，高质量的内部控制提高了应计质量；在投资者反应方面，内部控制质量越高，盈余反应系数越大。杨德明和胡婷（2010）实证研究发现，随着上市公司内部控制质量的提高，审计师对盈余管理发表非标准审计意见的概率显著下降。但是张国清（2008）的研究却得出了与前述研究不一致的结论，他发现，高质量的内部控制并未伴随着高质量的盈余，内部控制质量得到改善并没有伴随着盈余质量的提升。总之，我国学者从盈余管理、会计稳健性、盈余反应系数等几个方面系统检验了内部控制与信息质量的关系，得出了较为一致的结论，即高质量内部控制可有效改善信息质量。

对于内部控制与信息质量的关系研究，国内外文献的研究结论基本上保持一致，即高质量内部控制可有效提高应计利润质量和会计稳健性，能够有效抑制企业的盈余管理活动。

2.4.2 内部控制与内部人违规

内部控制作为现代企业管理的重要组成部分，从其产生的根源来看，其基本目标是促进企业合法合规经营（毛新述和孟杰，2013）。无论是1992年美国COSO委员会发布的指导内部控制实践的纲领性文件《内部控制——整合框架》还是2002年的《萨班斯－奥克斯利法案》以及我国财政部等五部门在2008年联合发布的《企业内部控制基本规范》（简称为C－SOX），均明确把企业经营管理合法合规作为内部控制的基本目标之一，强调内部控制系统要确保企业经营符合法律法规的要求，避免违法违规行为的发生。尽管如此，目前围绕内部控制合规性目标所进行的相关研究仍然较少，针对内部控制能否以及如何有效抑制公司违规行为的理论分析和实证检验更少。毛新述和孟杰（2013）从内部控制合规性目标出发，以我国沪市上市公司为研究样本，实证检验了内部控制质量对公司诉讼风险的影响。研究表明，内部控制质量越高，公司涉及诉讼的次数和金额减少，诉讼风险随之降低；具体而言，内部监督和内部环境建设对诉讼风险具有显著的抑制作用，内部控制对担保和借款合同纠纷等导致的诉讼风险具有显著的控制作用。林斌等（2013）也检验了内部控制对公司诉讼的影响，研究发现，内部控制质量越低，公司被诉的概率越大；而且内部控制质量差会加剧被诉公司价值的降低。这些研究一致表明，高质量内部控制确实有助于公司提高经营管理过程中的合法合规性，进而提高公司价值。

2.4.3 内部控制与资本成本

内部控制缺陷问题是财务报告质量低下的根源（Doyle et al.，2007；Ashbaugh－Skaife et al.，2008）。企业内部控制缺陷披露的目的是告知投资者企业财务报表中存在着无意的错误或者有意的盈余操控。如果投资者能够识别出披露缺陷企业有较差的盈余质量，并因其存在的较大的不确定性而低估股票价格作为补偿，那么内部控制缺陷的披露不太可能具有信息含量。但是，如果内部控制缺陷披露是企业新增风险的信号，那么投资者就会上调他们对于企业风险的信念，进而对财务报告质量存在的不确定性索要补偿，因此，资本成本就会得以提高以匹配低质量的财务报告（Easley and O'Hara，2004；Lambert et al.，2007；Ecker et al.，2006）。兰伯特等（Lambert et al.，2007）在单期多个证券的CAPM设定的基础上构造了一个模型，该模型把会计信息披露的质量、信息系统和企业风险、权益资本成本联系起来。阿什宝－斯凯夫等（2009）利用兰伯特等（2007）的模型，对内部控制质量的变动如何影响企业风险和权益资本成本进行了理论分析，并采用横截面检验和跨期检验两种方式进行了经验验证，研究发现，存在内部控制缺陷的企业的特质风险、系统风险和权益资本成本显著地高于其他企业。奥格涅娃等（Ogneva et al.，2007）研究了权益资本成本和企业依据SOX404条款首次披露的内部控制缺陷的关系，研究发现，披露内部控制缺陷的企业相比没有披露缺陷的企业有更高的内含权益资本成本，但是在控制住企业特征和分析师预测偏误后，二者的关系消失。阿什宝－斯凯夫等（2009）和奥格涅娃等（2007）的研究对象均是权益资本成本，那么债务资本成本与内部控制质量之间是否仍然存在同样的关系呢？达利瓦等（Dhaliwal et al.，2011）检验了债务资本成本与在404条款下披露的内部控制缺陷的关系，研究发现，如果企业披露了重大缺陷，那么企业公开交易债券的信用价差呈现边际增加趋势。同时，达利瓦等（2011）又检验了信用评级机构和（或）银行的监督对这种结果的影响，并发现对于未受监督的企业而言，上述结果更为显著。内部控制与资本成本的研究话题同样是我国学者近期研究的一个焦点话题。比如，方红星和施继坤（2011）研究发现上市公司披露的自愿性内部控制鉴证信息能够发挥信号功能，可显著降低其权益资本成本；张然等（2012）研究认为，披露内部控制自我评价报告的上市公司资本成本相对较低，且进一步披露内控鉴证信息的公司资本成本更低；林斌等（2012）认为，内控缺陷的存在会使中小股东面临更高的代理风险和信息风险，也会导致公司的资本成本升高。

企业对于内部控制制度的遵守是否可以降低资本成本成为内部控制经济后果研究的重要方面。众所周知的是，企业资本成本的高低与其风险水平的高低直接相关，企业风险水平越高，相应的资本成本则越高。然而，在众多的有关内部控制与资本成本的研究文献中，都绕开了风险这一因素的传递作用，忽略了高质量的内部控制能否有效降低企业风险这一重要话题。尽管风险管理是现代内部控制的核心，但围绕内部控制能否有效应对风险的理论分析及实证研究文献国内外都比较少。具体来说，国外现有文献进行理论分析时一般借助信息质量，把内部控制与系统风险和特质风险间接联系起来。例如，伊斯利和欧哈拉（Easley and O'Hara，2004）通过理论分析认为信息质量是唯一源于信息不对称的风险因素，信息风险（风险源于较差的信息质量）通过信息不对称可以影响系统风险。兰伯特等（2007）对伊斯利和欧哈拉（2004）所声称的信息质量代表着唯一的风险因素的观点提出了质疑，但是对信息质量会影响到公司风险的观点却深信不疑。兰伯特等（2007）在单期多个证券的 CAPM 设定的基础上构造出新的模型把会计信息披露的质量、信息系统和企业风险、权益资本成本联系起来，在该模型框架中，会计信息系统质量被定义成不但包括企业对外部人的披露，而且包括企业所拥有的恰当的内部控制系统。因此，兰伯特等（2007）的理论分析借助会计信息系统质量把内部控制系统与公司风险联系起来。

后来，阿什宝－斯凯夫等（2009）利用兰伯特等（2007）的模型框架就内部控制缺陷对公司风险和权益资本成本的影响进行了经验研究，研究结果发现，在控制住其他风险因素的情况下，存在内部控制缺陷的公司有显著较高的特质风险、系统风险以及权益资本，这对伊斯利和欧哈拉（2004）和兰伯特等（2007）理论分析结果提供了经验支持。奥格涅娃等（2007）在内部控制缺陷是否会降低权益资本成本的经验研究中，对信息风险、特质风险和系统风险在内部控制缺陷公司和控制组公司之间是否存在显著的差异进行了检验，发现在以信息风险和系统风险作为被解释变量的回归中，内部控制缺陷作为解释变量是不显著的，在控制住公司特征后，只有特质风险和内部控制缺陷是正相关联的。奥格涅娃等（2007）和阿什宝－斯凯夫等（2009）的研究结果表明，经验研究领域围绕风险来探讨内部控制经济后果这一话题并未形成一致的认识。而且他们的经验研究，主要是嵌套在内部控制究竟能否降低资本成本的研究中，成为内部控制质量与资本成本关系研究的一部分或一个环节，风险因素只是在其中发挥连接二者的作用。针对这一问题，方红星和陈作华（2015）对内部控制能否有效应对特质风险和系统风险进行了实证研究，梳理了内部控制与特质风险和系统风险的作用机理，研究发现，高质量内部控制能够有效降低公司特质风险和系统风险。

上述国内外文献一致表明，内部控制质量低下和内部控制缺陷信息披露被市场解读为公司风险较高的信号，因此投资者会相应索要较高的风险溢价，资本成本随之提高。

2.4.4 内部控制与非效率投资

在理想化的无摩擦的经济世界中，资本的边际产品所内含的资金流在经济中的所有项目上是均等的，投资水平处于最优的状态。然而，现实经济世界中摩擦实实在在地存在着，最广泛和最重要的一类摩擦源于信息不对称（Stein，2003）。企业管理层与外部资本供给者之间的信息不对称产生了逆向选择和道德风险，二者均对投资效率产生了负面影响，要么投资不足，要么投资过度。前述已经讨论过，内部控制缺陷问题是企业财务报告质量低下的根源，披露内部控制缺陷企业的盈余质量和应计利润质量均显著低于其他未披露缺陷的企业（Doyle et al.，2007；Ashbaugh – Skaife et al.，2008；Altamuro，2010），因此，薄弱的内部控制制度加剧了逆向选择和道德风险，导致了非效率投资。比如，从逆向选择角度看，管理层会利用信息优势在股票价格被高估时发行股票，而薄弱的内部控制制度由于加剧了管理层和外部资本供给者之间的信息不对称，从而更大程度上激发了管理层进行市场择时发行股票，导致管理者过度投资；由于理性投资者能够意识到管理层的上述行为，因而索要较高的资本成本，内部控制缺陷企业随之面临高昂的成本，融资水平受到约束，进而导致投资不足。关于内部控制与投资效率的研究，先前的文献首先从财务报告质量的角度分析投资效率的，结论表明高质量财务报告通过缓解信息不对称提高了投资效率（Leuz and Verrecchia，2000；Bushman and Smith，2001；Verrecchia，2001；Lamber et al.，2007）。与这个观点一致的是，比德尔和希拉里（Biddle and Hilary，2006）研究发现财务报告质量较高的企业有着较高的投资效率，而投资效率的度量采用的投资—现金流敏感性，投资—现金流敏感性更多地用来反映融资约束或过多的现金（Kaplan and Zingales，2000；Fazzari et al.，2000），因此比德尔和希拉里（2006）对投资效率的度量存在较多的噪声，而且未对投资效率进行区分。比德尔等（2009）拓展了比德尔和希拉里（2006）的研究，研究发现高质量的财务报告与过度投资的下降或投资不足的下降存在着显著的相关关系。但是比德尔等（2009）的研究仅仅为内部控制质量与投资效率的研究提供了间接支持。后来，程（Cheng et al.，2013）对内部控制质量与投资效率的关系直接进行了经验验证，研究发现，在内部控制缺陷披露前的年份，当内部控制缺陷企业存在融资约束（非融资约束）时，会显著地面临投资不足（过度投资）的局面；在内部控制缺陷披露后，投资不足和过度投资均显著地下降了。

李万福等（2011）探讨了内部控制在公司投资中的角色。研究发现，当公司很可能面临投资过度境况时，更低的内部控制质量加剧了该现象的发生；当公司很可能面临投资不足境况时，更低的内部控制质量同样加剧了投资不足现象的发生；相对于内控较好的公司而言，内控较差的公司更可能出现偏离正常投资水平的无法解释的极端投资组；公司层面和会计层面重大内控缺陷对投资的影响并无显著差异；整体而言，内控缺陷更多的公司，其对于非效率投资的影响更加严重。他们的研究表明，加强企业内部控制建设是提高公司投资效率的重要途径。方红星和金玉娜（2013）研究内部控制对非效率投资的抑制作用，发现内部控制能够抑制公司的非效率投资，进一步研究发现，内部控制能够有效抑制操作性非效率投资。

2.5 内部控制与内部人交易行为

尽管既有研究表明，内部人利用私有信息优势可以赚取超常收益，会损害外部投资者利益。但其他研究亦表明内部人交易是一种有效契约机制（Roulstone，2003），而且是一种潜在地揭露私有信息以提高市场效率的信息传递机制（Manne，1966；Carlton and Fischel，1983）。在有效的契约机制框架内，当内部人交易对企业价值产生的不利影响大于披露成本时，管理者有动机降低信息不对称（Watts and Zimmerman，1990；Diamond and Verrecchia，1991），减少与股东之间的利益冲突，增加企业价值；而信息传递机制认为内部人交易可提高市场运行效率，是对创新努力的内部人进行激励和补偿的一种机制，因此内部人交易可以克服经理在经营管理上的保守行为，并能甄别筛选出能力出众的经理。无论是有效契约机制还是信息传递机制，都强调内部人有动机采取措施降低信息不对称，这些措施除了发布盈余预测外，还包括提高分析师跟踪数量或提高财务报表的价值相关性。因此，有效契约机制和信息传递机制有助于将私有信息传递给市场，从而提高市场效率。而且内部人交易可以缓解外部股东与公司经理之间的代理冲突，提高公司价值。然而有效契约机制和信息传递机制受到了强烈质疑，学界对其放松监管的倾向提出了诸多批评。

如果不受到监管或监管比较宽松，公司内部人交易将对资本市场产生不利的影响。在监管比较宽松的国家，由于其违规成本比较低，内部人滥用信息优势获取超额收益的现象比较普遍。正因为如此，超过80%的资本市场国家对内部人交易有具体的监管体系（Bhattacharya and Daouk，2002）。对于监管体系而言，虽然内部控制设计的目的并非主要是规范内部人交易行为，但是内部人交易过程中的不当行为是内部控制进行约束和牵制的对象。直接对内部控制与内部人交易行为进行研究的文献非常少，只有斯凯夫等（2013）对二者的关系进行了研究，研究发现在财务报告内部控制中披露重大缺陷的公司内部人交易收益显著高于其他企业。同时斯凯夫等（2013）进行跨期分析表明，审计师提出不利的内部控制审计意见前的一些年度，内部控制薄弱的公司内部人进行交易获得增量收益是存在的，但是增量收益在财务报告内部控制缺陷修复后消失。加强公司内部控制对内部人交易的约束和牵制属于公司层面监管体系。对内部人交易而言，公司层面监管体系是最直接和具体的监管体系。提高公司治理水平、强化内部控制是公司层面监管体系的主要内容，可以对内部人交易形成有效的牵制和约束，可显著地降低内部人滥用信息优势获取丰厚回报的水平。比如佳格琳等（Jagolinzer et al.，2011）研究发现公司治理的动态监督与内部人知情交易的显著下降相关，并与内部人运用私有信息从股东处寻租程度相关。

除了公司层面监管体系外，监管体系还包含两种，分别是市场层面监管体系和法律法规监管体系。其一，市场层面监管体系是一种间接的监管体系。激励信号理论表明在竞争性的劳动力市场和资本市场上，市场能够预见到内部人交易的获利水平。由于信息不对称具有的获利能力可能导致管理者做出能产生私有信息的决策，即使这些决策是低效的，因此与保持私有信息获利能力有关的低效率造成的损失将使得管理者受到惩罚，即竞争性的劳动力和资本市场会基于内部人交易的获利水平而降低管理者薪酬。由此，个人将努力组建有效的组织，因为这样的组织能够产生更高的可供分享的收益（Coase，1937，1960），且管理者有动机降低信息不对称。曾庆生（2011）主张应增加机构投资者持股以加强对内部人交易特别是信息敏感期内部人交易的监督，以提高市场透明度和定价效率。其二，法律法规监管体系主要是告诉内部人什么是可以做的，什么是不可以做的，哪些交易行为是合法的，哪些交易行为是违法的；违反法律法规的内部人将会受到强制性的矫正。因此，有关内部人交易的法律法规具有强制性、严格性的特征，可以保证内部人交易的健康有序，保护外部投资者利益。比如，美国SOX403条款要求内部人在两个交易日内按照Form4格式公开披露他们的交易信息，布罗谢（Brochet，2010）发现及时披露提高了Form4的信息含量，尤其是，SOX法案后对内部人买入交易的强烈市场反应表明SOX403条款为市场带来了更为及时和透明内部人交易信息。弗里恩斯（Frijns，2008）研究发现新西兰执行更为严格的内部人交易法案后公司信息不对称显著下降。但是也有文献发现，法律法规的监管作用并不是很明显，如张等（Chang et al.，2011）发现，美国SOX法案的实施加速了上市公司内部人交易信息的披露，SOX法案实施后内部人交易的强度和获利水平有所下降，但SOX法案并不能有效阻止内部人利用私有信息交易。

上述这些证据表明，公司治理和内部控制、法律法规的完善和有效执行，以及劳动力市场和资本市场的完善，均会促进公司信息环境的改善，有效约束内部人交易，减少内部人寻租程度。

2.6 文献述评

有关内部控制与内部人交易的研究已经取得了丰硕的成果，但如何从内部控制层面加强对内部人交易的监管尚未有系统研究，如何挖掘内部控制对内部人交易影响的内在机理也鲜有文献涉及。目前，仅有斯凯夫等（2013）从内部人交易视角研究了内部控制能否及如何有效抑制内部人寻租，他们的研究结论表明内部控制有效性越强，内部人寻租程度越低。显然斯凯夫等（2013）的研究为内部控制政策的实施和推行提供了理论基础和经验证据，也为强化对内部人交易的监管提供了借鉴，然而斯凯夫等（2013）的研究并未能充分捕捉内部控制与内部人交易二者之间存在的关系。在全面回顾内部控制与内部人交易相关文献后，述评如下：

第一，既有文献对内部人交易行为的研究存在两种不同观点。第一种观点认为，内部人交易是有利的，无须严格监管。原因在于内部人交易作为信息传递机制和有效契约机制，可有效激励内部人努力工作，缓解代理问题。第二种观点认为，内部人交易是有害的，必须加以严格监管。尽管有关内部人交易的研究存有较大争论，但是由于内部人具有天然的信息优势，出于自利目的，内部人利用私有信息谋取私利为更多研究所认可。这些文献普遍认为，公司信息质量越差，公司内部人与外部人之间的信息不对称程度就越高，由此，公司内部人越有可能获得超常收益。强化信息披露和提高信息透明度是降低信息不对称的两个关键因素，亦是改变内部人获利方式的重要途径。内部控制作为提高信息质量、降低信息不对称和缓解代理问题的重要机制设计，其在规范和监管内部人交易上应能发挥重要作用，然而现有研究未能充分挖掘内部控制能否以及如何影响内部人交易获利的内在机理，对二者的作用机理进行梳理和细致分析对规范内部人交易和发挥内部控制的有效性具有推动作用。

第二，既有研究一致表明，内部人买入股票或卖出股票行为能够引起市场反应，具有信息含量，而且内部人交易成为外部投资者分析判断公司特定重大事件的辅助工具，有助于投资者形成有效的投资决策。因此，内部人交易具有传递私有信息给市场的功能。内部人与外部人之间信息不对称程度越高，内部人交易信息含量越高，往往意味着市场效率低下，外部投资者依据内部人交易传递的信息进行决策是以较高的成本为代价的。因此，提高内部人交易信息的透明度和公司信息披露水平，降低内部人交易信息含量，对市场参与者而言才是根本，才具有更加积极的意义。目前，围绕内部人交易信息含量的研究主要是从分析师跟踪、信息披露等视角进行的，研究范围仍然较为狭隘，而且研究结论仍存争议。而且现有研究文献所得出的结论主要是以西方发达资本市场为背景得出的，但是作为新兴证券市场，我国内部人交易的时间非常短，相关规范仍不完善，因此国外文献得出的研究结论是否同样适用于我国亟须做出进一步的研究才能做出回答。内部控制对内部人具有牵制和制约作用，能够提高公司信息披露水平，有利于证券市场的稳健发展。因此从内部控制视角研究内部人交易信息含量具有积极的意义，但在文献梳理中发现，目前尚未有研究系统地探讨内部控制作用于内部人交易信息含量的内在机理。

第三，西方发达资本市场一般将内部人亲属作为“受益所有人”纳入内部人范围之内，与公司董事、监事和高管等一样受到了法律法规的严格监管。因此，西方学者鲜有将内部人亲属交易行为单列出来进行研究的。然而，由于我国有关内部人交易法律法规并未对内部人亲属交易作出细致规定，法律监管上留下了空白，所以内部人可能利用亲属关系进行交易以规避法律的监管。我国学者张俊生和曾亚敏（2011）研究了公司治理因素能否对内部人亲属交易获取超常收益产生影响，发现内部人亲属整体而言能够获得超常收益。不过他们的研究在对内部人亲属获取的超常收益度量上没有考虑交易成本因素，度量上存在不合理之处；而且仅仅采用了常见多元回归方法，分析方法较为单一。本书从内部控制视角研究内部人亲属交易行为，将为研究内部人亲属交易行为提供进一步的理论支持和经验证据。

第四，由于法律法规存有漏洞，在我国内部人交易过程中内部人违规交易现象频发，其中“敏感期交易”与“披露延迟”等现象尤为普遍。众所周知，合法合规性目标是内部控制的主要目标，目的在于保证企业经营管理过程的合法合规性，降低企业可能涉及的诉讼风险。然而，在对国内外相关文献梳理中，尚未有从内部控制合规性目标出发，研究内部控制如何有效抑制内部人违规交易行为的文献。探讨内部控制对内部人违规交易行为的影响，既为规范内部人交易行为提供理论依据和经验证据，又可检验内部控制政策实施效果。

综上所述，与西方发达资本市场不同的是，我国关于内部人交易的研究刚刚起步，围绕内部控制与内部人交易行为的相关研究尚未形成系统的理论分析框架。而且现有文献采用的研究方法单一，严谨性不强，因此对于二者关系的研究不能提供充分的支持。正是由于现有文献存在的诸多问题和研究片面性，恰为本书提供了较好的研究机会。

第3章 理论基础

现代企业内部人交易行为既可能是有效的信息传递机制和激励创新机制，又可能是内部人基于自利目的的寻租机制，对于内部人交易内在机理的探讨需要诸多理论作为支撑。随着委托代理理论和信息不对称理论的发展，学术界对内部人交易行为的研究不断深入。本章以制度经济学和信息经济学为依托，对委托代理理论、信息不对称理论和信号理论的发展脉络进行梳理，并以这些理论为依托对内部人交易行为内在机理进行分析，为内部控制能否以及如何影响内部人交易行为奠定理论基础。

3.1 委托代理理论

3.1.1 委托代理理论

1. 委托代理理论的主要内容

委托代理理论（principal-agent theory）是现代契约理论最重要的发展。委托代理关系实质上是一种契约关系（谭智心和孔祥智，2011），是由意愿一致且相互之间产生法律关系的双方或多方所做的一种约定，其中一方按照约定指定另一方为其服务，并根据后者提供服务的数量和质量支付相应的薪酬。科斯（Coase，1937）首开企业契约理论研究之先河，他认为企业是一系列契约的组合体。在企业的契约分析中，契约具有不完备性，即不可能把契约成员的所有权利和义务在契约中全部规定下来。正是由于契约存在的不完备性，对于委托代理关系而言，委托人与代理人之间的代理冲突随之产生，委托代理理论由此得以发展。

尽管委托代理关系的提出时间是在20世纪70年代，但是其理论发端于19世纪末20世纪初现代股份公司的出现。伯利和米恩斯（Berle and Means，1932）开创性发现控制权从所有权中分离出来是现代企业的基本特征，企业的所有者和经营者承担着不同的职责和风险。19世纪典型的商业组织是由个人或小型集团拥有，商业组织由所有者本人或他们指定的人进行经营管理。总体来说，19世纪的商业组织由于受个人私有财富的制约而在规模上受限，这些商业组织后来逐渐被大型的联合体排挤掉了。大型联合体拥有上万个甚至十多万个工人，资产是由无数人投资集聚而成，通过公司机制形成了一个生产组织，受到统一的控制和管理，被称为“经济帝国”。投资到“经济帝国”的财产所有者放弃了对财富的控制权，他们由独立的财产所有者变成了资本“薪酬”的接受者。财富集聚形成的力量导致了行业巨头的产生，它们在社会上占据重要的地位。投资者对财富控制权的放弃打破了旧有的产权关系，需要重新界定产权关系，由此委托代理关系应运而生。伯利和米恩斯（1932）认为，当私有公司或未公开上市公司让步于公开上市公司时，所有者激增且所有权与控制权的分离，公司制度得以出现。控制权与所有权的分离，直接负责运营（running）公司的人掌握着控制权和部分所有权。从经济视角来看，所有权与控制权的分离使得所有者与最终管理者的利益产生了分歧。投资到公众公司的个人投资者不再对他们的财富拥有控制权，控制现代公司命运的经理层持有公司的股权只有很小的一部分，而且获取的收益只有公司总收益的一小部分。自伯利和米恩斯（1932）以来，委托代理关系的研究开始出现。

将委托代理理论研究向前做出重大推进的是延森和梅克林（Jensen and Meckling，1976）。延森和梅克林（1976）将委托代理关系定义为合同关系，在这种合同关系中，委托人将决策权授予代理人，由代理人代为执行委托人所要求的活动。他们将委托代理合同缔结后可能发生的损失以及解决委托代理问题发生的成本统称为代理成本，他们将代理成本分为三部分：第一，监督成本。在委托代理关系中，由于双方都追求自身效用最大化，代理人的行动不会始终符合委托人的最佳利益。由于委托人不能直接观测到代理人的行动，仅能观测到与代理人行动相关的产出，因此委托人需要建立恰当的激励和监督机制，来限制代理人的越轨行为从而诱导代理人按照委托人的利益行动，由此发生的监督成本即为代理成本之一。第二，保证成本。在某些情况下，代理人为得到相应的职位和利益，通常会向委托人保证他们不会采取侵害委托人利益的行动，或保证在他们有侵害行为时能够对委托人进行赔偿，代理人为此付出的代价即为保证成本。第三，剩余损失。由于代理人的决策和最大化委托人利益的决策之间总会存在某些偏差，从而导致委托人的利益不能实现最大化。代理人决策实现的利益和委托人期望的最大利益之间的差额即为代理关系的一种成本，称之为“剩余损失”。因此，代理成本为委托人发生的监督成本、代理人发生的保证成本和剩余损失三者之和。

代理成本实质上是由于经理层不是企业完全所有者这样的原因所导致的。经理层拥有股权份额的大小对代理成本会产生重要影响。只有当经理对企业拥有百分之百的股权时，也就是委托人（所有者）与代理人（经理）合二为一时，委托人所追求的效用最大化才能得以实现，代理成本才会消失；但当经理持有部分股权时，因为经理为实现其效用最大化而获取的任何收益，都要企业为之付出成本，而经理们只需承担其中的部分成本，所以在自利动机的驱使下，代理人的行动会侵害到委托人利益，代理成本始终会得以存在。而且随着经理股权份额的下降，他们对企业的剩余索取权比例同比下降，这将鼓励他们以职务消费的形式侵占更多外部股东的利益。外部股东将不得不付出更多的代价来监督经理的侵占行为，但强化监督仅能够削弱他们的侵占程度，侵占行为不可能完全消失掉。除了利益侵占行为之外，随着所有权份额下降，经理们基于价值创造活动的创新努力下降是代理成本形成的另一个重要来源，比如经理们可能会规避那些能够带来正净现值的风险性投资项目，有选择地降低研发支出，尤其对可能降低当前业绩的研发活动选择回避。风险性投资项目和研发支出等是企业价值创造的重要来源，但却需要代理人投入大量时间和精力才能实现，而且这类价值创造活动所带来的业绩可能会留给继任者，管理层从价值创造活动中获得利益只是极小的一部分。权衡利弊后，经理们可能选择不作为，从而导致企业价值显著下降。

委托人与代理人之间通过讨价还价、相互妥协和相互信任，才能达成双方可接受的合同。委托人和代理人在受到合同约束的情形下所开展的行动，是信息不对称的合同双方或多方博弈的结果。委托人和代理人之间合同关系的构建，需满足如下几个基本前提：第一，存在两个相互独立的参与者，双方都追求自身效用最大化。委托人与代理人均追求自身效用最大化，但二者却有着不同的期望效用函数，因此，这一条件下，很难保证代理人的行动始终符合委托人的最佳利益。第二，代理人与委托人之间存在信息不对称。代理人相对于委托人而言有信息优势，属于信息优势方，而委托人则处于信息劣势一方。第三，代理关系必须在符合“参与约束”和“激励相容约束”的条件下，追求委托人利益最大化。参与约束是委托人必须保证代理人愿意参与工作时至少能获得一定水平的保留效用，否则代理人可能会选择辞职。激励相容约束是按照委托人选择的既定激励设计，代理人将选择符合自身利益最大化的行动。在非对称信息条件下，委托人不能观测到代理人的行为，只能观测到相关变量，这些变量由代理人的行动和其他外生的随机因素共同决定。因此，委托人不能使用强制合同（forcing contract）来迫使代理人选择委托人希望的行动，此时，激励相容约束便能发挥作用。满足了参与约束和激励相容约束，委托人期望效用最大化才能得以实现。

2. 委托代理问题的控制

人是不完美的，个人不可能具有处理一切的能力，原因在于人脑具有有限的能力，而且拥有的知识相对于整个世界是非常微小的。延森和梅克林（1992）根据传递成本的高低将知识分为专用性知识和通用性知识，专用性知识被定义为传递成本高昂的知识，通用性知识则被定义为传递成本较低的知识。由于人脑的有限能力，而且生产与传递专用性知识需要较高的成本，在企业经营管理过程中，与所有决策相关的知识不可能为一个人或一个团体所全部拥有。所以在企业的决策过程中，为提高决策效率和降低成本，就需要把传递成本高昂的专用性知识与决策权结合起来，要么把专用性知识传递给决策人，要么把决策权让渡给具有专用性知识的人。由于专用性知识的传递需要花费时间，这可能会导致机会的丧失，因此知识传递成本高于决策权让渡的成本时，将决策权下放给具有专用性知识的人是更为有效的策略。由于具有专用性知识的决策者会追求自身利益最大化，可能会导致下放决策权与接收决策权的双方存在利益冲突，导致代理成本的发生。这意味着需要建立激励和控制机制，使得每个人能正确使用他们的专用性知识和决策权。因此，委托代理问题的产生源于企业决策权的让渡。如何有效配置决策权并构建良好的控制机制是激励代理人做出正确的决策与解决代理问题的关键。

在具体决策过程中，如果提出和执行重大决策的决策管理者与主要的剩余索取者为同一人时，则不会出现代理问题；然而当二者不是同一人时，决策管理者不会承担其决策所带来的后果时，代理问题则凸显出来。因此，需要建立有效的控制机制，促使决策管理者尽可能采取有利于剩余索取者利益的行动。法马和延森（Fama and Jensen，1983）认为构建有效的决策控制机制关键在于决策的控制与决策的管理实现分离[①]，这使得各个决策主体不可能同时拥有一项决策的全部管理权和决策的控制权。因此，决策管理和决策控制的分离，使得决策管理者提出和执行重大决策的权力受到了拥有决策审批和监督权力的决策控制者的牵制，这种权力制衡可以有效控制所有权与控制权的分离，更严格意义上说是决策管理与剩余风险分担的分离而导致的代理问题（Fama and Jensen，1983）。但是，由于委托代理合同的订立和执行需要付出相应的成本，而且为确保利益相互冲突的委托代理双方执行合同还要发生监督成本和保证成本，又因完全执行合同所导致的成本超过所带来的收益，所以决策机制和剩余风险配置机制会发生成本。由此可见，平衡各种决策机制和配置剩余风险机制的成本与收益是组织生存和发展的关键，而组织的大小和复杂程度是决定决策机制和剩余风险配置机制的成本与收益高低的重要因素。

在大型组织（如公开上市公司）中，经营管理与决策异常复杂，与决策有关的专用性知识广泛分散在各个层级的人员之间。由于专用性知识传递成本较高，将专用性知识传递给决策管理人员并不可取。而把决策的提出和执行权限让渡给拥有有价值知识的人，即实现决策管理职能的分散化才能够提高效率和降低成本。将决策管理权限下放会导致的代理问题，可通过决策管理（决策的提议和执行）和决策控制（决策的审批和监督）的分离予以削弱（Fama and Jensen，1983）。对于大型

① 法马和延森（1983）将决策过程分为四个环节：提议是指就资源使用和合同结构提出建议；审批即是选择要执行的决策提案；执行即执行所批准的决策；监督即考核决策者的绩效和兑现奖励。决策的提出和执行一般分配给同一批人，把这两项职能合并，称其为决策管理；同理，决策控制包括决策的审批和监督。决策管理和决策控制由组织的决策过程或决策机制的两个组成部分。

组织上市公司而言，如图3－1所示，股东作为剩余风险承担者将公司的决策管理权限让渡给了管理层，这种分离导致了代理问题，因此，股东将决策审批和监督的权限委托给董事会来牵制管理层，从而限制管理层侵占剩余索取者利益。因此，在大型组织中，决策管理和决策控制实现分离能够给股东带来好处。除此之外，在大型上市公司中，需要分担的净现金流量的风险一般很大，而且需要股东投入大量财富，因此上市公司拥有众多的广为分散的股东是有利的。当股东分散而且众多时，让所有股东参与决策难免成本高昂，将决策控制权委托给董事会才是有效的选择。在大型复杂的上市公司中，依据图3－1所示的委托代理问题控制，决策管理和决策控制分离以及股东将决策控制委托给董事会所带来的好处，一般会超过代理成本，这也是现代上市公司繁荣昌盛的原因。

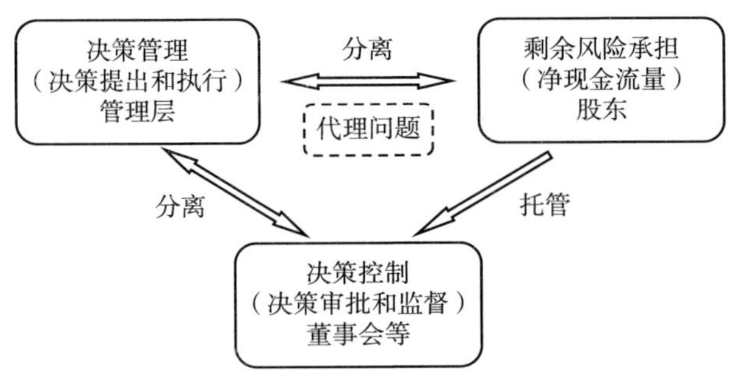

图3－1　委托代理问题控制

3.1.2　委托代理理论与内部人交易

现代股份公司是证券市场形成的前提和基础。剩余风险承担与决策管理的分离使得现代股份公司始终伴随着一个无法回避的重要问题就是委托代理问题。企业是一系列契约的组合（Jensen and Meckling，1976），在这组契约中，股东将其财富投入企业，放弃了财富的控制权，拥有的是公司净现金流量的剩余索取权；公司管理层接受股东的委托，将其人力资本的使用权投入企业，遵照合约经营管理企业，拥有的是决策管理权。股东和管理层均追求自身利益最大化，期望效用函数不同，而且股东无法观察到管理层的行动，因此管理层和股东的利益不会始终一致。当存在利益冲突时，管理层可能会在保护自身利益时损害股东利益。股东为了限制管理层的利益侵害行为，将决策控制权委托给董事会以监督管理层。但是管理层和董事会成员作为公司内部人，可能会为了各自的利益侵害外部股东利益。

对于股东与内部人签订的委托代理合同，如果签约双方在信息占有上是对称的，那么内部人的行动可以被观测得到，股东可以根据观测到的内部人行动对其进行奖惩。此时，代理合同为最优合同，股东可实现效用最大化，而且内部人也能得到其保留效用。不幸的是，最优合同常常无法实现，因为远离经营活动现场的股东不可能在现实的环境下观察到内部人的行动。但是，股东可以观察到企业的产出，而产出至少部分地是由内部人行动决定的，因此，股东常常依据产出设计激励性薪酬，以诱使内部人遵照股东的意愿行动。由于企业的产出不仅仅是由内部人行动决定的，还会受到其他诸多内部人无法控制的因素影响，因此依据产出设计的激励性薪酬不能准确衡量内部人的劳动付出。而允许公司内部人持有本公司股票，允许内部人有限制地买卖本公司股票，可以对内部人的劳动付出和创新努力进行补偿。因此，内部人交易行为有助于内部人合理分享其努力工作的成果，有助于内部人与外部股东利益保持一致，从而缓解二者之间的代理冲突。由此可见，内部人交易是对创新努力的内部人进行激励和补偿的一种机制，亦是一种有效契约机制（Roulstone，2003）。

然而内部人交易所具有的激励机制和有效契约机制并未得到一致的认同。由于公司内部人处在生产经营活动的第一线，其相对于外部股东具有“天然的”信息优势，又由于公司内部人和外部人都追求自身效用最大化，因此内部人通过股票交易在追求自身利益的时候，不可能会完全顾及外部股东的利益。甚至内部人会以牺牲外部股东利益为代价，获取股票交易的超常回报。因此，对于上市公司内部人交易，从委托代理理论的视角出发，需要设计合理的决策控制机制限制内部人的自利行为。

对于上市公司来讲，外部股东不必在组织中担任其他任何角色，并且他们持有的股票能自由转让。由于上市公司股东拥有的剩余索取权不受限制的特点，决策管理和剩余风险承担职能几乎彻底专业化。甚至拥有相当数量股份因此成为剩余风险承担者的经理，也能自由出售自己的股份。普通股剩余索取权不受限制的特点，使得一些市场和组织机制能控制承担专业化风险所导致的代理问题，具体而言，如下：

其一，市场化监督。尽管代理问题会伴随现代公司的始终，但其并未危及现代公司的生存和发展，原因之一是市场化监督机制的存在。市场化监督机制在对公司内部人的监督上发挥了重要作用，有效地缓解了代理冲突。比如，从股票市场来看，上市公司股票可以自由转让，导致股票市场成为上市公司所独有的外部监督机制。股票价格是公司当前和未来现金流量的综合反应，而现金流量的多少是公司内部政策实施的后果，因此，股票价格是反映公司营运活动和政策实施的有效信号，这将迫使公司管理层在决策过程中考虑如何保护外部股东的利益。再比如，从敌意接管市场来看，由于股东股权转让不受限制，在敌意接管市场上，收购方经理通过直接收购股票或求助股东投票支持进入董事会，可以接管现任不合格经理和董事会。因此敌意接管市场的外部监督对现任经理和董事会带来了一定的压力，促使他们不得不考虑外部股东利益。

其二，内部控制监督。内部控制作为解决代理问题缓解代理冲突的重要机制设计，其核心功能在于内部牵制，在公司管理层之间形成权力制衡，有效的内部控制可以监督和约束管理层的自利行为。决策管理与剩余风险承担分离后，让所有股东参与到对管理层的监督中来变得不可能，原因是监督成本过于高昂。更为有效的做法是上市公司的股东把内部控制职能委托给董事会，由董事会代表股东利益来监督管理层。不过董事会把大部分决策管理职能和控制职能委托给了内部人，仅保留对内部人的最终控制权，包括审批和监督重大政策的权利、聘用和辞退高层决策管理者和确定他们薪酬的权利。只有当董事会行使这些决策控制权时，才能确保决策管理与控制的分离，发挥监督和控制管理层的功能。因此，董事会等公司治理机制的有效性是公司内部控制功能有效发挥的基础。一般而言，当内部控制质量不高或存在重大缺陷时，企业管理层不太愿意提高内部控制的有效性，因为在改善内部控制有效性上的努力和付出会分散主营业务的资源和管理层的精力，而有效的公司治理机制可以对管理层形成压力，促使他们提高内部控制有效性或修复缺陷（Goh，2009；Hoitash et al.，2009；朱海珅和闫贤贤，2010；程晓陵和王怀明，2008）。由此可见，内部控制和公司治理在监督和约束管理层的过程中是紧密相关、相辅相成的。

其三，内部非正式相互监督。公司内部决策者之间的非正式相互监督也可对公司内部决策者形成压力，促使他们遵循公司的内控制度，为外部股东的利益而努力工作。内部决策者之间相互监督根源于公司内部劳动力市场的存在。在内部劳动力市场上，同事之间存在着晋升的竞争，为获得更高的职位和职业薪酬，内部决策者会努力表现自己并对同事的表现进行监督。因此，内部决策者之间的非正式相互监督所产生的激励符合外部股东的利益，有助于降低代理成本。

3.2 信息不对称理论

3.2.1 信息不对称理论

信息不对称理论是信息经济学的重要分支。信息不对称理论一直是学术界研究的热点和焦点。在古典经济学中，信息的充分性和完全性是其研究的理论基石，强调消费者和生产者在决策过程中对信息的占有是对称的和完全的。然而现实并不能满足信息充分和完全的假定，市场上人们进行决策时，信息常常是非对称的、非完全的。因此，古典经济学的经典假设受到了后来学者的质疑，经典假设被放松后信息经济学随之产生，信息不对称成为备受关注的问题。

在信息经济学的启蒙时期，人们对信息的认识逐渐深入。在20世纪初，人们对信息的认识与对知识的认识相等同。作为科学术语，信息奠基人香农（Shannon）对信息进行了定义，认为“信息是用来消除不确定性的东西”，其对信息的认识建立在对不确定性认识的基础上。1945年，哈耶克（Hayek）在其论文《知识在社会中的应用》中对知识和中央集中定价机制的关系进行详细论述，认为经济活动中的个体无法拥有全部知识而只能拥有小部分知识，因此分散定价机制优于集中定价机制。此文发表后，人们对信息的认识逐渐与知识区分开来。在现代科学中，信息指的是事物发出的消息、指令、数据、符号等所包含的内容，人通过获得、识别自然界和社会的不同信息来区别不同事物，得以认识和改造世界（黄琪，2014）。在经济管理领域，斯科特（Scott，1997）依据决策理论将信息定义为“具有潜在地影响个人决策的证据”。根据人们对信息内涵的定义，可以发现，作为现代经济的重要资源，信息在现代经济活动中发挥着重要作用，可以帮助人们消除经济活动中面临的不确定性，同时，它正逐渐被商品化。

立足于古典经济学和信息经济学对“信息”的认识，信息存在多个类别。完全竞争条件下，假定所有市场参与者都拥有共同的信息，这种共同的信息即为“公共信息”。市场参与者拥有的公共信息越多，市场参与者之间彼此会更加熟悉，影响交易的不确定因素下降，交易活动将会变得更加活跃，市场运行效率就越高。与公共信息对应的是“私人信息”，即个别市场参与者所拥有的具有独占性的信息。如果市场参与者能够真实地向市场传递其私人信息，也能极大地提高市场效率。对于市场而言，根据市场上有关事件的知识或概率分布在相互对应的经济主体之间是否作对称分布，可将信息分为对称信息和不对称信息。私人信息或不对称信息的存在使一部分人比他人拥有更多的信息，通常将行为人之间的这种信息占有上的差异称为“信息不对称”（information asymmetry）。在信息经济学或有关激励问题的研究中，根据是否拥有私人信息可以将交易双方分别称为“代理人”（agent）和“委托人”（principal），前者是指拥有私人信息的一方，而后者则是处于信息劣势的一方。任何一项交易总是与特定的契约联系在一起，因此，信息不对称情形下的交易通常被视为委托人与代理人之间签订的某种契约。

非对称信息指的是某些参与人拥有但另一些参与人不拥有的信息。张维迎（2004）指出，信息的非对称性可以从两个角度划分：一是非对称发生的时间；二是非对称信息的内容。从非对称发生的时间看，非对称性可能发生在当事人签约之前，也可能发生在签约之后，分别称为事前（ex - ante）非对称和事后（ex - post）非对称。事前非对称信息会产生隐藏信息的逆向选择（adverse selection）问题，而事后非对称信息会产生隐藏行动的道德风险（moral hazard）问题。

1. 逆向选择问题

逆向选择是指事前隐藏信息的行为。阿克洛夫（Akerlof，1970）在其论文《柠檬市场：质量不确定性和市场机制》中首次提到了逆向选择问题。阿克洛夫以旧车交易市场为对象论述了逆向选择理论。他指出市场上买者不知道一辆二手车是好车还是坏车，坏车即“柠檬”车，也就是买主不能在不同的二手车中区分出不同的质量，从而无法给出不同的价格。因此，信息不对称是指买主不知道二手汽车的质量，而卖主知道。既然买者不可能对好车和坏车做出区别，那么好车和坏车仍旧可以以同样的价格出售。很显然，一辆二手车与一辆新车不可能有同样的价值，如果有同样的价值，显然以新车的价格卖出柠檬车对卖主是有利的，卖主拥有的汽车质量信息的优势使其更有可能买到另一辆高质量的车。这样一来，好车车主将会被锁住，因为卖出汽车使得他们不但不能得到新车的真实价值，而且不能得到新车的期望价值。由此，高质量车的拥有者将不会卖出汽车，因为卖出汽车将使他无法获得期望的价值。

由于买主事先并不知道所买的二手车的质量，他们的购买决策具有不确定性。因此，购买决策要依赖于二手车的平均质量，买主根据二手车的平均质量决定自己的最高买入价格。卖主也要从自己的效用函数出发对卖不卖二手车做出决策。由于信息不对称，卖主会根据买主给出的价格决定卖不卖二手车。只有当二手车的质量小于等于买主给出的价格时，卖主才会出手二手车。因此，质量大于买入价格的汽车，卖主就会选择不卖，退出市场，这就是逆向选择。然后，买主会再次降低价格，质量大于买主降低后价格的汽车会退出市场。如此反复，好车就会逐渐退出，二手车的平均质量会日益下降。最终就会没有交易发生，市场彻底萎缩。

依据阿克洛夫的模型，逆向选择的后果是市场失灵，根本原因在于信息不对称使得市场参与者失去了互惠互利的机会。信息不对称是指卖者知道物品的质量，并且他们是按照买者的出价来供给低于买入价格的劣质商品。二手车市场的逆向选择之所以发生，是由于存在“双向的”逆向选择：一旦买主给出了最高买入价格，卖主就供给质量低于买价的劣质商品，然后，买主会再次降低价格。在这个模型里，价格充当了双重功能，一方面价格决定了供货者的产品平均质量；另一方面，价格又决定了二手车质量在供求之间的均衡。一旦需求方给出的价格会使质量优于该价格条件的产品退出市场，则市场均衡时（即无人进入也无人退出）的平均质量必然已让价格这一门槛降低了许多。

同理，在不完美资本市场上，公司外部人（如外部投资者和债权人）与公司内部人（如董事、监事和高级管理人员等）在信息占有上必然存在着不对等的情形。公司董事、监事和高管掌握着有关公司经营活动和重大事件的真实信息，而由于外部投资者和债权人不能直接参与公司的经营和管理，他们在获取有关企业的内在核心信息方面明显处于劣势地位。因此，上市公司管理层是否向外界公开披露有关公司的真实信息，成为资本市场上投资者、债权人以及市场监管者关注的焦点问题。上市公司充分披露真实信息为资本供需双方搭建起增进了解、促成合作的桥梁。此外，在资本市场上，除公司内部人与外部投资者和债权人等外部人之间存在信息不对称之外，广大市场参与者即使是投资者之间也普遍存在着信息不对称问题。一般来说，一些市场参与者（例如，机构投资者）相较于另一部分市场参与者能够接触到更多、更真实的信息。上市公司的充分披露会提高所有市场参与者对公司经营活动、未来发展前景以及重大事件的知情水平，从而能够降低广大市场参与者之间的信息不对称，从而有助于降低公司的资本成本，提高公司价值。同时，信息披露中自愿性的公开披露具备的信号功能，能够缩小市场参与者之间的信息差距，并能有效地降低资本市场上的信息不对称。

2. 道德风险问题

道德风险问题是指在委托代理关系中，代理人在合同签订之后，利用信息优势隐藏行动，损害居于信息劣势一方（委托人）的利益，进而损害社会福利的行为。道德风险与逆向选择同为信息不对称理论的两个范畴。逆向选择一般发生在签约之前，代理人隐藏真情，道德风险则发生在签约之后，代理人未遵从委托人的意愿行动。

道德风险问题根据代理人隐藏行动和信息的不同分为隐藏行动的道德风险和隐藏信息的道德风险。对于隐藏行动的道德风险问题，委托人和代理人在签约之时信息是对称的，双方拥有的信息是等同的。签约后，代理人的行动（如工作努力程度）和环境状态共同决定产出或结果，但委托人无法观察到代理人的行动，只能看到与代理人行动相关的结果。因此，委托人需要解决的问题是如何促使代理人按照委托人利益最大化的方式行动。对于隐藏信息的道德风险，委托人和代理人在签约之时拥有相同的信息，也就是说信息是对称的；签约后，代理人和委托人之间就有关“自然”选择的信息是非对称的，委托人可以观察到代理人的行动，但不能看到“自然”的选择，代理人可以根据自己信息优势选择相应的行动。由于委托人未拥有完全的信息，委托人需要设计一套合约，使代理人在给定“自然状态”下，按照委托人利益最大化的方式行动（如实向委托人报告自然状态）。

道德风险问题表明代理人行动的后果取决于代理人的主观行动以及环境的影响，而公司政策及合约设计会影响代理人的主观行动，进而影响代理人行动的后果和委托人的利益。因此，在信息不对称的状态下，为避免道德风险问题，委托人需要设计出合理有效的激励机制和监督机制，诱导代理人讲真话，干实事。

3.2.2 信息不对称理论与内部人交易

内部人相对于外部人具有信息优势，二者信息不对等。一般来讲，信息优势分为两类，分别是估价判断优势和未来现金流量预测优势。

估价判断优势是指公司内部人能够更为准确地识别出公司股票价格和基本面价值的偏离程度，而外部投资者可能由于对信息反应过度或反应不足而不能对公司股票进行准确定价。外部投资者对公司股票不能准确定价的原因可能有以下两点：（1）外部投资者过度自信。外部投资者对公司股票的期望收益和风险的先验信念在获得更多新信息后将会发生变化，从而改变他们对公司未来收益的预期，但是投资者对新信息的反应可能会偏离依据贝叶斯理论应该做出的反应。行为心理学表明，投资者过度自信会促使他们高估对新信息分析的准确性。比如，如果投资者获得的新信息为好消息，他们将提高预期未来收益为高的主观概率，而且提高的幅度可能大于根据贝叶斯理论做出的修订。反之，如果投资者获得的新消息为坏消息，他们降低预期未来收益为低的主观概率的幅度可能会大于贝叶斯理论所做的修订。因此，当外部人把公司的未来成长性考虑得太过美好，或者低估了困境企业潜在的恢复能力，都会导致公司股票被错误定价。（2）外部投资者不能充分解读信息。外部投资者对信息的解读受其专业素养、时间精力的限制，可能无法和无力做到充分解读信息。比如，对于公司披露的财务报告，普通的投资者通常没有接受过财务、会计和金融以及相关行业背景的专业培训，没有能力全面分析单调乏味的财务报表以及复杂的附注，不能充分理解财务报告所传递信息的本质含义。因此，外部投资者不可能会对信息做出完全的、准确的反应，从而导致对公司股票做出错误的定价。而内部人凭借其独有的信息和更为专业的知识能够识别出公司股票价格和基本面价值的偏离程度，因此，内部人相对于外部投资者而言，在估价判断上具有信息优势。具有估价判断优势的内部人，在法律允许的范围内，有动机利用外部投资者的错误定价，大量买入价值性股票或卖出成长性股票，从而获取超常收益。

未来现金流量预测优势是指内部人可以在外部股东及其他市场参与者之前预测到公司未来现金流量的变化。某种程度上来看，现金流的变动源自公司特定因素、行业因素、经济范围因素的变动，内部人相较于外部人能够更敏锐地观察到这些因素变动的信号，能够及时地对未来现金流量的变化做出更为准确的预测。由于管理者拥有未来现金流量分布的私有信息，又因股票价格变动是投资者对未预期的现金流量变动做出反应的结果，因此，当内部人拥有的关于未来业绩和回报的私有信息不同于当前市场预期时，内部人会利用其未来现金流量信息优势进行交易以获取超常回报，即内部人认为公司未来价值升高时买入公司股票，反之则卖出公司股票。

内部人交易是信息环境的函数（Huddart，2007）。内部人交易是内部人信息优势驱动的结果，内部人是否买卖股票不但取决于信息优势，还取决于信息优势的大小。交易前股票价格变动的大小和内部人信息的精确度均能显著地影响内部人与外部人之间的信息不对称。公司的预期未来现金流量信息精确度越低，有关公司价值评定信息的不确定性则越大（Veeman，2011），内部人的信息优势也就越大，其通过股票交易获利的范围就越大。但是，如果内部人拥有的有关公司价值信息的准确性较差的话，即使公司价值不确定性很高，那么内部人信息优势将大打折扣。公开披露信息的精确度影响内部人和外部投资者之间的信息不对称，从而影响投资者的风险估算和资本成本（Bhattachary et al.，2012；Lambert et al.，2011）。例如，会计盈余信息的主要任务是把公司预期未来现金流量信息告知给投资者（Dechow et al.，1998；Barth et al.，2001），因此盈余信息精确度较低可能会导致公司未来现金流量不确定性较高。由于公开披露信息精确度低加剧了信息不对称，结果则会提高内部人持有的私有信息的价值。因此，信息不对称程度对内部人交易牟取私利的程度有重要影响。

先前研究提供的证据表明非有效的财务报告内部控制企业将传播不

可靠的财务信息（Doyle et al.，2007；Ashbaugh－Skaife et al.，2008），不可靠的财务信息提升了内部人的信息优势，加剧了内部人与外部投资者之间的信息不对称程度（Lambert et al.，2007）。而先前研究表明，一旦公司修复了财务报告内部控制存在的问题，信息不对称程度则会降低，财务报告质量则会明显得到提升（Ashbaugh－Skaife et al.，2009）。知情交易理论模型表明，随着内部人与外部人之间的信息不对称程度的增加，内部人交易收益上升（Grossman and Stiglitz，1980；Glosten and Milgrom，1985；Kyle，1985）。信息披露理论模型表明，低质量财务报告导致了内部人与外部人财务报表使用者之间的信息不对称加剧（Diamond and Verrecchia，1991；Easley and O'Hara，2004），而且财务数字中的噪声会影响到信息不对称。某种程度上来讲，可靠的财务报告有利于可信的信息从内部人流向外部人，代理问题得以缓解，管理者的利益侵占行为得以下降（Lambert et al.，2007）。当财务报告可靠性较低而且管理层基于信息优势交易股票时，管理层寻租的风险会上升。有效的财务报告内部控制提供了合理保证，使得财务报告不能包含任何重要错误陈述，因此提高了财务报告的可靠性。当财务报告内部控制存在重大缺陷时，财务报告中错误陈报不能被公司内部控制识别出来的可能性更大。错误陈报可能是由非故意的失误导致的，也可能是系统性会计自由裁量权的错误运用导致的。非故意的失误，如会计准则前后不一致的运用，将使噪声信息进入到财务报表中，有助于给内部人带来信息优势；而会计自由裁量权的滥用将导致有偏的财务报表，进而加剧信息不对称。

总体而言，信息不对称是内部人交易获取超常收益的关键因素。因此，如何降低信息不对称是有效抑制内部人交易获取超额收益的关键。高质量内部控制则是提高信息质量，降低信息不对称的重要制度设计。内部控制是确保财务报告可靠性的政策、流程和程序。可靠的财务报告是公司用来传递可靠信息给外部人的重要机制，以利于外部人的资源配置决策和评价管理者业绩（Beyer et al.，2010）。当企业财务报告内部控制失效时，由于缺少约束管理者会计政策选择的正常程序，管理者拥有更多的会计估计和方法的自由裁量权，导致公司盈余质量下降，进而导致信息不对称程度的增加。

3.3 信号理论

3.3.1 信号理论

信号理论包含信号传递和信号筛选两大方面。信号传递主要是信息优势方将有效的信号释放出去，从而传递内部信息给信息劣势方的行为。信号筛选是信息劣势方通过设计不同的合约以筛选真实信息。因此，信号传递和信号筛选的主要区别在于二者行动的先后有别，不过二者都是解决逆向选择问题的方法。

1. 信号传递

斯彭斯（Spence，1973）首次提出了信号传递理论，依据劳动力市场对该理论进行了详细分析。在劳动力市场上，雇主在雇佣一个人时不知道他的产出能力，即使在雇佣后雇主也不会马上获取雇员产出能力的信息。雇主花费时间去了解一个人的生产能力意味着雇佣实质上是一项投资决策。假定雇主不能直接观察到雇佣前雇员的边际产出，他能观察到的是有关个人特征和属性（如教育、以前的工作、性别以及犯罪记录等）的数据，正是这些数据决定了雇员的工资水平。具有可观察性的个人特征和属性构成了求职者的形象。个人的某些特征和属性是不变的，比如性别和种族；其他一些则是可变的，如教育随着个人投入时间和金钱的不同而变化。一般把那些具有可观察性的、不变的属性称为特征，而把那些具有可观察性的、可能会被操纵的属性称为信号（signal）。

雇用一个人后，雇主将会在前期市场经验的基础上，根据雇员特征和信号组合，对雇员生产能力的条件概率进行估算。在任何时点，雇主依据有关生产能力的条件概率分布对个人求职者进行主观评估，并依据评估结果给求职者确定薪酬。对于特征来说，求职申请者很少能够操纵或改变。而信号是可变的，因此可能会被求职者操纵。不过调整或改变信号需要付出成本，如教育是成本较高的信号，这些成本即为信号成本。对于能力高的个人求职者来讲，获取较高的教育程度付出的代价比较低，而对于能力低的个人求职者而言获取较高的教育程度付出的代价则比较高。因此，对于能力高的个人求职者来讲，如果有充分的足够的回报，他将会投资教育，将更高的受教育程度作为信号，向雇主显示自己具有较高的生产能力，以最大化工资和信号成本之间的差额。因此，只有当信号成本与生产能力负相关时，一个信号才会有效地区分出不同的求职者。如果这种情形不成立，在给定的工资计划下，每个人将会以相同的方式投资到教育上，这样的信号是不能区分求职者的。根据斯彭斯（1973）的信号传递模型，一个有效的信号传递必须满足的条件是：信号具有可观察性和改变性；信号成本与信号发送主体能力负相关，即信号发送主体能力越高，信号发送成本越低。

信号传递是降低逆向选择的方法之一。代理人拥有完全信息，委托人仅拥有部分信息。为使委托人能够更深入地了解代理人的情况，更有效地区分代理人的类型，代理人会选择某些行为作为信号，向委托人传递自己的信息，以降低逆向选择发生的可能性。信号传递主要包括两个阶段，在第一个阶段，信息优势方选择那些具有可观察性的、可变的、且信号成本较低的属性作为信号，发送给信息劣势方，使得信息劣势方能够区分信号发送者的不同；在第二个阶段，信息劣势方根据收到的信号进行决策，对信号发送方与他方不同对待。因此，信号传递是信息优势方向信息劣势方传递信息的重要渠道，有助于信息劣势方的决策，可缓和信息不对称导致的逆向选择问题。斯彭斯（1973）提出信号理论以来，信号理论引发了学者们的极大兴趣，在多个领域得到了应用和拓展。在财务会计领域，企业管理者向外部传递公司内部信息的途径可谓多种多样，股利发放、融资宣告、盈利宣告、并购宣告和内部人股票交易等均是信号发送的有效方式。

2. 信号筛选

1976 年，罗斯柴尔德和斯蒂格利茨（Rothschild and Stiglitz）在他们的论文《竞争性保险市场的均衡：论不完美信息的经济学》首先提出了信号筛选模型，目的是为保险公司设计出一种让投保人自我选择的机制。

信号筛选模型假定有两类投保人：一类是风险较高的，这类人做事较为鲁莽，出事故概率较高；另一类是风险较低的，这类人办事较为谨慎，出事故概率则比较低。还假定低风险的客户和高风险的客户具有同样的效用函数，因为客户投保是为了规避风险，所以效用函数为凹函数。投保客户的期望效用取决于投保人发生事故后自负的损失，以及付出的保险费与出事故的概率。两类投保客户由于行为方式和气质禀赋不同，对于付出的保险费和自负损失的态度就截然不同，这为保险公司提供了筛选不同投保人的契机。

保险公司原本不知道投保客户的行为方式和气质禀赋，但它通过设定不同的保险价格与自负损失的组合来筛选不同的投保人，让投保顾客自行选择。这样设计的原因在于，风险类型不同的投保人出事故的概率不同，他们对于保险价格和自负损失的偏好也是不同的。风险低的人由于做事谨慎，出事故概率小，会倾向于选择高的自负损失与低的保险价格。反之，风险高的人由于做事鲁莽，出事故的概率较高，会倾向于选择低的自负损失与高的保险价格，即支付较高的保险费以换得较低的自负损失。因此，保险公司对自负损失和保险价格可以搭配不同的组合，但基本原则是让自负损失与保险价格之间存在替代关系。

在委托代理关系中，代理人拥有完全的信息，属于信息优势方，而委托人只拥有部分代理人的信息，属于信息劣势的一方。根据罗斯柴尔和斯蒂格利茨（1976）的信号筛选模型，委托人为使代理人按照委托人的意愿行动，设计一系列的合同，让代理人自由选择。代理人了解自己的行为方式和气质禀赋，可以根据自身的情况选择最有利于自己的合同，这样委托人根据代理人选择的合同将不同的代理人筛选出来。而代理人按照自己选择的合同行动，也将最大化委托人的利益。因此，信号筛选是信息劣势方首先进行合同设计，然后由信息优势方根据自身情况进行选择，这样可以降低合同双方之间的信息不对称，促进市场有效运行。

3.3.2 信号理论与内部人交易

理论分析表明，信息不对称将导致市场失灵或降低市场效率。在证券市场上，内部人利用信息优势获取超常收益等逆向选择现象是普遍存在的，然而证券市场仍然在有效地运行。主要原因在于，内部人通过股票交易行为进行信号发送，传递私有信息给外部投资者，由此缓解证券市场中的逆向选择问题。

上市公司决策管理和剩余风险承担之间的分离，使得公司内部人处在生产经营决策的第一线，他们对公司的经营活动比任何证券分析师要更为熟悉，他们知道一个新产品什么时候上市，知道什么时间存货堆积，边际收益是否提高，或者生产成本是否在上升等。因此，内部人就是私有信息的拥有者，比公司外部人具有天然的信息优势。内部人的具体私有信息在某个时间点是观察不到的，但是内部人交易是否发生、交易方向、交易价值和交易收益是能够被观察得到的。由此许多外部投资者认为存在一种通过观察内部人正在做什么而获益的方法，内部人交易便成为投资者关注的对象。从内部人交易视角看，他们的信息优势主要包含估价判断优势和未来现金流量预测优势。因此，如果市场是有效率的，内部人利用他们的私有信息优势进行的股票买卖，会将内部人的信念传递给投资者，由此影响公司的股票价格。因此，内部人交易可以视作内部人传递私有信息优势给公司外部投资者的一种机制。公司理财研究也亦表明，具有信息优势的个人交易者从事的可观察的权益交易是重要信息传递的源头，且有助于外部投资者对那些信息不对称明显的公司事件能够更好地评价。内部人交易成为管理者评估公司价值和预测公司未来现金流量的最直接和可信的信号，投资者会关注和处理这些信号，以提高投资决策效率。

内部人交易因交易方向的不同而传递出不同的信号。对于内部人买入股票交易而言，一方面，股票购入提高了内部人在企业财富总额中的份额，份额越大内部人个人财富与企业财富越是息息相关，因此内部人买入公司股票对其个人财富有着重大影响。依据投资决策理论，内部人是理性的效用最大化者，只有在对公司未来经济前景预期比较乐观的情况下，买入股票才是有利可图的。而且，内部人买入股票可能代表了管理层对企业未来经济前景的乐观主义倾向，也可能反映了他们对公司基本面稳健向好的自信。因此，内部人购入股票所传递的管理者对经济前景乐观和对基本面自信的信号也是可信的。另一方面，内部人买入股票交易反映的是公司管理层对公司未来发展战略的保证。管理层购入股票，意味着管理层所有权份额的提升。内部人作为公司的决策管理者，又是部分剩余风险的承担者，他们在公司财富总额中的份额越大，努力工作的可能性也就越大，对公司未来发展也会更加自信。内部人买入股票实质上表明了管理层执行企业发展战略、提升企业价值的承诺，这是战略成功的重要因素，使得投资者更为相信公司未来的发展前景。

对于卖出股票交易而言，其向市场传递的信号可能是消极的。原因如下：其一，股权份额下降，代理冲突加剧。股票卖出降低了内部人在公司的所有权份额。当公司管理层拥有部分股权时，代理成本就会产生，因为管理层为最大化自己的利益而获取的任何收益，都要企业为之付出成本，而他们自己只需承担其中的部分成本。而且随着管理层卖出手中的股票，他们对企业的剩余索取权比例随之下降，会鼓励他们以职务消费的形式侵占更多的其他股东的利益。而且随着管理层所有权份额下降，将会导致他们进行价值创造活动（如寻找新的盈利项目）的意愿不足。因为价值创造活动可能会给他们带来太多麻烦或需要投入太多精力去管理或学习新技术。他们的这种不作为可能会使企业价值显著下降。因此，内部人所有权份额的降低会产生负面的影响，会导致代理成本的增加和企业价值的下降（Jensen and Meckling，1976）。其二，内部人看衰公司未来前景。依据投资决策理论，内部人利用私有信息，在预测到公司未来业绩下滑的情况下，卖出股票可以及时规避可能发生的损失。内部人卖出股票可能表明了他们对执行公司未来发展战略和提升价值的信心不足，因此，内部人卖出股票可能向市场传递了投资该公司股票获利性较差的信号（Leland and Pyle，1977）。

内部人交易所具有的信号功能有利于降低公司内部人与外部投资者之间的信息不对称，可改善市场效率和促进市场公平。但是信号理论也表明，内部人交易的信号发送需要较高的信号成本，是社会资源的浪费，进而导致证券市场的低效率。而改变这一问题的根本方式，在于提高上市公司的信息披露质量，向市场释放更多的相关性信息。公司披露的公开信息是私有信息的一个完美替代，投资者获取高成本私有信息的数量一般会随着披露公开信息数量的增加而降低（Verrecchia，1982）。戴蒙德（Diamond，1985）也发现投资者获取私有信息的动机随着公司公开披露信息的增加而降低，而且披露质量越高，公司释放的重要信息和前瞻性信息越多，因此，高质量的信息披露将会降低私有信息的搜寻动机，而且公开信息披露质量越高，内部人的私有信息优势越低（Baiman and Verrecchia，1996）。由此可见，高质量的信息披露有助于提高公司的透明度，降低内部人的私有信息优势。而合理保证公司财务报告及相关信息的真实完整是内部控制的基本目标之一。既有经验研究发现，高质量内部控制能够有效提高公司财务报告质量，提高信息披露的透明度，降低内部人私有信息优势（方红星和金玉娜，2011；董望和陈汉文，2011）。反之，当内部控制存在重大缺陷时，财务报告重大错报不会被公司内部控制制度阻止或识别出来的可能性大为增加，内部人私有信息优势得以提高，内部人与投资者之间的信息不对称程度也随之加大。内部控制缺陷越严重，公司的信息披露质量越低，噪声越多，报告盈余越是不能可靠地反映企业过去、现在和未来的现金流量，公司内部人与外部人之间的信息不对称程度越有可能加剧，由此内部人私有信息的独占性得以提高。

总之，内部人交易所具有的信号传递功能能够将内部人的私有信息传递给市场，降低内部人与外部人之间的信息不对称，有利于缓和逆向选择问题。但是内部人交易的信号发送需要较高的信号成本，带来的是社会资源的浪费。因而，解决内部人与外人之间信息不对称的关键在于，强化公司的信息披露质量，发挥内部控制在其中的作用。

3.4 主要结论

本章对委托代理理论、信息不对称理论和信号理论的基本内容分别进行了梳理，并对委托代理理论、信息不对称理论和信号理论与内部人交易之间的内在逻辑进行了分析。具体而言，首先，从委托人与代理人之间存在的代理问题出发，分析了内部人通过股票交易侵害外部股东利益的可能，并分析了控制代理冲突的相应机制；其次，对内部人与外部人之间信息不对称的主要类型以及由此可能导致的后果进行了剖析，并从内部控制视角分析了解决信息不对称等逆向选择问题的机理；最后，在对信号理论的基本内容进行梳理后，着重剖析了内部人交易作为信号的可信性以及信息披露和内部控制在其中所发挥的作用。

第4章 内部控制对内部人交易信息含量的影响研究

现代企业制度下，公司内部人和外部人之间存在信息不对称，内部人处在生产经营的第一线，相比外部人具有天然的信息优势。为验证公开披露信息的可信性和准确性，外部投资者等利益相关者会关注内部人交易行为，认为内部人交易行为传递了可信的新信息，通过模仿内部人交易行为可以获得收益或避免损失。究竟内部人交易是否具有信息含量？而内部控制作为提高信息披露质量和降低信息不对称的重要机制设计，能否有效降低内部人交易的信息含量？为此，本章实证检验了内部人交易行为与股票未来超常回报之间是否存在显著的相关关系；检验了高质量内部控制能否弱化这种相关关系，以期更为有效地对内部人交易行为实施监管提供理论和经验支持。

4.1 理论分析与研究假设

依据现代投资理论，在完美和完全的市场状态下，未来现金流量和它们发生的概率是众所周知的。资产定价建立在未来现金流量折现的基础上，套利原则确保了现行价值等于市场价值，因此，投资者在投资决策过程中不需要额外信息即可实现最优投资决策。而在现实经济环境中，由于未来现金流量、事件发生概率具有较大的不确定性，投资者要求公司进行信息披露，并需要获得其他额外信息，以帮助其修正事先做出的先验判断，从而达到期望收益与风险的最佳匹配。因此，信息披露是连接公司内部人和外部投资者之间的重要纽带，信息披露质量受到了外部投资者高度重视。公司提高披露质量，则有利于投资者更好地估计公司未来的经济前景，可以降低投资者估计的风险水平。不过信息披露质量常常受到投资者质疑，因此投资者会进一步寻求其他额外的信息以验证公开披露信息的可信性和准确性，并修正基于信息披露的决策判断，从而实现提高投资决策效率的目的。具体而言：其一，尽管披露会计理论认为信息披露降低了内部人和投资者之间的信息不对称，但由于信息披露的可信性并未事先得到保证，而且管理者有动机做出自利的披露，因而公开披露信息的可信性影响内部人和投资者之间的信息不对称，进而对信息披露所产生的经济效应大小带来影响（Gu and Li，2007）。也就是说信息披露的可信性越高，市场对公司的评价就越客观，市场反应也就越积极和有效，就越能引导投资者做出有效的投资决策（Jennings，1987）。由此可见，信息披露的可信性是影响投资者决策的重要因素。其二，信息披露的准确性也会影响内部人和外部投资者之间的信息不对称（Bhattachary et al.，2011；Lambert et al.，2012），准确性越低，投资者对公司未来现金流量的预期则越模糊，进而导致公司价值不确定性增高（Veeman，2011）。这种不确定性可能的后果是，公司外部投资者会寻求能提高未来现金流量信息准确性的额外信息，以提高对公司未来经济前景的判断力。总的来讲，公司信息披露的可信性和准确性越低，投资者越会寻求其他额外信息来改善其决策效率。公司内部人的股票交易行为是外部投资者寻求额外信息的重要来源，被投资者视为传递公司内部人私有信息的重要信号，既可作为验证公司信息披露可信性和准确性的工具，又可帮助投资者修正其先前的决策判断。

内部人交易之所以被投资者视为传递公司内部人私有信息的信号，是因为内部人交易本身具备传递内部人私有信息的令人可信的特征。首先，内部人交易对内部人个人财富会产生重大影响，因此内部人交易可能隐含了内部人对公司经济前景的判断。内部人交易活动会将内部人的信念传递给投资者，由此影响股价，而股价变动对内部人个人财富又有着直接和清晰的影响。因此，出于个人财富保值增值的需要，内部人交易所具有的传递私有信息给投资者的信号功能是可信的。其次，内部人交易行为具有可观察性和可模仿性。尽管内部人的具体私有信息在某个时间点是观察不到的，但是内部人交易是否发生、交易方向、交易价值和交易收益是能够被观察得到的。而且许多外部投资者认为存在一种通过模仿内部人正在做什么而获益的方法。因此，内部人交易传递了内部人对公司未来前景的预期，被投资者视为传递公司内部人私有信息最直接的信号，成为外部投资者决策的重要信息来源。

内部人交易因交易方向的不同而传递出不同的信号。对于内部人买入股票交易而言，一方面，股票购入提高了管理层在企业财富中的份额而影响其个人财富。由于内部人把自己的个人财富押到了公司，内部人股票买入可能代表了管理层对企业未来经济前景的乐观主义倾向，也可能反映了他们对公司基本面稳健向好的自信，因而，内部人购入股票所传递的管理者对经济前景乐观和对基本面自信的信号是可信的。另一方面，内部人买入股票交易提供了对管理层信息披露可信度与准确度的内部保证。管理层购入股票，反映了管理层所有权的提升，这表明了管理层执行企业发展战略、提升企业价值的承诺，这是战略成功的重要因素，使得投资者更为相信公司未来的发展前景。同样道理，对于卖出股票交易而言，股票卖出降低了内部人在公司的所有权份额，内部人所有权份额的降低会导致代理成本的增加（Jensen and Meckling，1976），对于公司价值则带来了不利影响；而且内部人所有权份额降低可能向市场传递了投资获利性较差的信号（Leland and Pyle，1977），反映了内部人对公司前景的悲观主义倾向和不自信。因此，内部人买入股票和卖出股票向市场传递了截然不同的信号，投资者将会做出不同的解读。投资者将根据内部人交易传递的信号修正他们对企业未来经济前景的预期。如果对公司经济前景的预期好于之前既定的预期，投资者愿意以当前股价买入股票；反之，则卖出股票。如果内部人交易前后投资者的预期差异较大，则会导致股票价格的剧烈变化。

综上，提出研究假设 H4 -1：

H4 -1：内部人交易行为具有传递私有信息的信号功能，能够预测未来市场业绩，即内部人交易行为与公司股票未来超常回报存在显著的相关关系。

内部人私有信息依据其传递渠道的不同分为两类。一类是借助公开披露的信息传递内部人的私有信息，市场对此类私有信息的反应依赖于投资者的解读能力，解读能力越高，市场反应可能会越大。另一类是借助于内部人的行为（如内部人交易）传递内部人的私有信息。内部人私有信息数量越大，且与投资者的决策相关性越强，内部人与外部投资者之间的信息不对称程度则会越高。因此，当私有信息通过内部人交易行为传递到市场上时，市场对内部人交易能够做出反应，因为交易前股票价格没有完全反映驱使内部人交易的私有信息（Aboody and Lev，2000；Fidrmuc et al.，2006）。进一步地，凯尔（Kyle，1985）以拉格尼沙克和李（Lakonishok and Lee，2001）指出交易前股票价格没有完全反映内部人私有信息源于私有信息在交易前隐藏极深，而内部人信息的独占性则是私有信息隐藏极深的根本原因。这表明，内部人私有信息隐秘性越好意味着内部人信息优势越大，内部人私有信息被及时反映到交易前股票价格中的程度就相对越小，相应地，市场对内部人交易宣告后的反映将更为显著。另外，公司信息披露质量与内部人私有信息独占性之间有着此消彼长的关系。公开披露信息的可信性和准确性越高，内部人与外部投资者之间的信息不对称程度会越低（Gu and Li，2007；Bhattachary et al.，2011；Lambert et al.，2012），内部人的私有信息的独占性就越低（Baiman and Verrecchia，1996），相应地，内部人交易所受到的关注度则会下降，内部人交易后的股价波动也将减弱。总的来说，内部人信息独占性和信息披露质量决定了内部人交易后的市场业绩预测能力（即内部人交易信息含量）。

众所周知，财务报告是公司传递、披露信息的重要机制和途径，可靠的财务报告有助于信息从内部人传递给外部人，缓解代理问题，降低管理者的利益侵占行为（Lambert et al.，2007），而且公开信息披露质量越高，内部人的私有信息优势越低（Baiman and Verrecchia，1996）。由此可见，建立和实施能够提高信息质量和信息披露水平的治理机制是降低内部人私有信息独占性的根本，方可缓解内部人与外部人之间的信息不对称，而内部控制政策实施的目的之一正是基于此。合理保证公司财务报告及相关信息的真实完整是内部控制的基本目标之一。方红星和金玉娜（2011）研究发现，高质量内部控制可有效抑制应计项目盈余管理和真实活动盈余管理，提高盈余信息质量。董望和陈汉文（2011）研究表明，在信息“生产”方面，高质量的内部控制提高了应计质量；在投资者反应方面，内部控制质量越高，盈余反应系数越大。因此，高质量内部控制能够有效提高公司财务报告质量，提高信息披露的透明度，降低内部人私有信息优势，从而降低内部人与外部投资者之间的信息不对称。

反之，当内部控制存在重大缺陷时，财务报告重大错报不会被公司内部控制制度阻止或识别出来的可能性大为增加，内部人私有信息优势随之上升，内部人与投资者之间的信息不对称程度也随之加大。例如，道尔等（2007）研究发现，公司层面上存在重大缺陷的公司有更低的应计利润质量；在 SOX302 条款下披露的重大缺陷与低质量应计利润存在着显著的相关关系，而在 404 条款下披露的重大缺陷与较差的应计利润质量无关。然而，当缺陷被分成公司层面缺陷和会计层面缺陷时，依据 404 条款披露的公司层面缺陷与较差的应计利润质量相关。阿什宝－斯凯夫等（2008）采用截面检验和跨期检验的方式对内部控制缺陷和内部控制缺陷修复后对应计利润质量的影响进行实证研究，在横截面检验中发现，内部控制缺陷企业的异常应计利润和异常营运资本的数值无论在绝对值上，还是在正值和负值上均显著地大于无内部控制缺陷的企业，而且，内部控制缺陷企业的应计利润不能可靠地反映企业过去、当前和未来的现金流量。在跨期检验中发现，披露内部控制问题且在随后收到 SOX404 无保留审计意见的企业相对于内部控制问题被首次披露年份的异常应计利润显著地下降了，而收到 SOX404 否定意见的有内部控制问题的企业，异常应计利润数值没有发生显著地变动。阿什宝－斯凯夫等（2008）的研究表明，内部控制缺陷企业的应计利润有更多的噪声，而且可靠性更低。之后，阿尔塔母若（2010）研究发现，内部控制监管措施的加强，有助于提高盈余持续性和现金流预测能力，并能够降低盈余管理行为；其研究结果还表明内部控制监督的改善有助于财务报告质量的提高。既有研究一致表明，内部控制质量越低，公司的信息披露质量越低，噪声越多，报告盈余越是不能可靠地反映企业过去、现在和未来的现金流量，因此加剧了公司内部人与外部人之间的信息不对称，提高了内部人私有信息的独占性。

综上，内部控制质量越高，公开披露信息质量越高，内部人私有信息的占有水平越低，那么内部人交易作为传递私有信息的最直接的信号，受到投资者的关注度则会下降，市场反应则越弱。据此，提出研究假设 H4－2：

H4－2：内部控制质量越高，内部人交易行为的信号功能越弱，预测未来市场业绩的能力越差，即内部控制质量越高，内部人交易行为与公司股票未来超常回报的相关关系越弱。

4.2 研究设计

4.2.1 样本选择与数据来源

内部人交易数据来自深圳证券交易所和上海证券交易所在其网站公布的数据。① 2008 年财政部等五部门颁布《企业内部控制基本规范》，要求上市公司加强风险防范和控制舞弊，对之后的上市公司产生了深远影响，2009 年作为样本期间的起始点，可有效检验此项法规的实施效果；由于在度量内部人寻租的代理变量时，需要样本期未来一年的个股收益率和市场收益率数据，即 2012 年的样本需要 2013 年的数据。因此，在考虑上述两种情况后，把样本期间定为 2009 年 1 月 1 日至 2012 年 12 月 31 日。从深圳证券交易所和上海证券交易所网站共下载 32481 笔交易数据，剔除内部人交易股份总数小于 1000 股的交易数据 2402 笔，剔除非“竞争交易”或非“二级市场买卖”的交易数据 4902 笔，剔除非本人交易数据 5693 笔，把同一家公司同一日的交易合并后剔除 5367 笔交易数据，剔除掉股票交易数据不全的数据 5722 笔，剔除内部控制及其他数据不全的数据 790 笔，共得到 7585 个公司日样本观察值。

本书内部控制数据来自深圳迪博内部控制与风险管理数据库，其他相关数据均来自深圳国泰安信息技术有限公司的 CSMAR 数据库。为避免离群值的影响，本书对所有变量在 1% 水平上予以缩尾处理。此外，本书的数据处理以及描述性统计和实证检验均使用统计软件 Stata11. 0 进行处理。具体的数据选择如表 4 –1 所示。

① 深圳证券交易所在其网站的“上市公司诚信档案”栏目上公布的“上市公司董事、监事、高级管理人员及相关人员持有本公司股份变动情况”和上海证券交易所在其网站的“上市公司诚信记录”栏目公布的“董事、监事、高级管理人员持有本公司股份变动情况”提供了内部人交易数据，交易数据主要包括董监高姓名、职务、股票变动数、变动平均价格、变动原因和变动日期等。

表 4－1　数据选择

项目	深圳证券交易所	上海证券交易所
下载（笔数）	26200	6281
剔除交易量少于 1000 股的交易	2167	235
剔除非“竞争交易”或非“二级市场买卖”的交易	3673	1229
剔除非本人交易	5693	0
剔除同一公司同一天的交易	3550	1817
剔除后样本量	11117	3000
合计	14117	
剔除市场收益不全的	5722	
剔除内部控制数据不全的	20	
剔除其他数据不全的	790	
最后的样本量	7585	

4.2.2　内部人交易信息含量及相关变量的度量

1. 内部人交易信息含量

研究内部人交易信息含量（BHAR），即内部人交易作为私有信息的最直接的信号引起市场反应的程度，必须设定一个合理的事件窗口。交易后回报窗口应当恰如其分的度量交易时内部人的私有信息优势。太短的窗口可能没有充分的时间使得内部人的私有信息完全反映到股票价格中，因此短窗口度量的回报不能反映内部人全部的信息优势。然而，超过内部人信息优势时间范围的长窗口将会引入更多的噪声。因此，合理的窗口有赖于内部人信息反映到股票价格必需的时间。经验证据表明内部人交易可以预测交易后一年的回报，但超常回报大部分发生在交易后前 6 个月（Seyhun，1998）。根据《证券法》的规定，内部人买卖本公司股票的反向交易时间不得短于 6 个月，因而考察内部人交易后 6 个月和 12 个月的超常回报，能够更好地刻画内部人交易行为的信息含量。

计算 BHAR 时，借鉴李善民和朱滔（2006）的方法，对公司的规模效应和账面市值比效应进行了控制，计算了内部人买入或卖出股票后

6 个月和 12 个月的购买并持有超常回报。BHAR 的计算公式如下：

$$BHAR_{iT} = \prod_{t=1}^{T}(1 + R_{it}) - \prod_{t=1}^{T}(1 + R_{\rho t}) \qquad (4-1)$$

其中，因为 125 个工作日相当于 6 个自然月（曾庆生和张耀中，2012)，同理，250 个工作日相当于 12 个自然月，所以 T 最大值等于 125 天或 250 天。t=1 表示交易日后的第一天，以此类推。R_{it}表示公司 i 在 t 日的个股日回报率，$R_{\rho t}$表示对应组合的日回报率。公式（4-1）表示内部人交易后 6 个月或 12 个月购买并持有超常回报。

对应组合日回报率 $R_{\rho t}$的计算，首先，根据公司 t 年 6 月的流通市值的大小，进行排序，分成五组；其次，根据公司 t-1 年年底公布的数据，计算账面市值比，从小到大分成 5 组。因此，每一年所有上市公司被分成 25 组，分别计算每一年中 25 组的等权日回报率，该回报率即为 $R_{\rho t}$。

2. 内部控制质量度量

关于内部控制质量（IC）的度量，以深圳迪博内部控制与风险管理数据库中的内部控制指数作为依据。内部控制指数是以内部控制的五大目标（即合理保证企业经营管理合法合规；维护资产安全；保证财务报告及相关信息真实完整；提高经营效率和效果；促进企业实现发展战略）为基础构建的，其制度依据为《企业内部控制基本规范》《企业内部控制配套指引》《中央企业全面风险管理指引》《商业银行内部控制指引》《保险机构风险管理指引》与《内部监控与风险管理的基本架构》。内部控制指数除了以内部控制目标为基础构建外，还把内部控制缺陷作为内部控制指数的修正变量，内部控制缺陷是衡量内部控制质量的负向维度，即内部控制的设计和运行无法为内部控制目标的实现提供合理保证，则意味着内部控制是无效的。内部控制指数从正向和负向两个维度系统地度量了内部控制有效性，能够反映公司内部控制质量的高低。具体度量时，对内部控制指数取自然对数作为内部控制质量的高低，数值越大，则质量越高。

3. 内部人交易行为的度量

Buy 为内部人交易行为，当内部人买入股票时，Buy 为 1，否则为 0。由于内部人交易方向的不同意味着向市场传递不同的信号，因此，可以预测 BHAR 与 Buy 为正相关。

4. 控制变量

BM 为账市比，等于上年末公司权益账面价值除以上年末的市场价值。账市比是衡量公司属于成长性还是价值性公司的标志。罗泽夫和扎曼（1998）研究发现内部人交易中买入股票交易与现金/股价比率正相关，表明内部人选择大量买入价值性（卖出成长性）企业的股票，与外部人高估成长性股票低估价值性股票的假设一致。朱茶芬等（2011）的实证研究表明高管在卖出交易中充分利用了估值判断优势，准确抓住估值偏差的市场机会套现。内部人交易行为与预期股票回报较高（低）时买入（卖出）证券是一致的，或与股价被低估（高估）时买入（卖出）证券也是一致的（Fama and French，1992；Lakonishok et al.，1994）。上述分析表明，内部人在 BM 较高时（价值性公司）越容易利用估值判断优势买入股票获利；反之，内部人在 BM 较低时（成长性公司）越容易利用估值判断优势卖出股票获利，故预测 BHAR 与 BM × Buy 正相关，BHAR 与 BM 的相关关系不确定。

AF 为分析师跟踪数量。证券分析师作为信息中介，既是信息的需求者又是信息的供给者。证券分析师通常接受过系统的专业培训，具有丰富的财务、会计和金融专业知识，他们有能力全面分析单调乏味的公司报告，从中汲取有价值的信息。分析师所具有的上述优势，有助于提高公司信息质量和信息透明度，使得证券分析师在降低信息不对称和缓解代理冲突中发挥出积极的监督效应。例如，希利和帕利普（2001）认为证券分析师和证券评级机构等信息中介从事信息生产加工有助于发现管理者的不当行为（misbehavior）。喻（2008）也认为对公司欺诈行为进行最有效识别的是证券分析师，分析师的跟踪有助于发现欺诈行为。因此，跟踪公司的证券分析师数量越大，内部人利用私有信息优势进行交易获利的行为越容易被发现。弗兰克尔和李（2004）研究表明分析师跟踪数量越多，对公司内部人交易形成的制约程度就越高，内部人利用信息优势谋取的超常收益就越少，故预测 BHAR 与 AF × Buy 负相关，BHAR 与 AF 关系不确定。

MV 表示公司规模，等于上年末公司的市场价值的自然对数。一般而言，小规模公司信息不对称程度会超过大规模公司。塞伊洪（Seyhun，1986）研究发现规模较小的企业内部人买入交易较多，规模较大的企业内部人卖出交易较多，且拉格尼沙克和李（2001）认为小规模企业内部人交易获利更多，故预测 BHAR 与 MV × Buy 负相关，BHAR 与 MV 的关系不确定。

lnhold 表示内部人交易规模的大小，等于内部人交易的股份数量与交易股价平均价格的乘积。内部人交易规模越大，内部人对交易时机的选择越是谨慎，越是会选择私有信息优势比较大的时机进行交易，以获取更大的超常回报。因此，预测 BHAR 与 lnhold × Buy 正相关，BHAR 与 lnhold 关系不确定。

Stdret 表示股票日回报的标准差，等于内部人交易前一年的股票日回报的标准差。股票日回报的标准差越大，表明企业存在较大的不确定性，信息不对称程度就越高，内部人交易后的回报变动也较大。故预测 BHAR 与 Stdret × Buy 正相关，BHAR 与 Stdret 的关系不确定。

Momentum 为股票收益动量，等于交易日前 6 个月的购买并持有超常回报。皮奥特洛斯基和罗尔斯登（2005）研究表明公司内部人利用外部投资者的估价偏误进行反转交易获利；塞伊洪（1992）研究表明内部人更可能在显著的股价上升（下降）后出售（买入）股票，与皮奥特洛斯基和罗尔斯登（2005）预测到随后的股价反转而进行内部人交易是一致的；罗泽夫和扎曼（1998）研究已表明，内部人也是逆市场对过去业绩的过度反应而进行交易，将大量买入价值性（卖出成长性或诱惑性）企业的股票。既有研究表明，内部人是反转交易者，因此需要控制住内部人交易前购买并持有超常回报对 BHAR 的影响。故预测 BHAR 与 Momentum 负相关。

4.2.3　模型设定

为检验内部人交易行为能否发挥信号功能，以及内部控制在缓解公司内部人知情交易上所发挥的角色，即检验内部人交易行为是否具有预测未来回报的能力，以及内部控制能否减弱内部人交易预测未来回报的能力，基于上述分析选取控制变量，借鉴弗兰克尔和李（2004）的思路，构建模型（4－2），具体变量的解释见表 4－2。

$$BHAR = \beta_0 + \beta_1 Buy + \beta_3 IC + \beta_4 IC \times Buy + \beta_5 BM + \beta_6 BM \times Buy + \beta_7 AF + \beta_8 AF \times Buy + \beta_9 MV + \beta_{10} MV \times Buy + \beta_{11} lnhold$$

$$+ \beta_{12}\text{lnhold} \times \text{Buy} + \beta_{13}\text{Stdret} \times \text{Buy} + \beta_{14}\text{Momentum} + \sum \beta \times \text{Year} + \sum \beta \times \text{Ind} + \varepsilon \quad (4-2)$$

表 4－2　变量说明

变量性质	变量代码	变量名称	变量含义
被解释变量	BHAR1	购买并持有超常回报	窗口期为6个月的购买并持有超常回报
	BHAR2	购买并持有超常回报	窗口期为12个月的购买并持有超常回报
解释变量	Buy	内部人交易行为	如果内部人交易方向为买入股票，则取值为1，否则取值为0
	IC	内部控制质量	内部控制指数加1后取自然对数
	IC × Buy	内部控制质量与内部人交易的交互项	内部控制质量与内部人交易的乘积
控制变量	BM	账市比	交易前一年权益账面价值与权益市场价值比值
	AF	分析师跟踪	分析师跟踪数量的自然对数
	MV	公司规模	上年末公司市场价值的自然对数
	lnhold	内部人交易规模	交易股份数量乘以交易日股票平均价格
	Stdret	股票日回报标准差	交易前1年股票日回报的标准差
	Momentum	股票收益动量	交易前6个月的购买并持有超常回报
	IND	行业	行业虚拟变量
	YEAR	年份	年份虚拟变量

4.3　内部控制对内部人交易信息含量影响的实证检验结果及分析

4.3.1　描述性统计

表4－3是主要变量的描述性统计。从Panel A中可以看到6个月期间的购买并持有超常回报（BHAR1）平均值为－0.006，中位数为

-0.026，分布有一定的左偏；12个月期间的购买并持有超常回报（BHAR2）的平均值为0.012，中位数为-0.018，分布仍有一定的左偏。内部人交易行为Buy为哑变量，其平均值为0.191，中位数为0，由此可判断出在内部人交易样本中，买入交易在所有交易中的比重大概为19.1%，而卖出交易占比高达80%以上，与朱茶芬等（2011）和曾庆生和张耀中（2013）的统计结果基本一致，表明我国内部人交易中，大部分为卖出股票交易。公司内部控制质量的平均值和中位数基本一致，分别为6.559和6.557。公司特征变量的分布基本上都在合理范围之内，平均值和中位数大小相差不大。

Panel B和Panel C分别从买入交易和卖出交易进行分组描述性统计（如表4-3所示）。从6个月期间的购买并持有超常回报（BHAR1）来看，买入交易的平均值和中位数分别为0.006和-0.019均大于卖出交易的平均值和中位数（分别为-0.008和-0.028）；12个月期间的购买并持有超常回报（BHAR2），买入交易的平均值和中位数也均大于卖出交易的平均值和中位数。购买并持有超常回报在买入交易和卖出交易之间的分布，总体来看初步印证假设H4-1。在其他控制变量中，买入交易前6个月的购买并持有超常收益（Momentum）的平均值和中位数分别为-0.022和-0.098，均显著小于BHAR1和BHAR2的平均值和中位数；而卖出交易前6个月的购买并持有超常收益的（Momentum）平均值和中位数分别为0.221和0.142，均显著大于BHAR1和BHAR2的平均值和中位数；同时，Momentum的平均值和中位数在买入交易和卖出交易中呈现出了明显的不同。因此，根据Momentum的描述性统计，大致表明内部人为反转交易者，这初步支持了假设H4-1。

表4-3　　描述性统计

变量	平均值	中位数	标准差	最小值	最大值	样本量
Panel A 全样本						
BHAR1	-0.006	-0.026	0.211	-0.522	0.699	7585
BHAR2	0.012	-0.018	0.311	-0.711	1.316	7585
Buy	0.191	0	0.393	0	1	7585
IC	6.559	6.557	0.101	6.283	6.853	7585

续表

变量	平均值	中位数	标准差	最小值	最大值	样本量
Panel A 全样本						
Momentum	0.174	0.086	0.401	-0.420	1.618	7585
BM	0.601	0.612	0.238	0.119	1.143	7585
MV	22.17	22.01	0.998	20.36	25.46	7585
AF	2.295	2.398	0.819	0	3.784	7585
lnhold	16.50	16.77	2.293	10.47	21.22	7585
Stdret	0.038	0.032	0.025	0.017	0.196	7585
Panel B 买入交易						
BHAR1	0.006	-0.019	0.179	-0.522	0.699	1450
BHAR2	0.016	-0.009	0.248	-0.711	1.316	1450
IC	6.589	6.574	0.107	6.283	6.853	1450
Momentum	-0.022	-0.098	0.323	-0.420	1.618	1450
BM	0.691	0.704	0.244	0.119	1.143	1450
MV	22.61	22.35	1.192	20.36	25.46	1450
AF	2.330	2.398	0.954	0	3.784	1450
lnhold	14.86	14.09	3.048	10.47	21.22	1450
Stdret	0.029	0.027	0.012	0.017	0.196	1450
Padel C 卖出交易						
BHAR1	-0.008	-0.028	0.217	-0.522	0.699	6135
BHAR2	0.011	-0.021	0.325	-0.711	1.316	6135
IC	6.552	6.554	0.098	6.283	6.853	6135
Momentum	0.221	0.142	0.404	-0.420	1.618	6135
BM	0.579	0.589	0.232	0.119	1.143	6135
MV	22.06	21.94	0.916	20.36	25.46	6135
AF	2.286	2.398	0.783	0	3.784	6135

续表

变量	平均值	中位数	标准差	最小值	最大值	样本量
Padel C 卖出交易						
lnhold	16.88	17.03	1.877	10.47	21.22	6135
Stdret	0.040	0.033	0.027	0.017	0.196	6135

4.3.2 相关性分析

表4-4是单变量之间的相关系数及其显著性水平。6个月期间的购买并持有超常收益（BHAR1）与内部人交易行为（Buy）的相关系数为0.0411，在1%水平上显著正相关，12个月期间的购买并持有超常收益（BHAR2）与内部人交易行为（Buy）的相关系数为0.0282，也在1%水平上显著正相关，表明内部人买入交易与交易后一定期间的购买并持有超常回报显著正相关，初步印证了内部人买入交易向市场传递了有利的私有信息，市场捕捉到了这一积极信号并做出了积极的反应；也初步印证了内部人卖出交易将会引起市场的负面反应。总体来看，BHAR1和BHAR2与Buy具有显著的正相关关系，初步验证了假设H4-1。

股票收益动量Momentum与BHAR1之间的相关关系尽管不显著，不过相关关系为负，基本符合本书的预期。Momentum与BHAR2之间的相关关系在10%水平上显著为正，与预期不符，原因可能在于，BHAR2计算时选择的期间过长，其间夹杂了其他因素的影响，噪声较多，而且Momentum计算时选择的期间为6个月与BHAR2的期间为12个月不匹配。内部控制质量IC与规模MV显著正相关，表明公司规模越大，内部控制质量越高，符合预期；IC与证券分析师跟踪数量AF显著正相关，表明证券分析师跟踪数量越大，对公司的监督效应越发强大，内部控制质量越高，符合预期；IC与交易前一年的股票日回报的标准差Stdret显著负向关，表明，公司内部控制质量越低，则公司股票波动性越强，越是不稳定，也符合预期；但IC与账市比BM呈现出显著的负相关关系，表明公司BM越小，公司成长性越高，内部控制水平越高，与预期不符。

表 4 -4　　相关系数

变量	BHAR1	BHAR2	Buy	IC	Momentum	BM	MV	AF	lnhold	Stdret
BHAR1	1									
BHAR2	0.7377***	1								
Buy	0.0411***	0.0282***	1							
IC	0.1746***	0.1887***	0.1535***	1						
Momentum	-0.0067	0.0216*	-0.2851***	0.0081	1					
BM	0.0317***	0.0207*	0.1758***	-0.0617***	-0.0308***	1				
MV	0.0938***	0.0781***	0.1821***	0.4970***	-0.1978***	-0.1914***	1			
AF	0.0885***	0.1079***	0.0367***	0.3269***	-0.0899***	-0.0686***	0.5275***	1		
lnhold	-0.0018	0.0023	-0.3004***	0.0144	0.0689***	-0.1849***	-0.0002	0.0525***	1	
Stdret	-0.1057***	-0.0569***	-0.2837***	-0.3104***	0.3137***	0.0695***	-0.3717***	-0.1477***	0.0714***	1

注：***、*分别代表1%、10%的显著性水平。

4.3.3　多元回归结果分析

为验证内部人交易行为能否发挥信号功能，以及内部控制能否有效抑制内部人交易行为的信号功能，运用样本数据对模型（4－2）进行了OLS回归，结果见表4－5。

表4－5　　　　模型（4－2）的OLS回归结果

变量	(1)	(2)	(3)	(4)
	BHAR1		BHAR2	
Buy	2.312 *** (6.05)	2.442 *** (6.11)	2.873 *** (5.70)	3.381 *** (6.35)
IC	0.392 *** (12.45)	0.389 *** (10.69)	0.477 *** (11.17)	0.526 *** (10.26)
IC × Buy	−0.350 *** (−6.04)	−0.336 *** (−5.21)	−0.435 *** (−5.69)	−0.477 *** (−5.68)
BM		−0.012 (−0.83)		0.001 (0.05)
BM × Buy		0.011 (0.45)		0.083 ** (2.24)
AF		0.006 (1.40)		0.019 *** (2.60)
AF × Buy		−0.003 (−0.31)		−0.006 (−0.52)
MV		−0.003 (−0.75)		−0.018 *** (−2.72)
MV × Buy		−0.006 (−0.99)		−0.002 (−0.26)
lnhold		0.002 (1.26)		0.007 *** (3.11)

续表

变量	(1)	(2)	(3)	(4)
	BHAR1		BHAR2	
lnhold × Buy		-0.006 *** (-2.58)		-0.012 *** (-3.81)
Stdret		-0.343 *** (-2.87)		0.102 (0.62)
Stdret × Buy		-0.056 (-0.15)		-1.118 ** (-2.08)
Momentum		-0.047 *** (-5.37)		-0.049 *** (-3.91)
截距	-2.460 *** (-11.82)	-2.371 *** (-11.19)	-2.941 *** (-10.50)	-3.014 *** (-10.24)
行业年度	控制	控制	控制	控制
样本量	7619	7585	7619	7585
R^2	0.064	0.072	0.066	0.074
R^2_a	0.061	0.067	0.062	0.069
F	18.861	15.587	17.943	14.937

注：（1） **、*** 分别表示系数检验在 5%、1% 水平上显著；（2） 括号中的数字为 t 值；（3） 回归中利用 Robust 处理了异方差。

方程（1）和方程（3）的结果显示，没有控制公司特征及相关交易变量的情况下，内部人交易行为 Buy 的估计系数在 1% 水平上显著为正；方程（2）和方程（4）的结果显示，在控制公司特征及相关交易变量的情况下，内部人交易行为 Buy 的估计系数也均在 1% 水平上显著为正，表明内部人买入股票行为与未来股票的超常回报显著正相关，说明内部人交易行为能够发挥传递私有信息的信号功能，具有预测未来市场业绩的能力，证明假设 H4 -1 是成立的。在方程（1）、方程（2）、方程（3）和方程（4）中，内部控制质量与内部人交易行为的交互项的估计系数均在 1% 水平上显著为负，表明内部控制质量具有显著的调节效应，内部控制质量越高，内部人交易行为的信号功能越弱，其预测未来市场业绩的能力也越弱，与预期相符，支持了假设 H4 -2。从理论上讲，内部控制质量与内部人买入股票获取的超常回报负相关，与内部人卖出股票规避的损失正相关，但由于在内部人交易中卖出股票占据主流，买入股票仅占较小比例，综合作用下，所以导致内部控制质量 IC 的估计系数均在 1% 水平上显著为正。

控制变量中，在方程（4）中，BM × Buy 的估计系数在 5% 水平上显著为正，与预期一致，但在方程（2）中，BM × Buy 的估计系数尽管不显著，但符号为正，基本与预期一致；在方程（2）和方程（4）中，AF × Buy 的估计系数不显著，不过符号为负，部分支持了预期。MV × Buy 的估计系数在方程（2）中不显著，在方程（4）显著为负，基本与预期一致。lnhold × Buy 均在 1% 水平上显著为负，与预期相悖。股票收益动量 Momentum 的估计系数均在 1% 水平上显著为负，说明内部人交易前后的股票超常回报存在显著的负相关关系，结果表明，内部人为反转交易者。

4.3.4 进一步检验

为进一步检验假设 H4 -1 和假设 H4 -2，借鉴弗兰克尔和李（2004）的思路，采取一定期间内部人净买入比率来度量内部人交易行为，考察内部人净买入比率与未来一定期间的购买并持有超常回报是否有显著的正相关关系，也就是内部人买入股票在内部人交易中比重越高，未来一定期间的购买并持有超常回报是否显著为正；同时，二者的正相关关系在不同的内部控制环境下是否呈现显著的不同，也就是内部控制质量越高，二者的正相关关系是否越弱。为此，构建模型（4 -3）。

$$\begin{aligned} BHAR = {} & \beta_0 + \beta_1 NPR + \beta_3 IC + \beta_4 IC \times NPR + \beta_5 BM + \beta_6 BM \times NPR \\ & + \beta_7 AF + \beta_8 AF \times NPR + \beta_9 MV + \beta_{10} MV \times NPR + \beta_{11} lnhold \\ & + \beta_{12} lnhold \times NPR + \beta_{13} Stdret \times NPR + \beta_{14} Momentum \\ & + \sum \beta \times Year + \sum \beta \times Ind + \varepsilon \end{aligned} \tag{4-3}$$

被解释变量：BHAR 为每个交易月份最后一笔内部人交易后一定期间的购买并持有超常回报，其中 BHAR1 表示 6 个月的购买并持有超常回报，BHAR2 表示 12 个月的购买并持有超常回报。具体计算过程同前述公式（4 -1）。

解释变量：NPR 为内部人净买入比率，净买入比率等于一定期间内部人买入交易次数（或买入交易股份数、买入交易金额）与内部人卖出交易次数（或卖出交易股份数量、卖出交易金额）二者之差除以二者之和。NPR 介于 1 和 -1 之间，NPR 等于 1 时表明一定期间的内部人交易全部为买入股票交易；反之，NPR 等于 -1 时表明一定期间的内部人交易全部为卖出股票交易。内部人净买入比率越大，表明内部人越是倾向于买入股票，可能向市场传递出未来股票回报较高的信号，因此预测 NPR 与 BHAR 正相关。特别注意的是，为了对内部人交易行为有更好的描述，计算 NPR 时，并未立足于日这样的较短的期间，而是采用月这样一个更长的期间。因此，NPR 度量的是一个月期间的内部人净买入比率。NPR1 表示内部人月交易次数净买入比率（即净买入次数比率），NPR2 为内部人月交易股份数净买入比率（即净买入股份数比率），相应地，NPR3 为内部人月交易金额净买入比率（即净买入金额比率）。由于计算 NPR3 时的股票价格在一个月期间内一般变化不大，因此 NPR3 与 NPR2 的数值极为相近，因此在回归分析过程中，仅采用了 NPR1 和 NPR2。

IC × NPR 为净买入比率与内部控制质量的交乘项，内部控制质量越高的话，NPR 与 BHAR 的正相关关系越会弱化，故预测 BHAR 与 IC × NPR 为负相关。

控制变量：Momentum 为股票收益动量，等于交易月份中最早一笔内部人交易前 6 个月的购买并持有超常回报，预测 BHAR 与 Momentum 为负相关。其他控制变量的解释同表 4 -2。

表 4 -6 报告了内部人交易未来超常回报与内部人净买入次数比率和内部控制质量之间的回归结果。内部人净买入次数比率 NPR1 在方程（1）、方程（2）、方程（3）中的估计系数在 1% 水平上显著为正，在方程（4）中的估计系数在 5% 水平上显著为正，结果表明，内部人净买入次数比率越大，BHAR1 和 BHAR2 越高，说明内部人买入股票次数越多，向市场传递的信号则越有利，市场对此的反应越积极，验证了假设 H4 -1；方程（2）、方程（3）和方程（4）中 IC × NPR1 的估计系数在 5% 水平上显著为负，方程（1）中 IC × NPR1 的估计系数在 1% 水平上显著为负，结果表明，内部控制质量越高，公司信息披露透明度就越高，那么内部人传递私有信息的信号功能越弱，验证了假设 H4 -2。BM × NPR1 的估计系数在 5% 水平上显著为正，Momentum 的估计系数

分别在1%和10%水平上显著为负，与预期一致。其他变量除 lnhold × NPR1 外，大致与预期相符。

表4-6 模型（4-3）的OLS回归结果（NPR1）

变量	(1)	(2)	(3)	(4)
	BHAR1		BHAR2	
NPR1	0.924*** (3.06)	0.852*** (2.68)	0.971*** (2.60)	0.944** (2.43)
IC	0.254*** (5.58)	0.270*** (5.08)	0.388*** (6.80)	0.411*** (6.24)
IC × NPR1	-0.138*** (-3.01)	-0.114** (-2.27)	-0.146** (-2.57)	-0.123** (-2.00)
BM		0.030 (1.28)		0.040 (1.27)
BM × NPR1		0.039** (1.96)		0.065** (2.41)
MV		-0.004 (-0.67)		-0.016* (-1.87)
MV × NPR1		-0.005 (-0.90)		-0.005 (-0.72)
AF		-0.004 (-0.55)		0.006 (0.74)
AF × NPR1		-0.003 (-0.45)		-0.008 (-1.00)
Stdret		-0.146 (-0.47)		-0.460 (-0.94)
Stdret × NPR1		0.377 (1.21)		-0.353 (-0.73)
lnhold		-0.001 (-0.55)		0.003 (1.15)

续表

变量	(1)	(2)	(3)	(4)
	BHAR1		BHAR2	
lnhold × NPR1		-0.001 (-0.61)		-0.002 (-0.75)
Momentum		-0.042 *** (-3.13)		-0.034 * (-1.82)
截距	-1.600 *** (-5.41)	-1.581 *** (-4.99)	-2.410 *** (-6.47)	-2.274 *** (-5.83)
行业年度	控制	控制	控制	控制
样本量	3141	3136	3141	3136
R^2	0.058	0.066	0.064	0.069
R^2_a	0.050	0.054	0.055	0.058
F	7.190	5.898	8.153	6.319

注：(1) *、**、*** 分别表示系数检验在 10%、5%、1% 水平上显著；(2) 括号中的数字为 t 值；(3) 回归中利用 Robust 处理了异方差。

为验证表 4-6 回归结果的稳健性，利用内部人净买入股数比率 NPR2 替换 NPR1 再次对模型（4-3）进行了回归，回归结果见表 4-7，与表 4-6 一致，再次验证了假设 H4-1 和假设 H4-2，表明结果是稳健可靠的。

表 4-7　　　　模型（4-3）的 OLS 回归结果（NPR2）

变量	(1)	(2)	(3)	(4)
	BHAR1	BHAR1	BHAR2	BHAR2
NPR2	0.911 *** (3.04)	0.847 *** (2.69)	0.962 *** (2.59)	0.925 ** (2.39)
IC	0.255 *** (5.63)	0.272 *** (5.11)	0.389 *** (6.83)	0.415 *** (6.30)
IC × NPR2	-0.136 *** (-2.99)	-0.112 ** (-2.24)	-0.145 ** (-2.57)	-0.119 * (-1.94)
BM		0.031 (1.33)		0.041 (1.30)

续表

变量	(1)	(2)	(3)	(4)
	BHAR1	BHAR1	BHAR2	BHAR2
BM × NPR2		0.040 ** (2.05)		0.066 ** (2.47)
MV		-0.004 (-0.70)		-0.016 * (-1.88)
MV × NPR2		-0.005 (-0.95)		-0.005 (-0.77)
AF		-0.004 (-0.59)		0.006 (0.67)
AF × NPR2		-0.003 (-0.51)		-0.009 (-1.11)
Stdret		-0.230 (-0.73)		-0.510 (-1.07)
Stdret × NPR2		0.281 (0.91)		-0.410 (-0.89)
lnhold		-0.001 (-0.57)		0.003 (1.17)
lnhold × NPR2		-0.001 (-0.59)		-0.002 (-0.68)
Momentum		-0.042 *** (-3.16)		-0.034 * (-1.85)
截距	-1.611 *** (-5.46)	-1.585 *** (-5.03)	-2.421 *** (-6.52)	-2.291 *** (-5.90)
行业年度	控制	控制	控制	控制
样本量	3141	3136	3141	3136
R^2	0.058	0.066	0.063	0.070
R^2_a	0.049	0.054	0.055	0.058
F	7.162	5.897	8.125	6.328

注：(1) *、**、*** 分别表示系数检验在10%、5%、1%水平上显著；(2) 括号中的数字为t值；(3) 回归中利用Robust处理了异方差。

4.3.5 稳健性检验

1. BHAR的度量方式

借鉴曾庆生和张耀中（2012）对购买并持有超额收益的度量方式，对内部人交易后的购买并持有超额收益及相关控制变量采用公式（4－4）进行度量。

$$BHAR = \prod_{k}^{n}(1 + R_k) - \prod_{k}^{n}(1 + R_{mk}) \quad (4-4)$$

其中，R_k 为个股日回报率，R_{mk} 为综合日市场回报率。综合日市场回报率计算时可以采用流通市值加权平均法和总市值加权平均法，对于采用总市值加权平均法度量的BHAR与采用流通市值加权平均法度量的BHAR在回归时结果一致，因此稳健性检验仅报告以流通市值加权平均法度量BHAR时的回归结果。

采用公式（4－4）度量的BHAR替换公式（4－1）度量的BHAR，对模型（4－2）重新进行回归，回归结果见表4－8。内部人交易行为Buy的估计系数均在1%水平上显著为正，与前文结果一致，验证了假设H4－1的成立性。IC×Buy的估计系数均在1%水平上显著为负，表明内部控制越有效，内部人交易行为与未来超常回报的正相关关系则越弱，假设H4－2得到验证。

表4－8　稳健性检验1（BHAR的度量方式）

变量	(1)	(2)	(3)	(4)
	BHAR1		BHAR2	
Buy	2.245*** (5.06)	1.908*** (4.04)	3.567*** (5.73)	3.198*** (4.79)
IC	0.292*** (7.74)	0.384*** (8.78)	0.371*** (6.88)	0.576*** (9.77)
IC×Buy	−0.340*** (−5.05)	−0.262*** (−3.44)	−0.546*** (−5.77)	−0.544*** (−5.12)

续表

变量	(1)	(2)	(3)	(4)
	BHAR1		BHAR2	
BM		-0.031 * (-1.86)		-0.074 *** (-3.20)
BM × Buy		-0.024 (-0.85)		0.020 (0.47)
AF		0 (-0.02)		0.030 *** (4.13)
AF × Buy		0 (0.04)		-0.026 * (-1.69)
MV		-0.029 *** (-5.30)		-0.069 *** (-8.85)
MV × Buy		-0.006 (-0.66)		0.027 ** (2.06)
lnhold		0.006 *** (2.93)		0.012 *** (4.31)
lnhold × Buy		-0.004 (-0.95)		-0.018 *** (-3.40)
Stdret		-0.928 *** (-5.43)		-0.571 *** (-2.58)
Stdret × Buy		0.995 * (1.65)		1.632 * (1.72)
Momentum		-0.007 (-0.72)		-0.024 * (-1.74)
截距	-1.653 *** (-6.62)	-1.651 *** (-6.52)	-1.933 *** (-5.44)	-1.940 *** (-5.47)
行业年度	控制	控制	控制	控制
样本量	7632	7598	7632	7598
R^2	0.122	0.132	0.255	0.269
R^2_a	0.119	0.128	0.252	0.266
F	36.495	28.803	85.623	67.788

注：(1) *、**、*** 分别表示系数检验在 10%、5%、1% 水平上显著；(2) 括号中的数字为 t 值；(3) 回归中利用 Robust 处理了异方差。

采用公式（4-4）度量的 BHAR 替换公式（4-1）度量的 BHAR，对模型（4-3）重新进行回归，回归结果见表4-9和表4-10。内部人净买入次数比率 NPR1 的估计系数在没有控制其他因素的情况下在1%水平上显著为正，在控制其他因素的情况下在5%水平上显著为正，与前文结果一致，假设 H4-1 得以验证。方程（1）和方程（3）中的 IC × NPR1 的估计系数在1%水平上显著为负，方程（2）和方程（4）中 IC × NPR1 的估计系数在5%水平上显著为负，表明内部控制越有效，内部人净买入次数比率与未来超常回报的正相关关系则越弱，假设 H4-2 得到验证。内部人净买入股数比率 NPR2 和 IC × NPR2 的估计系数的显著性与 NPR1 和 IC × NPR1 基本相同，表明结果是稳健可靠的。

表4-9　稳健性检验2（BHAR 的度量方式）

变量	(1)	(2)	(3)	(4)
	BHAR1		BHAR2	
NPR1	1.122*** (3.46)	0.804** (2.28)	1.380*** (3.33)	0.953** (2.12)
IC	0.111** (2.23)	0.250*** (4.18)	0.133** (2.03)	0.352*** (4.60)
IC × NPR1	-0.167*** (-3.40)	-0.110** (-1.97)	-0.209*** (-3.31)	-0.157** (-2.20)
BM		0.003 (0.11)		-0.018 (-0.47)
BM × NPR1		0.035 (1.52)		0.058* (1.72)
MV		-0.027*** (-3.58)		-0.057*** (-5.52)
MV × NPR1		-0.003 (-0.49)		0.006 (0.63)
AF		-0.012 (-1.50)		0.003 (0.31)
AF × NPR1		-0.007 (-0.84)		-0.013 (-1.21)

续表

变量	(1)	(2)	(3)	(4)
	BHAR1		BHAR2	
Stdret		-0.427 (-1.16)		-0.521 (-0.99)
Stdret × NPR1		0.321 (0.86)		0.330 (0.62)
lnhold		0.002 (0.63)		0.003 (0.91)
lnhold × NPR1		0 (-0.07)		-0.004 (-1.08)
Momentum		-0.013 (-0.83)		-0.029 (-1.36)
截距	-0.511 (-1.57)	-0.808 ** (-2.28)	-0.440 (-1.03)	-0.634 (-1.39)
行业年度	控制	控制	控制	控制
样本量	3150	3145	3150	3145
R^2	0.086	0.095	0.189	0.201
R^2_a	0.078	0.084	0.182	0.191
F	10.427	8.518	23.415	18.652

注：(1) *、**、*** 分别表示系数检验在 10%、5%、1% 水平上显著；(2) 括号中的数字为 t 值；(3) 回归中利用 Robust 处理了异方差。

表 4-10　　稳健性检验 3（BHAR 的度量方式）

变量	(1)	(2)	(3)	(4)
	BHAR1		BHAR2	
NPR2	1.128 *** (3.51)	0.816 ** (2.34)	1.409 *** (3.41)	0.964 ** (2.16)
IC	0.111 ** (2.23)	0.249 *** (4.19)	0.131 ** (2.01)	0.351 *** (4.60)
IC × NPR2	-0.168 *** (-3.44)	-0.112 ** (-2.02)	-0.213 *** (-3.40)	-0.159 ** (-2.25)

续表

变量	(1)	(2)	(3)	(4)
	BHAR1		BHAR2	
BM		0. 004 (0. 14)		-0. 017 (-0. 43)
BM × NPR2		0. 036 (1. 57)		0. 060 * (1. 79)
MV		-0. 027 *** (-3. 57)		-0. 057 *** (-5. 50)
MV × NPR2		-0. 003 (-0. 49)		0. 006 (0. 64)
AF		-0. 012 (-1. 52)		0. 003 (0. 28)
AF × NPR2		-0. 007 (-0. 88)		-0. 014 (-1. 30)
Stdret		-0. 483 (-1. 35)		-0. 497 (-0. 98)
Stdret_NPR2		0. 260 (0. 73)		0. 366 (0. 71)
lnhold		0. 002 (0. 63)		0. 003 (0. 93)
lnhold × NPR2		0 (-0. 05)		-0. 004 (-1. 05)
Momentum		-0. 013 (-0. 85)		-0. 029 (-1. 38)
截距	-0. 513 (-1. 59)	-0. 803 ** (-2. 28)	-0. 433 (-1. 02)	-0. 636 (-1. 40)
行业年度	控制	控制	控制	控制
样本量	3150	3145	3150	3145
R^2	0. 086	0. 095	0. 189	0. 201
R^2_a	0. 078	0. 084	0. 182	0. 191
F	10. 427	8. 510	23. 402	18. 660

注：(1) *、**、*** 分别表示系数检验在 10%、5%、1% 水平上显著；(2) 括号中的数字为 t 值；(3) 回归中利用 Robust 处理了异方差。

2. 内部控制质量的度量方式

关于内部控制质量的度量，借鉴方红星和金玉娜（2011）以及方红星和陈作华（2015）的方法，以内部控制目标的实现程度作为度量标准，利用公司的合规信息、审计意见信息、盈利信息、财务报告重述信息以及内部控制自评报告和鉴证报告信息等对内部控制质量进行度量，将与内部控制目标实现相悖的情形定义为内部控制质量较差，取值为0，否则取值为1。

具体而言：（1）样本公司在当年度发生违规，受到证监会、交易所等机构处罚的，违背了合规性目标，内部控制质量较差，因此取值为0，否则取值为1。（2）样本公司在当年度被审计师发表了非标准审计意见的，说明财务报告可靠性较差或不可靠，因此取值为0，否则取值为1。（3）样本公司当年度在行业内盈利状况较差的取值为0，否则取值为1。本书对行业内公司盈利状况进行排序，小于第25百分位的公司盈利较差，大于第75百分位的公司则盈利状况较好，大于第25百分位小于第75百分位的公司则盈利状况一般。（4）样本公司当年度发生财务报告重述的，说明公司内部控制可能存在重大缺陷（Rice and Webber，2012），内部控制质量较差，因此取值为0，否则取值为1。（5）样本公司内部控制自评和鉴证报告认为内部控制存在重大缺陷的取值为0，否则取值为1。将以上五种情况进行加总作为内部控制质量的代理变量，取值为0、1、2、3、4和5，数值越大，内部控制质量越高。

上述对内部控制质量的度量采取的是排序方式，与内部控制目标实现相背离的因素越多，则内部控制质量越差，取值越小；相反，与内部控制目标实现相背离的因素越少，则内部控制质量越高，取值越大。

运用此种度量方式，把内部控制质量IC替换模型（4－2）中以内部控制指数为依据度量的内部控制质量，并重新进行回归，回归结果见表4－11，与前文结果一致，假设H4－1和假设H4－2得到了验证，表明结果是稳健和可靠的。

表 4-11　稳健性检验 4（IC 的度量方式）

变量	(1)	(2)	(3)	(4)
	BHAR1		BHAR2	
Buy	0.123*** (3.25)	0.833*** (4.74)	0.335*** (5.18)	0.983*** (3.76)
IC	0.059*** (12.90)	0.054*** (11.25)	0.113*** (15.96)	0.113*** (14.82)
IC × Buy	-0.029*** (-2.84)	-0.024** (-2.23)	-0.087*** (-4.90)	-0.090*** (-4.82)
BM		0.030* (1.81)		0.093*** (3.88)
BM × Buy		0.022 (0.75)		0.088** (2.00)
AF		-0.009 (-1.51)		0.005 (0.51)
AF × Buy		0.004 (0.40)		0.003 (0.20)
MV		0.025*** (4.80)		0.004 (0.55)
MV × Buy		-0.028*** (-3.39)		-0.019* (-1.66)
lnhold		0.004** (2.01)		0.010*** (3.65)
lnhold × Buy		-0.007*** (-2.64)		-0.014*** (-3.70)
Stdret		0.182 (0.96)		-0.050 (-0.22)
Stdret × Buy		-1.014** (-2.03)		-2.118*** (-2.84)

续表

变量	(1)	(2)	(3)	(4)
	BHAR1		BHAR2	
Momentum		−0.039*** (−3.95)		−0.045*** (−3.11)
截距	−0.0210 (−0.48)	−0.583*** (−4.94)	−0.123*** (−2.59)	−0.414** (−2.40)
行业年度	控制	控制	控制	控制
样本量	5856	5829	5856	5829
R^2	0.068	0.079	0.097	0.107
R^2_a	0.064	0.073	0.093	0.101
F	15.193	14.129	22.379	18.063

注：(1) *、**、***分别表示系数检验在10%、5%、1%水平上显著；(2) 括号中的数字为t值；(3) 回归中利用Robust处理了异方差。

同理，对模型（4－3）中的内部控制质量IC进行替换后，重新进行回归，回归结果见表4－12和表4－13，除方程（2）中IC×NPR1和IC×NPR2的估计系数为边际显著为负以外，其他变量的结果基本同前，假设H4－1和假设H4－2得到验证。

表4－12　　　　稳健性检验5（IC的度量方式）

变量	(1)	(2)	(3)	(4)
	BHAR1		BHAR2	
NPR1	0.086*** (2.72)	0.410*** (2.85)	0.129*** (2.90)	0.347* (1.79)
IC	0.040*** (4.64)	0.041*** (4.68)	0.083*** (6.80)	0.081*** (6.38)
IC×NPR1	−0.018** (−2.04)	−0.0130 (−1.45)	−0.031** (−2.54)	−0.029** (−2.25)
BM		0.066** (2.46)		0.109*** (2.96)

续表

变量	(1)	(2)	(3)	(4)
	BHAR1		BHAR2	
BM × NPR1		0.043* (1.91)		0.070** (2.24)
MV		0.010 (1.48)		0.003 (0.29)
MV × NPR1		-0.015** (-2.22)		-0.008 (-0.98)
AF		-0.007 (-0.84)		0.001 (0.13)
AF × NPR1		0.003 (0.29)		-0.004 (-0.40)
Stdret		-0.362 (-0.76)		-1.344* (-1.91)
Stdret × NPR1		-0.393 (-0.84)		-1.064 (-1.58)
lnhold		-0.002 (-0.70)		0.003 (0.98)
lnhold × NPR1		-0.003 (-1.22)		-0.003 (-0.97)
Momentum		-0.032** (-2.12)		-0.026 (-1.25)
截距	-0.0140 (-0.22)	-0.206 (-1.28)	-0.0780 (-1.03)	-0.179 (-0.82)
行业年度	控制	控制	控制	控制
样本量	2421	2416	2421	2416
R^2	0.062	0.073	0.090	0.098
R^2_a	0.051	0.058	0.080	0.084
F	6.513	5.719	9.047	7.268

注：（1）*、**、*** 分别表示系数检验在10%、5%、1%水平上显著；（2）括号中的数字为t值；（3）回归中利用Robust处理了异方差。

表4-13　　　　稳健性检验6（IC的度量方式）

变量	(1)	(2)	(3)	(4)
	BHAR1		BHAR2	
NPR2	0.084*** (2.66)	0.409*** (2.86)	0.127*** (2.89)	0.335* (1.72)
IC	0.040*** (4.73)	0.041*** (4.76)	0.084*** (6.88)	0.082*** (6.44)
IC×NPR2	-0.017** (-1.98)	-0.012 (-1.40)	-0.031** (-2.54)	-0.028** (-2.23)
BM		0.068** (2.51)		0.111*** (3.00)
BM×NPR2		0.045** (2.01)		0.072** (2.29)
MV		0.010 (1.48)		0.003 (0.30)
MV×NPR2		-0.015** (-2.25)		-0.008 (-0.95)
AF		-0.007 (-0.86)		0.001 (0.09)
AF×NPR2		0.002 (0.26)		-0.005 (-0.49)
Stdret		-0.374 (-0.85)		-1.261* (-1.95)
Stdret×NPR2		-0.410 (-0.96)		-0.971 (-1.57)
lnhold2		-0.002 (-0.66)		0.004 (1.05)
lnhold×NPR2		-0.003 (-1.15)		-0.003 (-0.84)
Momentum		-0.032** (-2.13)		-0.0260 (-1.26)

续表

变量	(1)	(2)	(3)	(4)
	BHAR1		BHAR2	
截距	-0.0160 (-0.24)	-0.208 (-1.30)	-0.0790 (-1.05)	-0.190 (-0.86)
行业年度	控制	控制	控制	控制
样本量	2421	2416	2421	2416
R^2	0.061	0.073	0.090	0.098
R^2_a	0.051	0.058	0.080	0.084
F	6.480	5.731	9.009	7.266

注：(1) *、** 和 *** 分别表示系数检验在 10%、5% 和 1% 水平上的显著；(2) 括号中的数字为 t 值；(3) 回归中利用 Robust 处理了异方差。

4.4 主要结论

内部人作为私有信息的拥有者，其行为受到了市场和监管者的关注。内部人交易能否发挥传递私有信息的信号功能，是否具有信息含量，内部控制能否有效弱化内部人交易信息含量，本章对此进行了系统研究。本章以我国财政部等五部门分别于 2008 年和 2010 年联合发布的《企业内部控制基本规范》和《企业内部控制配套指引》为制度背景，以 2009～2012 年沪深两市 A 股上市公司为研究样本，首先检验了内部人交易行为与股票未来超常回报之间是否存在显著的相关关系；其次检验了高质量内部控制能否弱化这种相关关系。研究发现，内部人交易行为与交易后股票未来超常回报之间存在显著的相关关系，内部人买入股票与未来超常回报正相关，内部人卖出股票交易与未来超常回报负相关，而且高质量内部控制能够显著地弱化这种关系。本章运用内部人净买入比率作为内部人交易行为的替代变量，进一步检验了内部控制对内部人交易行为信息含量的影响，发现结果是稳健可靠的。同时采用内部人交易信息含量的其他度量方式和内部控制质量的其他度量方式进行稳健型检验，发现结果仍然是稳健可靠的。结果表明，我国内部人交易具有较高的信息含量，高质量内部控制能够有效降低内部人私有信息占有量和内部人交易行为具有的预测未来市场业绩的能力。

第5章 内部控制对内部人交易寻租的影响研究

由于内部人接近或参与企业的生产经营决策，在公司未来业绩和重大事件等信息占有上具有明显的优势，因此内部人很可能通过股票交易谋取私利，侵害外部投资者利益。提高信息披露水平、减少信息不对称是降低内部人寻租的根本方法，也早已成为各国的监管目标。强化内部控制是提高信息披露水平、减少信息不对称及实现监管目标的重要制度安排。第4章研究表明，内部控制能够有效地降低内部人交易行为的信息含量，并能弱化内部人交易的信号功能。本章在第4章的基础上，进一步研究内部控制能否有效抑制内部人的寻租水平，降低内部人对外部投资者的利益侵害，以期为强化对内部人交易的监管提供理论基础和经验支持。

5.1 理论分析与研究假设

公司控制权与所有权的分离使得自利的管理者存有机会主义动机侵占股东利益（Jensen and Meckling，1976）。尽管一些内部人交易是由于内部人对持有的证券投资组合再平衡或为了当前消费（或推迟消费）等目的而引发的，但内部人交易主要是由内部人相对于其他市场参与者所具有的信息优势驱动的，因此，内部人交易可能成为内部人寻租的重要途径。提高信息披露水平、减少信息不对称是降低内部人寻租的根本方法，而强化内部控制是防止内部人寻租和实现监管目标的重要制度设计，作用机理如下。

信息披露理论表明，低质量财务报告将导致内部人与外部财务报表使用者之间信息不对称程度加剧（Diamond and Verrecchia，1991；Easley and O' Hara，2004）。财务报告质量低下的主要原因是存在重大错报，重大错报可能是由于会计人员非故意的失误造成的，也可能是管理层对会计自由裁量权的错误使用导致的。一方面，非故意的失误（如会计准则前后不一致的采用，或财务数据搜集与整理过程的不严谨）将使财务报告中的噪声信息增加，而噪声信息有助于为内部人带来不对称的信息优势（Rajgopal and Venkatachalam，2001），内部人借此获取超额收益。另一方面，应计制会计允许公司管理层在确认收入和费用的时间及科目时拥有一定的自由裁量权，但是会计自由裁量权的滥用，将导致财务报表出现偏误，加剧内部人与外部人之间的信息不对称，易被内部人加以利用。比如，当操控性应计利润被用来提升盈余时，管理者会选择股价被鼓吹的很高时出售股票（Beneish and Vargus，2002；Bartov and Mohanram，2004）。因此，财务报告可靠性低加剧了信息不对称，内部人借此交易他们的股票时，内部人寻租的风险就会上升。

内部控制的五要素之一是信息与沟通，准确而及时的信息沟通可以确保公司不同利益相关者之间信息的均衡，从而减小信息不对称。众所周知，财务报告是公司传递、披露信息的重要机制和途径，而合理保证公司财务报告及相关信息的真实完整是内部控制的基本目标之一。高质量内部控制可有效提高财务报告的可靠性（Doyle and GE，2007），提高公司信息披露水平及透明度。同时，可靠的财务报告有助于信息从内部人传递给外部人，缓解代理问题，降低管理者的利益侵占行为（Lambert et al.，2007），而且公开信息披露质量越高，内部人获取的超常收益越低（Baiman and Verrecchia，1996）。反之，当内部控制存在重大缺陷时，财务报告重大错报不会被公司内部控制制度阻止或识别出来的可能性大为增加，内部人寻租风险随之上升。因而，高质量内部控制可有效提高财务报告的可靠性和信息披露质量，降低公司内部人与外部人之间的信息不对称，从而抑制内部人通过股票交易进行寻租。

另外，内部控制可有效约束内部人违规交易行为，减少其寻租程度。我国《企业内部控制基本规范》和COSO委员会发布的《内部控制——整合框架》均将合规性列为内部控制的基本目标之一。合规性目标是指内部控制系统通过对企业的所有部门与运营环节的有效监督和控制，及时发现并制止、纠正偏离法律法规的行为，保证企业的经营活动服从国家有关法律法规、企业内部规章制度、经营方针和政策。因此，高质量内部控制可促使内部人在法律法规以及企业规章制度允许的范围内进行股票交易，可对其交易行为实施客观、及时的监督，尤其对内部人在敏感期交易并获取超常收益的情形成有效约束。

综上，高质量内部控制可为财务报告可靠性提供合理保证，降低信息不对称，从而抑制内部人通过股票交易获取超常收益；而且，内部控制为内部人交易的合规性提供了合理保证，可有效约束内部人交易行为。据此，提出如下假设 H5 -1：

H5 -1：内部控制质量越高，内部人通过股票交易进行寻租的程度越低，即内部控制质量与内部人交易获取的超常收益显著负相关。

5.2　研究设计

5.2.1　样本选择与数据来源

样本选择和数据来源具体见本书第4章。为了进一步分析内部控制质量与内部人利用股票交易进行寻租的关系，对同一家公司同一个月的交易数据合并，共得到1196个公司月样本观察值。

本章内部控制数据来自深圳迪博内部控制与风险管理数据库，其他相关数据均来自深圳国泰安信息技术有限公司的 CSMAR 数据库。为避免离群值的影响，本章对所有变量在1%水平上予以缩尾处理。此外，本章的数据处理以及描述性统计和实证检验均使用统计软件 Stata11.0 进行处理。

5.2.2　变量解释

1. 内部人交易超常收益

内部人单日交易获取的超常收益 Abnormal_P，是衡量内部人通过股票交易进行寻租的代理变量。Abnormal_P 等于单个交易日交易后的购买并持有超常回报乘以交易价值并除以公司上年末的市值得到的，交易价值等于股票数量乘以股票均价。对买入股票交易而言，交易价值设置为正。由于内部人卖出股票可能是为了规避损失，规避掉的损失也为收益，所以对于卖出股票交易而言，交易价值设置为负。$Abnormal\_P_1$ 和 $Abnormal\_P_2$ 分别为交易后半年期和一年期的内部人单日交易获取的超常收益。

Abnormal_MP 为内部人单月多次交易获取的总超常收益，是另一个衡量内部人通过股票交易进行寻租的代理变量。Abnormal_MP 是公司单个月份 n 次内部人单日交易获取的超常收益的累积。借鉴斯凯夫（Skaife et al.，2013）对内部人交易超常收益的度量方式，采用公式（5－1）计算单个月份多次交易的超常收益的累积：

$$Abnormal\_MP_{itm} = \frac{\sum_{j=1}^{n} BHAR_{itmj} \times V\_BOUGHT_{itmj} - BHAR_{itmj} \times V\_SOLD_{itmj}}{MV_{it-1}} \tag{5-1}$$

其中，V_BOUGHT_{itmj}（V_SOLD_{itmj}）等于一个交易日所有买入（卖出）股票的总价值，n 是公司一个月份中所有的内部人股票交易次数的总和，MV_{it-1}上年末股权市场价值。$BHAR_{itmj}$是内部人交易后半年期或一年期的购买并持有超常回报，具体计算同第 4 章。因此，Abnormal_MP1 和 Abnormal_MP2 分别为单个月份多次交易后的半年期和一年期的内部人交易获取的总超常收益。

2. 内部控制质量度量

内部控制质量 IC 的度量，以深圳迪博内部控制与风险管理数据库中的内部控制指数作为度量依据。内部控制指数是以内部控制的五大目标为基础构建的，并把内部控制缺陷作为内部控制指数的修正变量，因此内部控制指数系统地反映了公司内部控制质量的高低。具体而言，采用内部控制指数的自然对数来衡量内部控制质量，指数数值越大，则内部控制质量越高。内部控制质量越高，内部人进行股票买卖获取超常收益的行为将会得到更为严厉的约束，故预测 IC 和 Abnormal_P 及 Abnormal_MP 负相关。

3. 控制变量

股票收益动量 Momentum，等于交易日前 6 个月的购买并持有超常回报。皮奥特洛斯基和罗尔斯登（2005）研究表明公司内部人利用外部投资者的估价偏误进行反转交易获利；塞伊洪（1992）研究表明内部人更可能在显著的股价上升（下降）后出售（买入）股票，与皮奥特洛斯基和罗尔斯登（2005）预测到随后的股价反转而进行内部人交易是一致的；罗泽夫和扎曼（1998）研究已表明，内部人也是逆市场对过去业绩的过度反应而进行交易，将大量买入价值性（卖出成长性或诱惑性）企业的股票。既有研究表明，内部人是反转交易者。由于在计算 Abnormal_P 及 Abnormal_MP 时，卖出交易后的购买并持有超常回报 BHAR 取负值，故无法预测 Momentum 与 Abnormal_P 及 Abnormal_MP 的关系。

内部人交易规模 lnhold，等于内部人交易的股份数量与交易股价平均价格的乘积。内部人交易规模越大，内部人对交易时机的选择越是谨慎，越是会选择私有信息优势比较大的时间进行交易，以获取更大的超常回报。因此，预测 lnhold 与 Abnormal_P 及 Abnormal_MP 正相关。

股票日回报的标准差 Stdret，等于内部人交易前一年的股票日回报的标准差。股票日回报的标准差越大，表明企业存在较大的不确定性，信息不对称程度就越高，内部人交易后的回报变动也较大。故预测 Stdret 与 Abnormal_P 及 Abnormal_MP 正相关。

账市比 BM，等于上年末公司权益账面价值除以上年末的市场价值。账市比是衡量公司属于成长性还是价值性公司的标志。罗泽夫和扎曼（1998）研究发现内部人交易中买入股票交易与现金/股价比率正相关，表明内部人选择大量买入价值性（卖出成长性）企业的股票，与外部人高估成长性股票低估价值性股票的假设一致。朱茶芬等（2011）的实证研究表明高管在卖出交易中充分利用了估值判断优势，准确抓住估值偏差的市场机会套现。内部人交易行为与预期股票回报较高（低）时买入（卖出）证券是一致的，或与股价被低估（高估）时买入（卖出）证券也是一致的（Fama and French，1992；Lakonishok et al.，1994）。上述分析表明，内部人在 BM 较高时（价值性公司）越容易利用估值判断优势买入股票获利；反之，内部人在 BM 较低时（成长性公司）越容易利用估值判断优势卖出股票获利。因此，无论是成长性股票还是价值性股票，内部人利用信息优势均可获得超常收益，无法预计 BM 前的系数符号。

分析师跟踪数量 AF，等于上一年分析师跟踪数量加 1 的自然对数。希利和帕利普（2001）认为证券分析师和证券评级机构等信息中介从事信息生产加工有助于发现管理者的不当行为（misbehavior）。喻（2008）也认为对公司欺诈行为进行最有效识别的是证券分析师，分析师的跟踪有助于发现欺诈行为。因此，跟踪公司的证券分析师数量越大，内部人利用私有信息优势进行交易获利的行为越容易被发现。弗兰克尔和李（2004）研究表明分析师跟踪数量越多，对公司内部人交易形成的制约程度就越高，内部人利用信息优势谋取的超常收益就越少，故预测 AF 与 Abnormal_P 及 Abnormal_MP 负相关。

公司规模 MV，等于上年末公司的市场价值的自然对数。一般而言，小规模公司信息不对称程度会超过大规模公司。塞伊洪（1986）研究发现规模较小的企业内部人买入交易较多，规模较大的企业内部人卖出交易较多，然而，拉格尼沙克和李（2001）认为小规模企业内部人交易获利更多，故预测 MV 与 Abnormal_P 及 Abnormal_MP 的关系不确定。

上市年限 AGE，公司上市年限越长，表明企业越稳定成熟，信息不对称程度则相对越低，故预测 AGE 与 Abnormal_P 之间呈负相关关系。

公司是否亏损 LOSS，为哑变量，亏损为 1，否则为 0。亏损企业相对于盈利企业而言更加不稳定，信息不对称程度较高，内部人获取私有信息并牟利的机会较大，故预测 LOSS 与 Abnormal_P 之间呈正相关关系。

5. 2. 3 模型设定

为检验内部控制能否有效抑制内部人寻租，即内部控制质量与内部人交易获取的超常收益是否显著负相关，借鉴斯凯夫等（2013）和朱茶芬等（2011）的研究思路，构建模型（5 -2）；为保证研究结果的稳健性，构建模型（5 -3）以进一步检验假设是否成立。具体变量说明如表 5 -1 所示。

$$\text{Abnomal\_P} = \beta_0 + \beta_1 \text{IC} + \beta_2 \text{BM} + \beta_3 \text{MV} + \beta_4 \text{AGE} + \beta_5 \text{AF} + \beta_6 \text{Momentum1} + \sum \beta \times \text{YEAR} + \sum \beta \times \text{IND} + \varepsilon \quad (5-2)$$

$$\text{Abnomal\_MP} = \beta_0 + \beta_1 \text{IC} + \beta_2 \text{BM} + \beta_3 \text{MV} + \beta_4 \text{AGE} + \beta_5 \text{AF} + \beta_6 \text{Momentum2} + \sum \beta \times \text{YEAR} + \sum \beta \times \text{IND} + \varepsilon \quad (5-3)$$

表 5-1　变量说明

变量性质	变量代码	变量名称	变量含义
被解释变量	Abnormal_P1	内部人单日交易获取的超常收益	半年期的超常收益
	Abnormal_P2	内部人单日交易获取的超常收益	一年期的超常收益
	Abnormal_MP1	内部人单月多次交易获取的总超常收益	半年期的超常收益
	Abnormal_MP2	内部人单月多次交易获取的总超常收益	一年期的超常收益
解释变量	IC	内部控制质量	内部控制指数加 1 后取自然对数
控制变量	BM	账市比	权益账面价值与权益市场价值比值
	MV	公司规模	上年末公司市场价值的自然对数
	AGE	公司上市年限	上市年限
	AF	分析师跟踪	分析师跟踪数量的自然对数
	Momentum1	股票收益动量	日交易前 6 个月的购买并持有超常回报
	Momentum2	股票收益动量	月所有交易中交易最早的前 6 个月的购买并持有超常回报
	IND	行业	行业虚拟变量
	YEAR	年份	年份虚拟变量

5.3 实证检验

5.3.1 描述性统计

表5-2列示了按照内部控制质量分组的主要变量的描述性统计。在内部人单日交易获取的超常收益中，半年期的超常收益Abnormal_P1的均值在内部控制质量从低到高的排列中，分别是0.002、0.002和-0.001，呈现出下降趋势；一年期的超常收益Abnormal_P2的均值在内部控制质量从低到高的排列中，分别是0.002、0.001和-0.003，呈现出下降趋势；而中位数均为0，没有呈现出随内控质量的提高而下降的趋势。对于控制变量，理论上来讲，内部控制质量越好，公司增长越稳健、分析师跟踪越多、公司上市年限越长以及公司规模越大，呈现出正相关关系。在描述性分析中，分析师跟踪、公司上市年限以及公司规模在高质量内部控制组的均值和中位数都明显地高于低质量内部控制组，与理论分析一致。总体来看，描述性统计初步印证了假设H5-1。

表5-2　　分组描述性统计

变量	均值	中位数	标准差	最小值	最大值	样本量
Panel A 低质量内部控制组						
Abnormal_P1	0.002	0	0.018	-0.057	0.064	2538
Abnormal_P2	0.002	0	0.025	-0.091	0.084	2538
Momentum	0.154	0.059	0.412	-0.420	1.618	2538
lnhold1	16.48	16.64	2.137	10.47	21.22	2538
Stdret	0.042	0.034	0.030	0.017	0.196	2538
AF	2.105	2.303	0.826	0	3.784	2538
BM	0.615	0.614	0.215	0.119	1.143	2538
MV	21.76	21.79	0.896	20.36	25.46	2538
AGE	4.344	3	4.147	1	20	2538
LOSS	0.009	0	0.097	0	1	2538

续表

变量	均值	中位数	标准差	最小值	最大值	样本量
Panel B 中质量内部控制组						
Abnormal_P1	0.002	0	0.018	-0.057	0.064	2532
Abnormal_P2	0.001	0	0.026	-0.091	0.084	2532
Momentum	0.177	0.0860	0.403	-0.420	1.618	2532
lnhold1	16.60	16.92	2.206	10.47	21.22	2532
Stdret	0.039	0.032	0.026	0.017	0.196	2532
AF	2.118	2.197	0.768	0	3.784	2532
BM	0.617	0.632	0.222	0.119	1.143	2532
MV	21.91	21.81	0.804	20.37	25.46	2532
AGE	4.656	3	4.352	1	20	2532
LOSS	0.023	0	0.150	0	1	2532
Panel C 高质量内部控制组						
Abnormal_P1	-0.001	0	0.012	-0.057	0.064	2515
Abnormal_P2	-0.003	0	0.018	-0.091	0.084	2515
Momentum	0.191	0.107	0.388	-0.420	1.618	2515
lnhold1	16.40	16.68	2.515	10.47	21.22	2515
Stdret	0.032	0.030	0.014	0.017	0.196	2515
AF	2.663	2.773	0.732	0	3.784	2515
BM	0.570	0.554	0.272	0.119	1.143	2515
MV	22.84	22.81	0.927	20.36	25.46	2515
AGE	6.777	5	5.160	1	19	2515
LOSS	0.007	0	0.082	0	1	2515

5.3.2　相关性分析

表5-3列示了被解释变量Abnormal_P1和Abnormal_P2与解释变量IC以及主要控制变量之间的相关关系。从表5-3可以看出，内部人单日交易获取的超常收益Abnormal_P1和Abnormal_P2与内部控制质量IC之间存在显著的负相关关系，表明高质量的内部控制能够有效抑制内部人获取超常收益的机会，能够有效保护投资者利益不受侵害，与假设H5-1

表 5－3　相关系数

变量	Abnormal_P1	Abnormal_P2	IC	Momentum	lnhold	Stdret	AF	BM	MV	AGE	LOSS
Abnormal_P1	1										
Abnormal_P2	0.764***	1									
IC	−0.064***	−0.051***	1								
Momentum	0.028**	−0.013	0	1							
lnhold	0.024**	0.002	−0.025**	0.043***	1						
Stdret	0.042***	−0.002	−0.168***	0.104***	0.058***	1					
AF	−0.042***	−0.035***	0.314***	−0.124***	0.094***	−0.033***	1				
BM	−0.009	−0.017	−0.032***	0.016	−0.203***	0.026**	−0.062***	1			
MV	−0.041***	−0.018	0.501***	−0.198***	−0.061***	−0.198***	0.536***	−0.111***	1		
AGE	−0.016	0.002	0.233***	−0.042***	−0.432***	−0.248***	−0.084***	0.045***	0.275***	1	
LOSS	0.050***	0.051***	−0.055***	0.077***	−0.038***	−0.007	−0.162***	0.041***	−0.082***	0.044***	1

注：**、*** 分别表示系数检验在 5%、1% 水平上显著。

预期一致。从相关系数来看，被解释变量 Abnormal_P1 和 Abnormal_P2 与分析师跟踪 AF 显著负相关，表明分析师跟踪数量越大，内部人交易受到的关注越多，内部人进行寻租的机会就会受到削弱，与预期一致。被解释变量 Abnormal_P1 和 Abnormal_P2 与公司亏损 LOSS 变量之间呈现显著的正相关关系，表明公司亏损程度越大，给内部人利用信息优势获利提供了更多机会。被解释变量 Abnormal_P1 还受到了股票收益动量 Momentum、内部人交易规模 lnhold、交易前一年股票波动 Stdret 和公司规模 MV 的显著影响。

为检验解释变量、控制变量之间是否存在严重的多重共线性问题，我们采用 STATA 11.0 中 collin 命令来做方差膨胀因子分析和容忍度分析。分析结果显示，各变量的方差膨胀因子（VIF）介于 1.02 和 2.11 之间，远远小于 10，容忍度（Tolerance）介于 0.47 和 0.98 之间，均远远大于 0.1。因此，模型中的解释变量、控制变量之间不存在严重的多重共线性问题。

5.3.3　多元回归结果分析

在控制住影响内部人交易超常收益的其他因素的情况下，使用 OLS 回归验证内部控制质量低的公司内部人相对于内部控制质量高的公司内部人是否可以获取更高的超常收益，从而验证高质量内部控制能否抑制内部人寻租。根据前述理论分析，高质量内部控制能够提高公司信息质量和信息披露水平，能够对内部人交易形成有效的约束，可降低内部人寻租水平。所以，预测内部控制质量 IC 的系数为负。

将样本数据代入模型（5－2）中，回归结果如表 5－4 所示。半年期的内部人交易超常收益 Abnormal_P1 对内部控制质量 IC 进行的回归中，全样本数据和卖出股票数据回归结果显示，IC 的系数分别为－0.011 和－0.014，t 值分别为－4.54 和－4.92，均在 1% 水平上显著，与我们的预期一致，支持了假设 H5－1。一年期的内部人交易超常收益 Abnormal_P2 对内部控制质量 IC 进行的回归中，全样本数据和卖出股票数据回归结果显示，IC 的系数分别为－0.01 和－0.015，t 值分别为－2.99 和－3.66，也均在 1% 水平上显著，与预期一致，支持了假设 H5－1。上述研究表明公司内部控制质量越高，公司信息质量越高，信息不对称程度越低，能够对内部人的交易行为形成有效的监督，二者呈现出来显著的负相关关系，与斯凯夫等（2013）研究结论一致。在买入股票一列中，IC 前的系数为正，但不显著，原因可能有二：一是因为内部人卖出交易无论是交易次数还是交易规模均远远大于买入交易的次数和规模，表明内部人在股票交易上更加看重卖出交易，而且更加谨慎，更加重视卖出股票时机的选择，而在买入股票交易时机的选择上针对性不强，更具有随意性，与曾庆生（2008）和朱茶芬（2011）的研究结论——内部人在卖出本公司股票时有很强的时机把握能力和获利能力——是一致的。二是因为内部人在买入交易上未充分利用其信息优势，买入时担当的角色近似于外部投资者，内部人的股票买入并未向市场传递过多的私有信息，而且投资者对于内部人买入交易持观望态度，并未跟风大量买进。

表 5－4　　　　基本多元回归分析－模型（5－2）

变量	Abnormal_P1			Abnormal_P2		
	全样本	买入交易	卖出交易	全样本	买入交易	卖出交易
IC	－0.011*** （－4.54）	0.004 （1.05）	－0.014*** （－4.92）	－0.010*** （－2.99）	0.005 （1.26）	－0.015*** （－3.66）
Momentum	0.003*** （3.79）	－0.000 （－0.21）	0.003*** （3.94）	0.002** （2.18）	－0.002 （－1.21）	0.002** （2.24）
lnhold	0.000** （2.40）	0.000 （1.35）	0.000** （2.35）	0.000 （0.91）	0.000 （0.21）	0.000 （1.20）
Stdret	0.029*** （3.30）	－0.028 （－1.49）	0.032*** （3.43）	0.014 （1.21）	－0.016 （－0.79）	0.015 （1.26）
AF	－0.000 （－0.90）	－0.000 （－0.69）	－0.000 （－0.81）	－0.000 （－0.56）	0.001 （1.46）	－0.001 （－0.98）
BM	0.001 （1.59）	－0.000 （－0.06）	0.001 （0.67）	－0.000 （－0.33）	－0.000 （－0.05）	－0.002 （－1.30）
MV	－0.000 （－0.63）	－0.001* （－1.82）	－0.000 （－0.80）	－0.001** （－2.21）	－0.002*** （－2.87）	－0.001* （－1.81）
AGE	0.000 （1.20）	－0.000 （－0.54）	0.000 （1.40）	0.000 （1.18）	0.000 （0.61）	0.000 （1.03）

续表

变量	Abnormal_P1			Abnormal_P2		
	全样本	买入交易	卖出交易	全样本	买入交易	卖出交易
LOSS	0.007*** (2.84)	0.008 (1.44)	0.006** (2.45)	0.011*** (4.11)	0.009 (1.22)	0.011*** (3.73)
截距	0.064*** (5.12)	-0.005 (-0.32)	0.088*** (5.65)	0.076*** (4.17)	0.001 (0.03)	0.110*** (4.87)
行业年度	控制	控制	控制	控制	控制	控制
样本量	7585	1450	6135	7585	1450	6135
R^2	0.031	0.053	0.037	0.036	0.056	0.044
R^2_a	0.026	0.031	0.032	0.032	0.034	0.039
F	7.491	2.050	7.780	7.879	4.962	8.136

注：（1）*、**、***分别表示系数检验在10%、5%、1%水平上显著；（2）括号中的数字为t值；（3）回归中利用Robust处理了异方差。

为了再次验证假设H5-1，把单个月份中多次的内部人交易所获取的超常收益进行累加，再次对内部控制质量进行回归，即Abnormal_MP对IC进行回归，以保证前述结论的稳健性。同理，按照期间长短，把Abnormal_MP分为半年期和一年期的内部人单月多次交易获取的总超常收益，即Abnormal_MP1和Abnormal_MP2。回归结果见表5-5，IC的系数分别为-0.051和-0.052，t值分别为-3.32和-2.26，分别在1%和5%水平上显著，表明内部控制质量与内部人交易寻租程度显著负相关，与预期一致，再次支持了假设H5-1。

表5-5　　基本多元回归分析-模型（5-3）

变量	Abnormal_MP1	Abnormal_MP2
IC	-0.051*** (-3.32)	-0.052** (-2.26)
Momentum	0.003 (0.69)	0.005 (0.73)

续表

变量	Abnormal_MP1	Abnormal_MP2
lnhold	0. 001 (1. 18)	-0. 000 (-0. 08)
Stdret	0. 134 (1. 40)	0. 024 (0. 17)
AF	0. 001 (0. 44)	0. 002 (0. 59)
BM	0. 011 * (1. 71)	0. 012 (1. 25)
MV	-0. 001 (-0. 68)	-0. 004 * (-1. 66)
AGE	0. 000 (0. 43)	-0. 000 (-0. 02)
LOSS	0. 030 ** (2. 51)	0. 037 ** (2. 18)
截距	0. 333 *** (3. 92)	0. 412 *** (3. 10)
行业年度	控制	控制
样本量	2479	2479
R^2	0. 027	0. 024
R^2_a	0. 014	0. 011
F	2. 774	2. 537

注：(1) *、**、*** 分别表示系数检验在 10%、5%、1% 水平上显著；(2) 括号中的数字为 t 值；(3) 回归中利用 Robust 处理了异方差。

5. 3. 4　进一步检验

公司内部人侵占外部投资者利益的方式是多种多样的，比如直接偷取利润，或以低于市场价的方式出售资产或证券给其他受他们控制的企业，或把不称职的家庭成员安排到管理岗位上，或支付给经理层过多薪酬；当然还包括内部人凭借私有信息买卖股票获取超常回报等。把各种利益侵占方式综合起来即延森和梅克林（1976）所称的代理问题。解决代理问题主要依靠的是公司治理机制。很大程度上来讲，公司治理是外部投资者保护他们的利益免于被内部人侵占的机制。法律环境和监管者的执法质量是公司治理的重要因素，很大程度上决定了公司治理水平（La Port et al.，2000）。我国作为新兴的发展中国家，处在市场化进程加快以及经济转型升级的过程中，而且不同地域之间的法律环境呈现出差异性和多样性，那么各地区在对投资者利益保护力度上也会存在不同。法制监管环境和投资者保护力度强的区域，越能有效限制公司内部人攫取外部投资者利益的能力（Burgstahler et al.，2006）。内部控制作为重要的公司治理机制，在我国不同的法制环境区域，对内部人买卖股票进行寻租的抑制作用是否会呈现出不同？对此，依据王小鲁、余静文和樊纲（2013）《中国分省企业经营环境指数2013年报告》中各省份"企业经营的法制环境"指数，将企业经营的法制环境指数大于平均数的归类法制环境好，否则为法制环境差。据此，将内部人所在公司分为两类，并对两类公司分别进行回归。

表5-6为内部人单日交易获取的超常收益Abnormal_P1和Abnormal_P2对内部控制质量IC进行回归的结果。回归（1）和回归（2）报告了在法制环境差的背景下，内部控制对内部人交易超常收益的影响，回归结果显示，IC前的系数不显著；回归（3）和回归（4）报告了在法制环境好的背景下，内部控制对内部人交易超常收益的影响，回归结果显示，IC前的系数分别为-0.011和-0.012，均在1%水平上显著，说明在法制环境好的地区，企业内部控制实施效果更好，内部人通过股票买卖进行寻租的行为能够得到更好的抑制。

表5-6　　不同法制环境下的多元回归结果（1）

变量	法制环境差		法制环境好	
	(1)	(2)	(3)	(4)
	Abnormal_P1	Abnormal_P2	Abnormal_P1	Abnormal_P2
IC	-0.003 (-0.55)	0.007 (1.00)	-0.011*** (-3.96)	-0.012*** (-3.00)
Momentum	0.001 (0.39)	0.003 (1.10)	0.003*** (4.19)	0.002* (1.92)

续表

变量	法制环境差		法制环境好	
	(1)	(2)	(3)	(4)
	Abnormal_P1	Abnormal_P2	Abnormal_P1	Abnormal_P2
lnhold	0.000 (1.34)	0.000 (0.88)	0.000** (2.39)	0.000 (0.88)
Stdret	-0.010 (-1.08)	-0.017 (-1.33)	0.042*** (3.41)	0.017 (1.07)
AF	-0.001** (-2.31)	-0.002** (-2.01)	-0.000 (-0.04)	0.000 (0.25)
BM	0.002 (0.86)	0.003 (0.97)	0.002 (1.50)	-0.000 (-0.11)
MV	0.002** (2.20)	0.002 (1.62)	-0.001* (-1.74)	-0.002*** (-3.31)
AGE	-0.000* (-1.73)	-0.000 (-0.41)	0.000** (2.15)	0.000 (1.44)
LOSS	0.006 (0.98)	0.011 (1.48)	0.007*** (2.69)	0.012*** (3.77)
截距	-0.026 (-0.93)	-0.094** (-2.30)	0.074*** (4.95)	0.102*** (4.74)
行业年度	控制	控制	控制	控制
样本量	1396	1396	6180	6180
R^2	0.058	0.067	0.040	0.045
R^2_a	0.037	0.046	0.034	0.040

注：(1) *、**、*** 分别表示系数检验在 10%、5%、1% 水平上显著；(2) 括号中的数字为 t 值；(3) 回归中利用 Robust 处理了异方差。

表 5-7 为内部人单月多次交易获取的总超常收益 Abnormal_MP1 和 Abnormal_MP2 对内部控制质量 IC 进行回归的结果，目的在于进一步验证内部控制对内部人交易寻租的抑制作用。回归（1）和回归（2）报告了在法制环境差的背景下，内部控制对内部人交易超常收益的影响，回归结果显示，回归（1）中 IC 前的系数在 10% 水平上显著负相关，模型（2）中 IC 前的系数不显著；回归（3）和回归（4）报告了在法

制环境好的背景下，内部控制对内部人交易超常收益的影响，回归结果显示，IC 前的系数分别为 -0.023 和 -0.033，均在1%水平上显著。回归结果再次表明法制环境好的地区相对于法制环境差的地区，企业内部控制实施效果更好，内部人通过股票买卖进行寻租的行为能够得到更好的抑制。

表5-7　　　不同法制环境下的多元回归结果（2）

变量	法制环境差		法制环境好	
	(1)	(2)	(3)	(4)
	Abnormal_MP1	Abnormal_MP2	Abnormal_MP1	Abnormal_MP2
IC	-0.015* (-1.78)	-0.013 (-0.76)	-0.023*** (-4.23)	-0.033*** (-4.06)
Momentum	-0.002 (-0.95)	0.000 (0.03)	-0.002 (-1.28)	-0.003 (-1.13)
lnhold	0.000 (0.36)	-0.003*** (-3.79)	-0.000 (-0.42)	-0.001*** (-2.61)
Stdret	-0.015 (-0.50)	0.040 (0.70)	0.091*** (2.61)	0.069 (1.23)
AF	-0.000 (-0.53)	-0.001 (-0.86)	-0.000 (-0.37)	-0.000 (-0.12)
BM	0.002 (0.47)	-0.007 (-1.02)	0.001 (0.54)	-0.003 (-0.87)
MV	0.001 (1.01)	0.005** (2.28)	0.002** (2.56)	0.004*** (3.95)
AGE	-0.000 (-0.50)	0.000 (0.03)	0.000* (1.69)	0.000 (1.16)
LOSS	0.007 (0.90)	0.015* (1.86)	0.007** (2.07)	-0.001 (-0.11)
截距	0.067 (1.44)	0.009 (0.10)	0.100** (3.28)	0.123*** (2.77)

续表

变量	法制环境差		法制环境好	
	（1）	（2）	（3）	（4）
	Abnormal_MP1	Abnormal_MP2	Abnormal_MP1	Abnormal_MP2
行业年度	控制	控制	控制	控制
样本量	532	532	1949	1949
R^2	0. 051	0. 197	0. 058	0. 112
R^2_a	-0. 007	0. 147	0. 042	0. 097

注：（1） *、**、*** 分别表示系数检验在 10%、5%、1% 水平上显著；（2）括号中的数字为 t 值；（3）回归中利用 Robust 处理了异方差。

5. 3. 5　稳健性检验

1. 内生性问题

前文的分析是假定内部控制质量是外生的。采用深圳迪博内部控制指数来度量内部控制质量高低，迪博内部控制指数是以内部控制为战略、经营、报告、合规和资产安全五大控制目标提供合理保证的程度为基础进行构建的，同时，以内部控制重大缺陷作为修正指数，设计出来用以综合反应上市公司内部控制水平与风险管控能力的一套指数。由于内部控制缺陷指标主要来自上市公司的自评报告或者鉴证报告，尽管监管机构或社会公众会对报告进行审查或评议，但是上市公司在权衡各种因素后仍然存在选择不披露内部控制缺陷的可能性，也就意味着内部控制质量度量可能存在内生性问题。同时，影响内部控制质量的企业特征也可能会影响到内部人交易的经济后果。因此，处理内生性问题主要采用两种方式：一是采用赫克曼（1979）两步法进行测试控制自选择问题；二是控制可能的遗漏变量带来的估计偏误。

采用赫克曼（1979）两步法进行测试。具体而言，首先，借鉴道尔等（2007b）、阿什宝－斯凯夫等（2007）以及李万福等（2011）的内部控制缺陷决定因素模型，把内部控制质量作为一系列解释变量的函数，将内部控制质量区分为高、中和低三种类别，采用 probit 回归估计出公司内部控制质量高中低的概率；其次，计算出 lambda（逆米尔斯比），在控制逆米尔斯比的基础上，重新进行了回归，结果见表5-8和表5-9。影响内部控制质量的因素主要包括：审计师是否为四大BF、是否并购或重组MA、是否有海外销售业务FSALES、存货与总资产比率INVENTORY、公司规模MV、公司上市年限AGE、是否亏损LOSS，以及公司治理变量：股权集中度FSHDCtrler、机构投资者持股比例INSHOLD、独立董事在董事会占比DIRER、高管持股比例EXEHR以及实际控制人性质Ctrler。表5-8和表5-9的结果表明，在控制住可能的自选择问题后，回归结果同前面一致，假设H5-1得以验证。

表5-8　　Heckman两阶段（1）

变量	Abnormal_P1			Abnormal_P2		
	全样本	买入交易	卖出交易	全样本	买入交易	卖出交易
IC	-0.001*** (-4.88)	0 (-0.36)	-0.002*** (-4.41)	-0.003*** (-6.34)	0 (0.37)	-0.003*** (-6.34)
Momentum	0.003*** (3.54)	-0.001 (-0.67)	0.003*** (3.73)	0.002** (2.13)	-0.002 (-1.37)	0.003** (2.23)
lnhold	0.000* (1.77)	0.000** (1.97)	0.000* (1.71)	0 (0.15)	0 (0.64)	0 (0.57)
Stdret	0.005 (0.39)	-0.049* (-1.96)	0.010 (0.73)	0.014 (0.83)	-0.033 (-1.17)	0.022 (1.22)
AF	-0.000 (-0.22)	-0.001 (-1.56)	0 (-0.14)	0 (-0.21)	0 (0.82)	-0.001 (-0.85)
BM	0.001 (1.08)	0 (-0.02)	0.001 (0.43)	-0.001 (-0.92)	0 (0.03)	-0.003* (-1.80)
MV	-0.001 (-1.57)	-0.001** (-2.15)	-0.001 (-0.97)	-0.001 (-1.61)	-0.002** (-2.41)	-0.001 (-0.75)
AGE	0 (0.30)	0 (-0.39)	0 (0.88)	0 (0.49)	0 (0.99)	0 (0.41)
LOSS	0.008*** (3.40)	0.009* (1.70)	0.008*** (2.95)	0.013*** (4.32)	0.010 (1.34)	0.013*** (3.91)

续表

变量	Abnormal_P1			Abnormal_P2		
	全样本	买入交易	卖出交易	全样本	买入交易	卖出交易
lambda	0 (-0.15)	0.001*** (2.76)	-0.001 (-1.24)	0 (0.55)	0.001** (1.97)	0 (-0.39)
截距	0.009 (0.96)	0.028** (2.30)	0.003 (0.27)	0.017 (1.33)	0.040** (2.36)	0.009 (0.49)
行业年度	控制	控制	控制	控制	控制	控制
样本量	6501	1282	5219	6501	1282	5219
R^2	0.032	0.077	0.039	0.046	0.072	0.057
R^2_a	0.027	0.052	0.032	0.041	0.047	0.051
F	6.052	2.411	6.505	8.515	4.584	9.286

注：(1) *、**、*** 分别表示系数检验在10%、5%、1%水平上显著；(2) 括号中的数字为t值；(3) 回归中利用 Robust 处理了异方差。

表5-9　　Heckman 两阶段（2）

变量	(1)	(2)
	Abnormal_MP1	Abnormal_MP2
IC	-0.007*** (-3.33)	-0.012*** (-3.75)
Momentum	0.00100 (0.23)	0.00100 (0.11)
lnhold	0.00100 (0.68)	0 (-0.33)
Stdret	-0.0410 (-0.28)	-0.132 (-0.65)
AF	w0.002 (0.71)	0.00400 (0.96)
BM	0.013* (1.87)	0.00900 (0.89)

续表

变量	(1)	(2)
	Abnormal_MP1	Abnormal_MP2
MV	-0.00300 (-1.63)	-0.005* (-1.78)
AGE	0 (-0.38)	0 (-0.55)
LOSS	0.037*** (2.79)	0.036** (2.22)
lambda	0.0110 (1.23)	0.0120 (0.85)
截距	0.0560 (1.26)	0.119* (1.91)
行业年度	控制	控制
样本量	2088	2088
R^2	0.0310	0.0290
R^2_a	0.0150	0.0130
F	2.238	2.599

注：(1) *、**、*** 分别表示系数检验在 10%、5%、1% 水平上显著；(2) 括号中的数字为 t 值；(3) 回归中利用 Robust 处理了异方差。

把影响内部控制质量的因素纳入回归模型中进行回归，以控制住这些变量可能对内部人交易超常收益的影响。回归结果见表 5-10，在全样本和卖出交易样本的回归中，内部控制质量与内部人交易寻租显著负相关，买入交易样本的回归结果仍然不显著，与前文基本一致，支持了前文的分析。在新纳入回归模型的变量中，审计师是否为四大 BF 在全样本和卖出交易样本中均在 1% 水平上显著正相关，与理论分析不一致，因理论表明，审计师规模越大，越能提供高质量的审计服务，进而能有效监督公司内部人，缓解代理冲突。实际控制人性质 Ctrler 的估计系数与内部人寻租程度负相关，表明国有企业的内部人相对于非国有企业利用信息优势谋取超额利益的程度较弱，原因可能是国有企业内部人因看重其行政职位而看轻内部人交易。存货占总资产比率 INVENTORY

越大，表明公司销售越是不利，而内部人对此心知肚明，越有可能利用信息优势谋利，因此，预测 INVENTORY 与内部人交易超常收益正相关，而回归结果也证实了这一点。

表 5-10　　遗漏变量（1）

变量	Abnormal_P1			Abnormal_P2		
	全样本	买入交易	卖出交易	全样本	买入交易	卖出交易
IC	-0.008*** (-3.09)	0.002 (0.62)	-0.011*** (-3.30)	-0.008** (-2.00)	0.004 (0.79)	-0.013*** (-2.61)
Momentum	0.003*** (3.71)	-0.001 (-0.66)	0.003*** (3.99)	0.002** (2.19)	-0.002 (-1.48)	0.003** (2.52)
lnhold	0.000 (1.11)	0.000 (1.36)	0.000 (1.03)	-0.000 (-0.93)	-0.000 (-0.27)	-0.000 (-0.53)
Stdret	0.014 (1.07)	-0.053** (-2.04)	0.020 (1.45)	0.030* (1.82)	-0.045 (-1.44)	0.042** (2.37)
AF	-0.000 (-0.15)	-0.001** (-2.54)	-0.000 (-0.36)	-0.000 (-0.51)	0.000 (0.19)	-0.001 (-1.50)
BM	0.000 (0.39)	-0.001 (-0.65)	-0.000 (-0.05)	-0.002 (-1.21)	-0.000 (-0.00)	-0.004* (-1.81)
MV	-0.001** (-2.36)	-0.001 (-1.10)	-0.001 (-1.45)	-0.001** (-2.39)	-0.001* (-1.75)	-0.001 (-1.01)
AGE	0.000 (1.19)	-0.000 (-1.00)	0.000* (1.75)	0.000 (1.19)	0.000 (0.43)	0.000 (0.97)
LOSS	0.009*** (3.52)	0.009 (1.59)	0.009*** (3.15)	0.014*** (4.60)	0.010 (1.29)	0.015*** (4.32)
BF	0.003*** (5.36)	0.001 (1.16)	0.005*** (5.10)	0.005*** (5.92)	0.001 (0.59)	0.009*** (6.57)
MA	-0.001* (-1.71)	0.003*** (2.95)	-0.003*** (-2.72)	-0.003*** (-3.14)	0.003*** (2.65)	-0.006*** (-4.18)
Ctrler	-0.001** (-2.31)	0.001 (0.69)	-0.002*** (-2.74)	-0.001 (-1.40)	-0.001 (-0.78)	-0.002** (-1.98)

续表

变量	Abnormal_P1			Abnormal_P2		
	全样本	买入交易	卖出交易	全样本	买入交易	卖出交易
FSALES	-0.001 (-1.24)	0.000 (0.62)	-0.001 (-1.12)	-0.001 (-1.12)	0.000 (0.33)	-0.001 (-0.78)
EXEHR	0.001 (0.52)	0.011 *** (3.09)	-0.000 (-0.24)	0.003 (1.06)	0.015 *** (3.37)	0.002 (0.49)
DIRER	0.010 ** (2.17)	0.005 (0.92)	0.008 (1.42)	0.010 (1.53)	0.008 (1.02)	0.009 (1.05)
FSHD	-0.001 (-0.65)	0.001 (0.35)	-0.003 (-1.51)	-0.008 *** (-3.25)	0.000 (0.08)	-0.013 *** (-4.10)
INSHOLD	-0.002 (-1.20)	0.004 * (1.95)	-0.002 (-1.32)	-0.002 (-0.83)	0.004 (1.63)	-0.002 (-0.78)
INVENTORY	0.012 *** (5.29)	0.015 ** (2.57)	0.011 *** (4.55)	0.025 *** (8.26)	0.019 ** (2.50)	0.027 *** (7.90)
截距	0.061 *** (4.17)	-0.002 (-0.13)	0.075 *** (4.05)	0.068 *** (3.17)	0.003 (0.10)	0.091 *** (3.36)
行业年度	控制	控制	控制	控制	控制	控制
样本量	6497	1278	5219	6497	1278	5219
R^2	0.038	0.107	0.046	0.055	0.103	0.069
R^2_a	0.032	0.077	0.038	0.049	0.073	0.061
F	6.116	2.439	6.430	8.078	3.006	8.528

注：(1) *、**、*** 分别表示系数检验在10%、5%、1%水平上显著；(2) 括号中的数字为t值；(3) 回归中利用Robust处理了异方差。

表5-11报告了在控制住影响内部控制质量的变量情况下，内部人单月多次交易获取的总超常收益对内部控制质量回归的结果。结果显示，内部控制质量越高，内部人通过股票买卖寻租的程度就越低。与前文结果保持一致，假设H5-1得到验证。

表 5-11 遗漏变量（2）

变量	(1)	(2)
	Abnormal_MP1	Abnormal_MP2
IC	-0.049*** (-2.78)	-0.052* (-1.84)
Momentum	0.002 (0.39)	0.001 (0.19)
lnhold	0.000 (0.39)	-0.001 (-0.65)
Stdret	-0.005 (-0.03)	-0.079 (-0.38)
AF	0.002 (0.58)	0.003 (0.65)
BM	0.012 (1.62)	0.009 (0.78)
MV	-0.004 (-1.35)	-0.006 (-1.61)
AGE	0.000 (1.26)	0.000 (0.88)
LOSS	0.038*** (2.84)	0.039** (2.37)
BF	0.008*** (2.85)	0.013*** (3.04)
MA	-0.009* (-1.74)	-0.015** (-2.02)
Ctrler	-0.005* (-1.88)	-0.005 (-1.32)
FSALES	0.000 (0.11)	-0.002 (-0.38)
EXEHR	-0.001 (-0.05)	-0.000 (-0.01)

续表

变量	(1)	(2)
	Abnormal_MP1	Abnormal_MP2
DIRER	0. 038 (1. 26)	0. 022 (0. 45)
FSHD	0. 002 (0. 21)	-0. 018 (-1. 08)
INSHOLD	-0. 004 (-0. 44)	-0. 006 (-0. 43)
INVENTORY	0. 040 *** (2. 76)	0. 067 *** (3. 29)
截距	0. 351 *** (3. 66)	0. 450 *** (2. 84)
行业年度	控制	控制
样本量	2085	2085
R^2	0. 044	0. 038
R^2_a	0. 024	0. 018
F	2. 477	2. 475

注：(1) *、**、*** 分别表示系数检验在 10%、5%、1% 水平上显著；(2) 括号中的数字为 t 值；(3) 回归中利用 Robust 处理了异方差。

2. 内部人交易超常收益的其他度量方式

前述在计算内部人单日交易获取的超常收益 Abnormal_P1 和 Abnormal_P2 以及内部人单月多次交易获取的总超常收益 Abnormal_MP1 和 Abnormal_MP2 时，购买并持有超常回报 BHAR 是关键因素。为了使得研究结论更有说服力，采用公式 (5-4) 重新计算内部人单日交易获取的超常收益 Abnormal_P1 和 Abnormal_P2 以及内部人单月多次交易获取的总超常收益 Abnormal_MP1 和 Abnormal_MP2，并对模型 (5-2) 和模型 (5-3) 再次进行回归。

$$BHAR = \prod_{k}^{n}(1 + R_k) - \prod_{k}^{n}(1 + R_{mk}) \qquad (5-4)$$

其中，R_k 为个股日回报率，R_{mk} 为综合日市场回报率。综合日市场

回报率 R_{mk} 计算时可以采用流通市值加权平均法和总市值加权平均法，采用总市值加权平均法度量的 BHAR 与采用流通市值加权平均法度量的 BHAR 对于计算 Abnormal_P 和 Abnormal_P2 以及 Abnormal_MP1 和 Abnormal_MP2 时差别较小，而且回归结果一致，因此稳健性检验仅报告以流通市值加权平均法度量 BHAR 计算的内部人交易超常收益的回归结果。回归结果见表 5－12 和表 5－13，与表 5－4 和表 5－5 结论一致，支持了前文的结果。

表 5－12　　　　稳健性检验（1）

变量	Abnormal_P1			Abnormal_P2		
	全样本	买入交易	卖出交易	全样本	买入交易	卖出交易
IC	－0.012*** （－3.56）	－0.002 （－0.53）	－0.013*** （－3.24）	－0.022*** （－3.90）	－0.003 （－0.53）	－0.025*** （－3.69）
Momentum	－0.001 （－0.82）	0.001 （1.06）	－0.001 （－0.81）	－0.002 （－1.05）	－0.002 （－1.12）	－0.002 （－1.17）
lnhold	－0.001*** （－5.79）	0.000** （2.33）	－0.001*** （－6.76）	－0.002*** （－10.24）	0.000 （0.62）	－0.003*** （－10.74）
Stdret	0.083*** （5.93）	－0.076** （－2.19）	0.081*** （5.46）	0.108*** （4.62）	－0.043 （－0.96）	0.094*** （3.76）
AF	－0.000 （－0.15）	0.001 （1.32）	0.000 （0.27）	－0.001 （－1.54）	0.002*** （3.01）	－0.001 （－1.22）
BM	－0.001 （－0.65）	－0.001 （－0.38）	－0.002 （－1.12）	－0.005** （－2.49）	－0.000 （－0.16）	－0.008*** （－3.28）
MV	0.002*** （5.17）	－0.002*** （－3.14）	0.003*** （5.28）	0.005*** （8.21）	－0.003*** （－3.68）	0.007*** （8.21）
AGE	0.000 （0.70）	－0.000 （－1.50）	－0.000 （－0.31）	－0.000 （－0.27）	－0.000 （－1.31）	－0.000* （－1.83）
LOSS	0.005** （2.13）	0.005 （1.48）	0.006** （2.13）	0.007** （2.25）	0.002 （0.52）	0.009*** （2.67）

续表

变量	Abnormal_P1			Abnormal_P2		
	全样本	买入交易	卖出交易	全样本	买入交易	卖出交易
截距	0.027 (1.47)	0.056** (2.34)	0.030 (1.31)	0.035 (1.14)	0.081*** (2.97)	0.049 (1.29)
行业年度	控制	控制	控制	控制	控制	控制
样本量	7598	1454	6144	7598	1454	6144
R^2	0.090	0.075	0.105	0.179	0.068	0.207
R^2_a	0.086	0.054	0.101	0.175	0.046	0.202
F	14.311	3.373	15.313	24.096	5.120	26.456

注：（1）*、**、*** 分别表示系数检验在10%、5%、1%水平上显著；（2）括号中的数字为t值；（3）回归中利用Robust处理了异方差。

表5-13　稳健性检验（2）

变量	(1)	(2)
	Abnormal_MP1	Abnormal_MP2
IC	-0.076*** (-3.30)	-0.103*** (-2.85)
Momentum	-0.007 (-1.14)	-0.008 (-0.75)
lnhold	-0.004*** (-3.68)	-0.010*** (-5.65)
Stdret	0.362*** (3.57)	0.302* (1.84)
AF	0.003 (0.94)	-0.000 (-0.01)
BM	0.008 (0.91)	-0.002 (-0.11)
MV	0.007** (2.54)	0.015*** (3.43)

续表

变量	(1)	(2)
	Abnormal_MP1	Abnormal_MP2
AGE	-0.000 (-0.08)	-0.000 (-0.33)
LOSS	0.020* (1.79)	0.025* (1.91)
截距	0.350*** (2.76)	0.427** (2.11)
行业年度	控制	控制
样本量	2487	2487
R^2	0.058	0.106
R^2_a	0.045	0.094
F	2.721	3.657

注：(1) *、**、*** 分别表示系数检验在10%、5%、1%水平上显著；(2) 括号中的数字为t值；(3) 回归中利用Robust处理了异方差。

3. 内部控制质量的其他度量方式

关于内部控制质量的度量，借鉴方红星和金玉娜（2011）以及方红星和陈作华（2015）的方法，以内部控制目标的实现程度作为度量标准，利用公司的合规信息、审计意见信息、盈利信息、财务报告重述信息以及内部控制自评报告和鉴证报告信息等对内部控制质量进行度量，将与内部控制目标实现相悖的情形定义为内部控制质量较差，取值为0，否则取值为1。将以上五种情况进行加总作为内部控制质量的代理变量，取值为0、1、2、3、4和5，数值越大，内部控制质量越高。具体见第4章稳健性检验部分。

表5-14和表5-15列示了重新度量后的内部控制质量与内部人交易寻租的回归结果。表5-14为内部人单日交易获取的超常收益Abnormal_P1和Abnormal_P2对内部控制质量IC进行回归的结果，在全样本和卖出交易回归中，内部控制质量与内部人单日交易获取的超常收益显著负相关，与前文结果是一致的。表5-15为内部人单月多次交易获取的总超常收益Abnormal_MP1和Abnormal_MP2对内部控制质量IC

进行回归的结果，结果显示，内部控制能够有效抑制内部人交易寻租，与前文结果保持一致，再次表明回归结果是稳健的。

表5-14 稳健性检验（3）

变量	Abnormal_P1			Abnormal_P2		
	全样本	买入交易	卖出交易	全样本	买入交易	卖出交易
IC	-0.003*** (-8.38)	0.001 (1.56)	-0.004*** (-8.77)	-0.005*** (-10.39)	0.002*** (2.81)	-0.007*** (-11.50)
Momentum	0.002*** (2.82)	-0.001 (-1.21)	0.003*** (3.09)	0.002 (1.57)	-0.002 (-1.30)	0.002* (1.71)
lnhold	0.000 (0.90)	0.000 (0.78)	0.000 (0.98)	-0.000 (-0.68)	-0.000 (-0.77)	-0.000 (-0.29)
Stdret	-0.003 (-0.21)	-0.025 (-1.09)	0.000 (0.02)	0.007 (0.38)	-0.002 (-0.09)	0.013 (0.66)
AF	0.001 (1.51)	-0.000 (-0.36)	0.001 (1.44)	0.001 (0.90)	0.001** (2.19)	0.000 (0.33)
BM	-0.001 (-0.83)	-0.001 (-0.91)	-0.001 (-1.10)	-0.005*** (-3.18)	0.000 (0.10)	-0.008*** (-4.01)
MV	-0.001*** (-3.70)	-0.001 (-1.61)	-0.001*** (-3.21)	-0.001*** (-2.82)	-0.001*** (-2.77)	-0.001** (-2.10)
AGE	0.000 (0.02)	0.000 (0.43)	0.000 (0.17)	-0.000 (-0.33)	0.000 (1.50)	-0.000 (-0.89)
LOSS	0.007*** (2.87)	0.008 (1.45)	0.007** (2.53)	0.012*** (3.94)	0.010 (1.34)	0.012*** (3.67)
截距	0.027*** (3.97)	0.014* (1.80)	0.030*** (3.32)	0.039*** (3.94)	0.029** (2.33)	0.043*** (3.36)
行业年度	控制	控制	控制	控制	控制	控制
样本量	5829	1115	4714	5829	1115	4714
R^2	0.042	0.097	0.051	0.060	0.097	0.076
R^2_a	0.036	0.069	0.044	0.055	0.069	0.070
F	7.152	.	7.581	10.002	.	11.031

注：（1）*、**、***分别表示系数检验在10%、5%、1%水平上显著；（2）括号中的数字为t值；（3）回归中利用Robust处理了异方差。

表 5-15 稳健性检验（4）

变量	(1)	(2)
	Abnormal_MP1	Abnormal_MP2
IC	-0.009*** (-3.49)	-0.020*** (-4.98)
Momentum	0.001 (0.11)	0.003 (0.32)
lnhold	0.000 (0.10)	-0.001 (-0.84)
Stdret	-0.060 (-0.37)	-0.153 (-0.67)
AF	0.003 (0.94)	0.005 (1.25)
BM	0.008 (1.18)	-0.001 (-0.10)
MV	-0.006*** (-2.69)	-0.007** (-2.38)
AGE	-0.000 (-0.56)	-0.001 (-1.08)
LOSS	0.034** (2.46)	0.032* (1.88)
截距	0.140*** (2.96)	0.234*** (3.41)
行业年度	控制	控制
样本量	1859	1859
R^2	0.035	0.038
R^2_a	0.017	0.021
F	2.105	2.713

注：(1) *、**、*** 分别表示系数检验在10%、5%、1%水平上显著；(2) 括号中的数字为t值；(3) 回归中利用Robust处理了异方差。

5.4　主要结论

内部人利用信息优势进行交易谋取丰厚回报的行为，损害了市场公平，打击了投资者信心。因此，对内部人交易实施监管为各国普遍采用。本章立足于公司层面监管体系，以2009～2012年沪深两市A股上市公司为研究样本，从内部人交易行为的视角检验了内部控制质量与内部人寻租的关系，研究发现，内部控制质量与内部人交易获取的超常收益存在显著的负相关关系，且二者的负相关关系在控制住可能的内生性问题后依然显著。结果说明高质量内部控制可有效降低内部人与外部人之间的信息不对称，降低内部人采取违规交易行为的可能，从而可有效降低内部人寻租的程度，进而保护投资者利益。强化对内部人交易行为的监管和信息披露监管，提高内部人交易信息披露透明度、准确度以及披露的及时性，是降低信息不对称的有效方法，才能为投资者提供公平的交易环境，保护投资者利益。

第6章　内部控制对内部人亲属股票交易行为的影响研究

与国外发达国家将内部人亲属视同内部人纳入证券交易法律法规的监管体系之中不同的是，我国证券交易法律法规并未明确将内部人亲属纳入监管体系当中来。由此，内部人亲属买卖内部人所在公司股票的交易行为可能成为内部人规避法律监管的途径。为此，本章运用事项研究法首先研究了市场是否对内部人亲属的股票交易行为做出了显著的反应，其次，按照内部控制质量高低分组对该问题进一步进行了研究，以探求内部控制在其中的影响。本章的研究是第4章和第5章的延伸与拓展。

6.1　理论分析与假设提出

6.1.1　法律背景分析

为了规范内部人交易，尤其是限制内部人利用信息优势牟利，大部分国家监管机构通过法律法规对内部人交易进行了严格约束，相关法律法规主要在三个方面对内部人交易进行监管。

其一，内部人交易信息披露监管。1934年《美国证券交易法》规定，上市公司内部人发生股份变动要及时申报，在日历月内发生权益变动的，应在每一个日历月结束后10天内向证券交易委员会进行申报，而且申报内容存在重大错误或遗漏的，负有责任的提交人需要承担责任。美国2002年《萨班斯法案》403条款要求公司内部人按照“格式4”的要求在两个交易日内公开披露他们的交易行为，对内部人交易信息披露进行了更为严格的限制。1985 年《英国公司法》要求公司董事应及时披露自己及其近亲属和利害关系人持有、交易本公司股票的情况。我国监管机构也对此进行了规定，2007 年中国证监会颁布的《上市公司董事、监事和高级管理人员所持本公司股份及其变动管理规则》第十一条规定："上市公司董事、监事和高级管理人员所持本公司股份发生变动的，应当自该事实发生之日起两个交易日内，向上市公司报告并由上市公司在证券交易所网站进行公告"。

其二，内部人敏感期交易监管。美国证券交易委员会规定，内部人在获得影响股票价格的重大事件的相关信息后，要么在信息披露以后买卖本公司股票，要么选择沉默不进行交易。如果内部人违反这一规定买卖股票，即为构成欺诈行为，投资者可以要求民事赔偿。英国上市管理当局的《上市规则》对董事和高级管理人员等内部人的敏感期交易行为进行了规定，对影响股票价格的重大事件发生期间，完全禁止内部人买卖本公司股票。我国香港联交所《上市规则》附录 10A 规定，在知悉了上市公司未经公布的股价敏感资料前；上市公司在披露财务业绩当天；年度业绩披露前 60 日内；或有关财政年度结束之日起至业绩披露之日期间（以较短者为准）；季度业绩披露及半年度业绩披露日期前 30 日内，或有关季度或半年度期间结束之日起至业绩披露之日期间（以较短者为准）为禁止期间。2007 年中国证监会颁布的《上市公司董事、监事和高级管理人员所持本公司股份及其变动管理规则》第十三条对敏感期交易进行了规定，"上市公司董事、监事和高级管理人员在下列期间不得买卖公司股票：一是上市公司定期报告公告前 30 日内；二是上市公司业绩预告、业绩快报公告前 10 日内；三是自可能对本公司股票交易价格产生重大影响的重大事项发生之日或在决策过程中，至依法披露后两个交易日内"。

其三，内部人交易主体监管。内部人交易主体为了逃避监管，最直接的办法是借用他人名义进行交易，出于信任的考虑以及交易的便利性，内部人的配偶、子女、父母和兄弟姐妹等近亲属等成为借用的对象。1934 年美国《证券交易法》对短线交易归入制度开始做出规定，短线交易主体包括上市公司的收益所有人、董事和管理人员，其中，收益所有人包括配偶、未成年子女或其他家属成员。因此，美国法律规定内部人的配偶、子女、父母和兄弟姐妹等近亲属的交易行为视同内部人本人交易。我国台湾地区，也把内部人短线交易主体拓展到配偶、未成年子女及其他人员。

我国香港地区规定，禁止董事本人以及配偶或任何未成年子女（亲生或收养）或代子女所进行的交易买卖上市公司的股票。

上述分析表明，内部人交易行为已经置于各国法律法规的监管体系之下。我国法律法规亦对内部人交易行为进行了相应规定，对规范上市公司内部人交易行为发挥了重要作用，但与国外发达经济体有关内部人交易的法律法规相比，我国内部人交易法律法规仍有诸多漏洞和不足，在内部人亲属交易的立法上尤其突出，可能成为内部人借此牟利的工具。2007 年深圳证券交易所颁布《深圳证券交易所上市公司董事、监事和高级管理人员所持有本公司股份及其变动管理业务指引》，其中规定，上市公司内部人亲属包括配偶、子女、父母和兄弟姐妹等，持有内部人所在公司股票的上述人员须在所持公司股份变动后两个交易日内如实申报；2008 年颁布《关于进一步规范中小企业板上市公司董事、监事和高级管理人员买卖本公司股票行为的通知》第九条规定，上市公司的董事、监事及高级管理人员的配偶不得在敏感期内买卖内部人所在公司的股票。除此之外，我国对内部人亲属交易未有法律法规上的约束和监管，这给刻意规避法律监管的内部人留下了机会。

6.1.2 理论分析与研究假设

1974 年贝克尔（Becker）提出婚姻经济理论，采用经济学方法对婚姻进行分析。他认为人们选择结婚组成家庭，是因为婚姻家庭的预期效用超过了保持单身的预期效用，即婚后效用相比婚前均得到提升，人们才会选择结婚。婚姻效用不但直接依赖于外部市场购入的商品和服务，而且还依赖于每个家庭生产的商品（简称为家庭商品）。家庭商品是丰富的，包括饭菜质量、孩子的数量和质量、声望、娱乐休闲、友谊、爱和健康状况等。因此，家庭带给人们的效用不但来自外购商品和服务，更重要的是来自家庭商品的多少。具体来看，贝克尔（1974）认为人们可以从婚姻家庭中获益的原因主要有如下四个：其一，家庭中相爱的人相对于家庭之外的人可以降低经常联系的成本，家庭成员由于彼此之间分享同一个家庭，因此资源转移成本也得以降低。其二，家庭成员彼此工作之外的时间不是完美的替代品，市场提供的商品和服务以及家庭商品也均非可以完美的替代。替代品不完美使得单身的人无法获得家庭成员所能获得的收益。其三，一些社会学文献也指出，男女之间的互补是婚姻获益的主要来源（Winch，1958，1967）。配偶的时间和市场商品互补性越强，婚姻收益越大。其四，婚姻收益也依赖于市场机会，财产性收入和工资收入的上升会提高家庭的收益，激发人们组建家庭的动机。根据婚姻理论不难发现，人们能够从婚姻家庭中获得较高的效用，而效用的大小正向依赖于他们的收入、人力资本和工资的相对差异等。但当家庭成员尤其是夫妻之间的预期收益（未来一定时期婚姻给家庭带来的收益）越低，而且不确定性越高时，家庭破裂的概率则大大增加（Becker et al.，1977）。因此，贝克尔等（1977）总结道，最佳婚姻决策是最大化家庭成员一生全部财富的预期价值，婚姻家庭稳固依赖于家庭财富的大小。

贝克尔的婚姻经济理论为我们开启了一扇研究内部人亲属交易行为的窗口。前述法律背景分析表明，我国的法律法规对内部人信息披露以及内部人敏感期交易均作出了细致的规定，内部人交易行为已经置于法律法规监管之下。但是，对于内部人亲属交易行为，我国的法律法规尚未做出明确规定，也未对如何监管作出指引，因此，这可能给刻意逃避监管的内部人留下了钻营的机会。贝克尔的婚姻经济理论表明，最大化家庭财富是提高家庭总效用的主要推动力，是家庭成员个人满足感提升的主要来源。由此可以推断，内部人传递私有信息给自己的亲属，借用亲属的名义买卖股票，既可实现最大化家庭财富的目的，同时又可以逃避法律法规的监管。

传统经济学模型假设人是自身利益最大化的追求者，但是自利假设并不排除利他主义（即为了他人的利益而自愿牺牲自己的时间、商品或福利）的存在。人们在追求自身利益的同时，会关心他人的利益，因此自利与利他是一致的（Jensen and Meckling，1994）。家庭成员之间有着强烈的利他主义倾向，家庭成员不仅关心自己的利益，也同样会关心其他成员的利益，甚至为了其他成员的利益而牺牲自己的利益。从利他主义的视角来看，内部人将私有信息传递给其他家庭成员用来买卖股票获利，既可提高家庭其他成员的财富，也可提高自己的满足感。因此，内部人亲属利用内部人传递的私有信息进行股票交易并谋取超额回报在理论上有着充分的依据。

内部人亲属股票交易行为被投资者视为传递内部人私有信息的重要信号，成为投资者验证公司信息披露可信性和准确性的工具，可帮助投资者修正其先前的决策判断。内部人亲属股票交易行为之所以被投资者视为传递内部人私有信息的信号，是因为内部人亲属交易本身具备传递内部人私有信息的较为可信的特征。首先，内部人亲属股票交易对内部人家庭的总体财富会产生重大影响。为最大化家庭利益，作为家庭成员的内部人可能会将私有信息传递给亲属，借以谋取超额收益。因此，内部人亲属股票交易行为可能隐藏着内部人的私有信息，成为投资者关注的对象，由此影响股价，而股价变动又对内部人家庭总体财富有着直接和清晰的影响。出于家庭财富保值增值的需要，内部人亲属交易所具有的传递私有信息给投资者的信号是可信的。其次，内部人亲属交易行为具有可观察性和可模仿性。内部人亲属交易是否发生、交易方向、交易价值和交易收益是能够被观察得到的，因此，外部投资者通过模仿内部人亲属的股票交易行为可保护自身利益免受侵害。

内部人亲属交易因交易方向的不同而传递出不同的信号。内部人亲属买入股票可能代表了管理层对企业未来经济前景的乐观主义倾向，也可能反映了他们对公司基本面稳健向好的自信。同样道理，对于卖出股票交易而言，股票卖出可能向市场传递了投资获利性较差的信号，反映了内部人对公司前景的悲观主义倾向或不自信。因此，内部人买入股票和卖出股票向市场传递了截然不同的信号，这有助于投资者对公司未来的发展前景做出不同的判断。投资者将根据内部人亲属交易传递的信号来修正他们对公司未来经济前景的预期，从而引致股价变化。

综上，我国法律法规在内部人亲属交易规定上存在的漏洞，使得内部人传递私有信息给其亲属，亲属择机交易进行牟利随之成为可能；同时婚姻经济理论和利他主义表明，内部人传递私有信息给其亲属，帮助他们择机交易进行牟利有着充分的理论依据。内部人亲属股票交易行为被投资者认为是传递内部人私有信息的较为可信的信号，引起了市场投资者的关注，从而导致股票价格的变化。因此，提出以下假设：

H6－1a：内部人亲属卖出股票时具有较强的择机能力，市场对此有着显著的负面反应。

H6－1b：内部人亲属买入股票时具有较强的择机能力，市场对此有着显著的正面反应。

众所周知，合理保证公司财务报告及相关信息的真实完整是内部控制的基本目标之一。财务报告是公司传递、披露信息的重要机制和途径，可靠的财务报告有助于信息从内部人传递给外部人，可有效降低内部人的私有信息优势。国内外学者一致发现，高质量内部控制可有效提高盈余信息质量，提高信息披露的透明度（方红星和金玉娜，2011；董望和陈汉文，2011；Doyle et al.，2007；Ashbaugh - Skaife et al.，2008）。因此，内部控制质量越高，内部人私有信息优势就会越低，内部人传递给其亲属的私有信息数量和质量则会受到有效抑制。

另外，内部控制在其产生和演进的过程中，内部牵制是内部控制发展进程中的第一阶段（杨有红，2013），而且内部牵制在内部控制的其他发展阶段一直扮演的是核心角色（李心合，2013），目的在于防范或阻止内部人的错误或舞弊，提高组织运转的有效性。随着内部控制的向前发展，内部控制不再是单一的查错纠弊系统，而是成为查错纠弊与风险管理相结合的系统，目的是合理保证内部控制多元化目标的实现，在公司内部形成良好的权力制衡和协调机制，防止内部人侵占等机会主义行为。因此，内部控制质量越高，内部人机会主义行为就会受到更多的牵制和监督，其向亲属传递私有信息会越谨慎，数量也会越少，亲属买卖股票谋取私利的现象就会得到有效的抑制。

综上，内部控制质量越高，企业信息披露透明度越高，内部人私有信息占有就会越小，向其亲属传递的信息数量随之降低；而且内部控制质量越高，内部人受到的牵制和监督就越多，其向亲属传递信息自然就越谨慎。因此，内部人亲属股票交易行为受到的关注则会越弱，市场反应则越弱。据此提出如下假设：

H6 - 2a：内部控制质量越高，内部人亲属卖出股票的择机能力则越弱，市场负面反应也越弱。

H6 - 2b：内部控制质量越高，内部人亲属买入股票的择机能力则越弱，市场正面反应也越弱。

6.2 样本选择和研究方法

6.2.1 样本选择

2007 年 5 月 8 日深圳证券交易所颁布的《深圳证券交易所上市公

司董事、监事和高级管理人员所持本公司股份及其变动管理业务指引》（以下简称《业务指引》）对内部人亲属交易行为进行了规定，其中第二十一条第一款规定：上市公司董事、监事和高级管理人员应当确保他们的配偶、父母、子女、兄弟姐妹不发生因获知内幕信息而买卖本公司股份及其衍生品种的行为。对于上市公司董事、监事、高级管理人员的配偶、父母、子女和兄弟姐妹买卖本公司股份及其衍生品种的，参照《业务指引》第十七条规定执行，即要求上市公司董事、监事、高级管理人员的配偶、父母、子女和兄弟姐妹买卖本公司股份及其衍生品种的2个交易日内，通过上市公司董事会向深交所申报，并在深交所指定网站进行公告。因此，本书的研究对象仅限于上市公司董事、监事、高级管理人员的配偶、父母、子女和兄弟姐妹买卖本公司股份，而且《业务指引》要求在交易后2个交易日内进行公告，并未要求在交易前进行预披露，外部投资者通过交易公告才知悉内部人亲属交易行为的信息。因此，数据来源于深圳证券交易所在其网站的“上市公司诚信档案”栏目上公布的“上市公司董事、监事、高级管理人员及相关人员持有本公司股份变动情况”有关内部人亲属交易的信息。样本期间为2009年1月1日至2012年12月31日，最初样本为4064笔，剔除交易规模小于1000股的数据1228笔，合并同一家公司同一天的交易后剔除174笔数据，剔除市场收益或个股收益数据不全的交易544笔，最终样本数为2118个。

6.2.2 研究方法

参考朱茶芬等（2011）的研究方法，本章采用事件研究法检验了内部人亲属买卖本公司股票前后的超常回报模式。事件的窗口期为股份变动日期前后20天①，即［-20，20］。估计期窗口为事件期窗口的前180天，即［-200，-21］。本章采用市场模型来估计超额回报，具体步骤如下：

① 采用股份变动日期而没有采用公告日期作为事件日的原因是：一方面，深交所网站没有披露内部人亲属股份变动的公告日期，仅仅披露了股份变动日期；另一方面，由于《业务指引》要求的披露时限为2天，因此，采用股份变动日期作为事件日而不是公告日期，并不会产生太大的差异。

第一，估计事件期的预计收益率；利用估计期［-200，-21］的数据对模型（6-1）进行OLS回归，得到 α_i 和 β_i 的估计值 $\hat{\alpha}_i$ 和 $\hat{\beta}_i$。其中，R_{it}为i公司t日的实际回报率；R_{mt}为市场日回报率，分为流通市值加权计算的市场日回报率和总市值加权计算的市场日回报率，二者的结果非常相近；ε_{it}为回归残差。

$$R_{it} = \alpha_i + \beta_i R_{mt} + \varepsilon_{it} \tag{6-1}$$

$$E(R_{it}) = \hat{\alpha}_i + \hat{\beta}_i R_{mt} \tag{6-2}$$

第二，运用模型（6-2）估计事件期［-20，20］内公司的预期回报率，即 $E(R_{it})$。

第三，根据第二步骤计算的预期回报率 $E(R_{it})$，估算公司的超额回报率 AR_{it}，即公司的实际回报率 R_{it}与预期回报率 $E(R_{it})$ 的差额。如公式（6-3）所示。

$$AR_{it} = R_{it} - E(R_{it}) \tag{6-3}$$

$$AAR_t = \frac{1}{n}\sum_{i=1}^{n} AR_{it} \tag{6-4}$$

$$CAR[t_1, t_2] = \sum_{t=t_1}^{t_2} AAR_t \tag{6-5}$$

第四，运用公式（6-4）计算事件期第t日的平均超额回报率 AAR_t，即第t日n个内部人亲属交易的超额回报率的平均值。

第五，运用公式（6-5）计算给定事件期［t_1，t_2］的累计超额回报率 $CAR[t_1, t_2]$。

6.3 实证分析

6.3.1 描述性统计

表6-1分别从交易次数、交易股数和交易金额三方面对内部人及其亲属股票交易情况进行了统计分析。从交易次数看，内部人本人交易次数占比为71.5%，父母、配偶、兄弟姐妹和子女总的占比为28.5%；从交易股份数量看，亲属占比为14.02%，相对于交易次数下降较大；

交易金额中，内部人亲属占比为 12.33%。总体来看，内部人亲属交易在交易次数、交易股份数量以及交易金额上所占比重不大，与张俊生和曾亚敏（2011）的统计分析存在一定的分歧，但是从交易次数的绝对值来看，明显有上升的趋势。

表 6－1　　　　内部人本人及其亲属股票交易情况

类型	交易次数	占比（%）	交易股数（千股）	占比（%）	交易金额（万元）	占比（%）
本人	10196	71.50	2309683	85.98	3580176	87.67
父母	575	4.03	148596	5.53	178188	4.36
配偶	1383	9.70	62815	2.34	110643	2.71
兄弟姐妹	1797	12.60	82609	3.08	111671	2.73
子女	309	2.17	82613	3.08	103241	2.53

表 6－2 描述了内部人亲属交易的规模特征，具体包括交易股份数量和交易金额。由 Panel A 可以看到，内部人亲属每次交易涉及的金额均值为 124 万元，每次交易股份数量均值接近 93000 股；单笔交易金额最大值为 23000 万元，单笔交易股份数最大值为 2500 万股，整体来看交易规模较大。Panel B 和 Panel C 又分别从内部人亲属买入交易和卖出交易两个方面，对交易规模分别进行描述性统计，并做出比较。从买入交易来看，内部人亲属每次交易涉及的金额均值为 18.58 万元，每次交易股份数量均值 17180 股；单笔交易金额最大值为 5922 万元，单笔交易股份数最大值为 600 万股；买入交易的单笔交易金额均值和股份数量均值，以及单笔交易金额和单笔交易股数的最大值，均远远小于全样本下的均值和最大值。Panel C 描述了内部人亲属卖出交易的规模特征，从均值来看，无论是交易金额还是交易股数，均大于全样本下的均值和买入交易下的均值；而且卖出交易的规模远远大于买入交易。总体来看，在我国内部人亲属交易中，卖出交易无论是交易次数还是交易规模均占据较大比重，由此判断，在股票交易中内部人亲属更为偏爱卖出交易，因此内部人亲属卖出交易可能是内部人传递私有信息的重要途径。

表6－2　　　　　　　内部人亲属交易规模描述性统计

Panel A 全样本								
项目	均值	25 分位	中位数	75 分位	标准差	最小值	最大值	样本量
交易规模（万元）	124.0	0.983	3.673	18.27	828.4	0.001	23000	4064
交易规模（千股）	92.68	0.600	2.099	11.83	732.5	0.001	25000	4064
Panel B 买入交易								
项目	均值	25 分位	中位数	75 分位	标准差	最小值	最大值	样本量
交易规模（万元）	18.58	0.725	1.975	6.890	163.5	0.0290	5922	1746
交易规模（千股）	17.18	0.500	1.200	5	170.6	0.0590	6000	1746
Panel C 卖出交易								
项目	均值	25 分位	中位数	75 分位	标准差	最小值	最大值	样本量
交易规模（万元）	203.3	1.292	6.874	50.12	1081	0.001	23000	2318
交易规模（千股）	149.5	1	4.600	30	954.6	0.001	25000	2318

6.3.2　内部人亲属交易前后的超常回报模式分析

1. 内部人亲属卖出股票前后的超常回报模式分析

表6－3为内部人亲属卖出股票前后超常回报的显著性检验。由此表可见，卖出前21天（含交易当天）的平均日超常回报率中有19天为正，前21天累计超常回报高达3.386%，前11天的累计超常回报为2.859%（即3.386%与0.527%之差）。交易前5天（含交易当天），日超常回报率显著为正，且回报率快速上升，并在交易日当天高达1.08%。而卖出后的20天中17天为负，并且在交易后6天中，除了第二天之外，均显著为负。研究结果表明，一方面，内部人亲属成功地选择了在股价大幅度上升后且股价大幅度下降前的恰当时点卖出股票，卖出股票使得内部人亲属不但获得了丰厚的超常回报，而且规避了交易后股价大幅下跌可能带来的损失。在卖出股票的当天，日超常回报率高达1.08%，可能意味着内部人及其亲属对他们卖出股票的行为事前保密较好，可谓不动声色。另一方面，投资者对内部人亲属卖出股票行为所释放的信号作出了负面反应，选择了不断抛售被看空的股票。

表 6－3　卖出股票前后超常回报的显著性检验

Date	AAR	T	CAR［－20，20］	T	CAR［0，20］	T
－20	－0.011	－0.166	－0.011	－0.166		
－19	－0.006	－0.091	－0.016	－0.178		
－18	0.058	0.940	0.042	0.360		
－17	0.113*	1.649	0.155	1.129		
－16	0.091	1.378	0.246	1.584		
－15	0.086	1.267	0.331*	1.920		
－14	0.124*	1.864	0.456**	2.481		
－13	－0.020	－0.300	0.436**	2.208		
－12	0.050	0.724	0.486**	2.321		
－11	0.041	0.604	0.527**	2.409		
－10	0.061	0.896	0.588**	2.543		
－9	0.094	1.396	0.682***	2.821		
－8	0.129*	1.918	0.811***	3.214		
－7	0.095	1.430	0.906***	3.495		
－6	0.030	0.445	0.936***	3.460		
－5	0.032	0.477	0.968***	3.489		
－4	0.174**	2.547	1.141***	3.935		
－3	0.295***	4.108	1.436***	4.793		
－2	0.338***	4.536	1.774***	5.655		
－1	0.532***	6.753	2.306***	7.058		
0	1.080***	13.290	3.386***	9.765	1.080***	9.765
1	－0.145*	－1.933	3.240***	9.107	0.935***	9.107
2	－0.107	－1.548	3.133***	8.694	0.827***	8.694
3	－0.208***	－3.053	2.925***	7.958	0.619***	7.958
4	－0.131*	－1.910	2.794***	7.441	0.488***	7.441
5	－0.122*	－1.864	2.671***	7.041	0.366***	7.041
6	－0.129**	－1.985	2.542***	6.606	0.237***	6.606
7	－0.070	－1.071	2.472***	6.281	0.166***	6.281
8	－0.116*	－1.789	2.356***	5.891	0.050***	5.891
9	－0.073	－1.195	2.283***	5.608	－0.023***	5.608
10	－0.066	－1.075	2.217***	5.384	－0.089***	5.384

续表

Date	AAR	T	CAR［-20，20］	T	CAR［0，20］	T
11	-0.058	-0.923	2.158***	5.182	-0.147***	5.182
12	0.070	1.107	2.228***	5.223	-0.077***	5.223
13	-0.131**	-2.120	2.098***	4.864	-0.208***	4.864
14	-0.062	-0.974	2.036***	4.686	-0.270***	4.686
15	0.064	0.979	2.100***	4.738	-0.206***	4.738
16	0.022	0.350	2.122***	4.712	-0.184***	4.712
17	-0.035	-0.550	2.087***	4.576	-0.219***	4.576
18	-0.130**	-1.969	1.957***	4.246	-0.349***	4.246
19	-0.164***	-2.655	1.793***	3.859	-0.513***	3.859
20	-0.103	-1.606	1.690***	3.593	-0.616***	3.593

注：*、**、*** 分别表示系数检验在 10%、5%、1% 水平上显著。

图 6-1 更直观地反映了内部人亲属卖出股票前后超常回报的变化，从图 6-1 可以发现，内部人亲属卖出股票前后的 CAR 图呈现的是倒 V 形，表明交易日前 CAR 在不断上升，而交易日后 CAR 则持续下降。根据内部人亲属类型将卖出分为四组，从图 6-2 可以发现，四组 CAR 图均一定程度上呈现出的是倒 V 形，其中，子女卖出前后的 CAR 变化比较明显，且累计超常回报比较高，兄弟姐妹卖出前后 CAR 的变化小于其他三组。

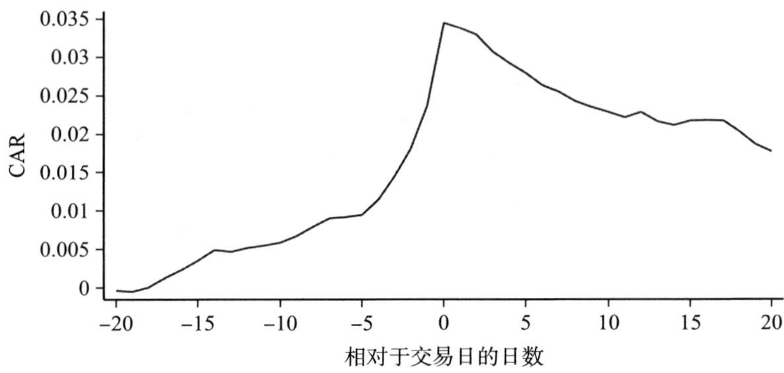

图 6-1　内部人亲属卖出股票 CAR

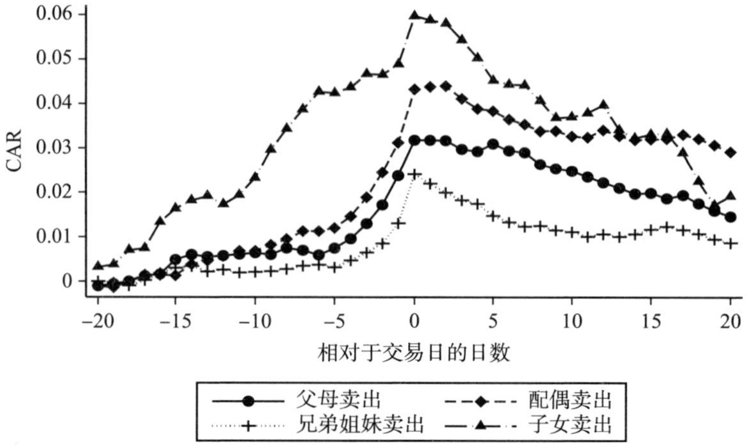

CAR
0.06
0.05
0.04
0.03
0.02
0.01
0
−20 −15 −10 −5 0 5 10 15 20
相对于交易日的日数
父母卖出
配偶卖出
兄弟姐妹卖出
子女卖出

图 6－2　内部人亲属卖出股票（分类）CAR

根据表 6－3、图 6－1 和图 6－2 发现，内部人亲属在卖出股票上具有较强的选择时机能力，市场上投资者对内部人亲属的卖出股票行为视为负面信号，卖出股票后的超常回报率为负，验证了假设 H6－1a。

2. 内部人亲属买入股票前后的超常回报模式分析

表 6－4 为内部人亲属买入股票前后超常回报的显著性检验。由此表可见，买入前 21 天（含交易当天）的平均日超常回报率中有 17 天为负，前 21 天累计超常回报为－1. 924%，前 11 天的累计超常回报为－1. 403%（即－1. 924% 与－0. 521% 之差）。交易前 5 天（含交易当天），日超常回报率为负，但只有交易当天显著异于 0。而买入后的 20 天中日超常回报率 9 天为负，且只有第三天显著为正。研究结果表明，一方面，内部人亲属基本上能够选择在股价下跌过程中买入股票，但买入股票并未给内部人亲属带来丰厚的超常回报，买入交易后 20 天的 CAR 为－0. 113%（即－0. 462% 与－0. 349 之差）。另一方面，投资者对内部人亲属买入股票行为所释放的信号并未作出积极反应，交易后 20 天中的日超常回报率 11 天为正 9 天为负，而且 CAR 为－0. 113%，证明了投资者并未大幅度买入股票，也没有引起股价的大幅度波动，原因可能在于投资者对内部人亲属买入股票所释放的信号持观望态度，未选择跟进。

表 6-4 买入股票前后超常回报的显著性检验

Date	AAR	T	CAR [-20, 20]	T	CAR [0, 20]	T
-20	-0.069	-0.815	-0.069	-0.815		
-19	-0.186**	-2.187	-0.255**	-2.090		
-18	-0.089	-1.106	-0.345**	-2.316		
-17	0.105	1.307	-0.239	-1.404		
-16	-0.071	-0.860	-0.310*	-1.673		
-15	-0.153*	-1.890	-0.463*	-2.323		
-14	0.075	0.874	-0.388*	-1.753		
-13	-0.008	-0.100	-0.396*	-1.735		
-12	0.001	0.007	-0.396	-1.583		
-11	-0.125	-1.515	-0.521**	-1.922		
-10	-0.158**	-1.833	-0.678**	-2.333		
-9	-0.136	-1.629	-0.814***	-2.684		
-8	-0.057	-0.661	-0.871***	-2.736		
-7	-0.212**	-2.440	-1.083***	-3.230		
-6	-0.166**	-1.966	-1.249***	-3.544		
-5	-0.190**	-2.093	-1.439***	-3.931		
-4	-0.015	-0.168	-1.454***	-3.786		
-3	-0.071	-0.781	-1.525***	-3.808		
-2	0.004	0.042	-1.521***	-3.612		
-1	-0.054	-0.524	-1.575***	-3.628		
0	-0.349***	-3.534	-1.924***	-4.320	-0.349***	-4.320
1	0.054	0.551	-1.870***	-4.051	-0.295***	-4.051
2	0.095	1.102	-1.775***	-3.770	-0.199***	-3.770
3	0.159*	1.904	-1.615***	-3.366	-0.040***	-3.366
4	-0.017	-0.197	-1.632***	-3.332	-0.057***	-3.332
5	0.005	0.060	-1.628***	-3.271	-0.053***	-3.271

续表

Date	AAR	T	CAR［-20，20］	T	CAR［0，20］	T
6	-0.086	-1.007	-1.713***	-3.376	-0.138***	-3.376
7	0.080	0.948	-1.633***	-3.165	-0.058***	-3.165
8	-0.150*	-1.782	-1.784***	-3.432	-0.209***	-3.432
9	0.057	0.673	-1.727***	-3.262	-0.151***	-3.262
10	-0.135	-1.568	-1.862***	-3.522	-0.287***	-3.522
11	-0.003	-0.038	-1.865***	-3.478	-0.290***	-3.478
12	-0.079	-0.950	-1.944***	-3.581	-0.369***	-3.581
13	0.044	0.533	-1.900***	-3.433	-0.325***	-3.433
14	-0.064	-0.742	-1.964***	-3.556	-0.389***	-3.556
15	-0.186**	-2.429	-2.150***	-3.894	-0.575***	-3.894
16	0.037	0.454	-2.113***	-3.799	-0.538***	-3.799
17	0.040	0.483	-2.073***	-3.699	-0.498***	-3.699
18	0.015	0.202	-2.058***	-3.652	-0.483***	-3.652
19	-0.075	-0.956	-2.133***	-3.729	-0.558***	-3.729
20	0.096	1.149	-2.037***	-3.494	-0.462***	-3.494

注：*、**、***分别表示系数检验在10%、5%、1%水平上显著。

图6-3更直观地反映了内部人亲属买入股票前后超常回报的变化情况，更清晰地验证了对表6-4的分析。从图6-3可以发现，内部人亲属买入股票前后的CAR图呈现的不是V形状，而是整体向下的流水形状，表明交易日前后CAR图并未呈现显著的差别。根据内部人亲属类型将买入也分为四组，从图6-4可以发现，父母买入和配偶买入呈现的是微弱的V形状，而子女买入和兄弟姐妹买入的CAR图呈现出整体向下的流水状。因此，总体来看，买入股票在交易日前后的变化比较小，没有呈现如卖出股票在交易日前后那种截然不同的变化。

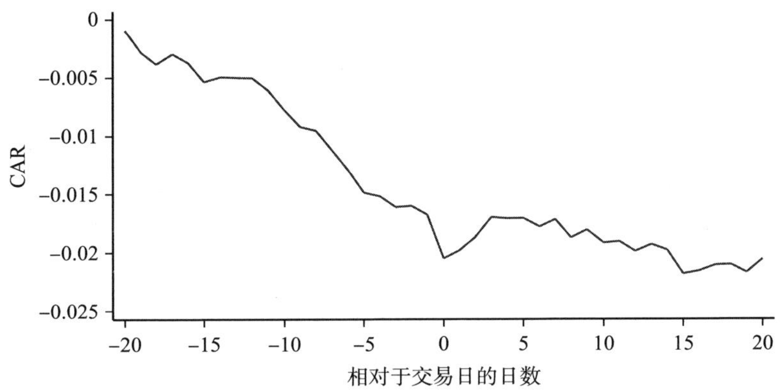

图6－3　内部人亲属买入股票CAR

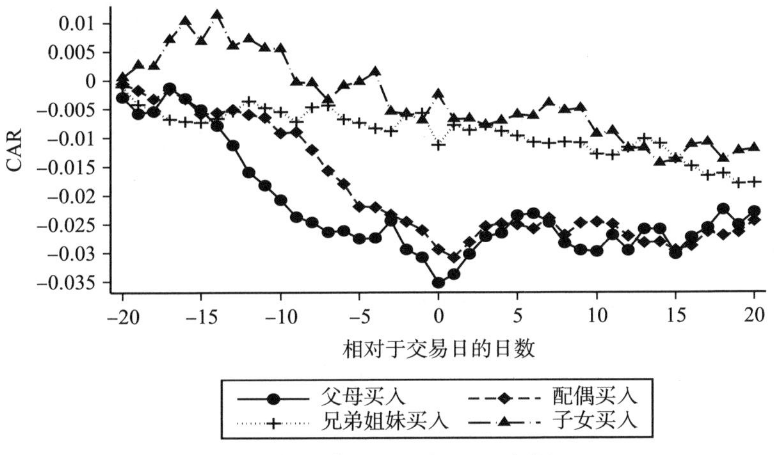

图6－4　内部人亲属买入股票（分类）CAR

根据表6－4、图6－3和图6－4，内部人亲属在买入股票上的选择时机能力弱于卖出股票交易，而且市场上投资者对内部人亲属的买入股票行为所释放的信号未作出积极反应，买入股票后的超常回报率为负，假设H6－1b未得到验证。

6.3.3　内部控制对内部人亲属买卖股票的影响

为了分析内部控制能否对内部人亲属买卖股票带来影响，即能否降低内部人亲属择机交易的能力和能否降低交易后的市场反应，对内部人亲属交易样本按照内部控制质量的高低分成两组，分别检验两组样本下内部人亲属交易的超常回报是否存在显著的不同。

1. 内部控制对内部人亲属卖出股票的影响

将内部人亲属卖出股票样本按照其所在公司内部控制质量的高低分成两组分别检验。

首先，分析内部控制质量低时内部人亲属卖出股票的超常回报模式。理论分析表明，内部控制质量越低，内部人私有信息的占有量越大，内部人与外部人的信息不对称程度越大，导致内部人亲属买卖股票的选择时机能力越强，交易后引发的市场反应越大，获取的回报越丰厚。如表6-5所示，卖出前21天（含交易当天）的平均日超常回报率中有18天为正，前21天累计超常回报高达3.835%，前11天的累计超常回报为2.267%（即3.835%与0.568之差）。交易前5天（含交易当天）的日超常回报率为正，有4天显著异于0，且回报率快速上升，并在交易日当天高达1.427%。这表明，在内部控制质量较低时，内部人亲属成功地选择了在股价大幅度上升的恰当时点卖出股票，具有较强的选择时机的能力。在卖出后的20天中日超常回报率有17天为负，并且在交易后6天中均显著为负，交易后20天的CAR为-2.135%（即-0.708%与1.427%之差），这意味着内部人亲属成功地规避了交易后股价大幅下跌可能带来的损失，也表明在内部控制质量较低时，投资者对内部人亲属卖出股票行为所释放的信号作出了负面反应，选择了不断抛售被看空的股票。

表6-5　　卖出股票且内部控制质量低显著性检验

Date	AAR	T	CAR [-20, 20]	T	CAR [0, 20]	T
-20	0.004	0.037	0.004	0.037		
-19	-0.001	-0.014	0.002	0.017		
-18	0.135	1.386	0.138	0.738		
-17	0.057	0.529	0.195	0.901		
-16	0.150	1.483	0.345	1.392		
-15	0.104	0.987	0.449	1.644		

续表

Date	AAR	T	CAR [-20, 20]	T	CAR [0, 20]	T
-14	0.186*	1.789	0.635**	2.208		
-13	-0.181*	-1.816	0.454	1.484		
-12	0.016	0.150	0.470	1.460		
-11	0.098	0.931	0.568*	1.691		
-10	-0.011	-0.109	0.557	1.577		
-9	0.124	1.181	0.681*	1.830		
-8	0.256**	2.457	0.937**	2.425		
-7	0.095	0.914	1.032**	2.570		
-6	0.142	1.362	1.174***	2.817		
-5	0.034	0.335	1.209***	2.840		
-4	0.162	1.575	1.370***	3.094		
-3	0.232**	2.143	1.602***	3.474		
-2	0.189*	1.679	1.791***	3.719		
-1	0.617***	5.033	2.408***	4.737		
0	1.427***	11.700	3.835***	7.133	1.427***	7.133
1	-0.206*	-1.751	3.629***	6.534	1.220***	6.534
2	-0.237**	-2.321	3.392***	6.101	0.984***	6.101
3	-0.171*	-1.651	3.221***	5.714	0.813***	5.714
4	-0.244**	-2.397	2.977***	5.197	0.569***	5.197
5	-0.185*	-1.837	2.792***	4.798	0.384***	4.798
6	-0.199**	-2.013	2.593***	4.401	0.185***	4.401
7	-0.105	-1.010	2.488***	4.129	0.080***	4.129
8	-0.038	-0.388	2.450***	3.978	0.042***	3.978
9	-0.088	-0.975	2.362***	3.766	-0.046***	3.766
10	-0.081	-0.893	2.281***	3.611	-0.128***	3.611
11	-0.097	-1.034	2.184***	3.426	-0.225***	3.426

续表

Date	AAR	T	CAR［-20，20］	T	CAR［0，20］	T
12	0.091	0.968	2.274***	3.496	-0.134***	3.496
13	-0.243***	-2.714	2.031***	3.111	-0.377***	3.111
14	-0.071	-0.737	1.960***	2.976	-0.448***	2.976
15	0.094	0.938	2.054***	3.045	-0.355***	3.045
16	0.116	1.222	2.170***	3.158	-0.238***	3.158
17	-0.031	-0.316	2.139***	3.083	-0.269***	3.083
18	-0.138	-1.415	2.001***	2.853	-0.407***	2.853
19	-0.188*	-2.068	1.814**	2.553	-0.595**	2.553
20	-0.113	-1.176	1.701**	2.368	-0.708**	2.368

注：*、**、***分别表示系数检验在10%、5%、1%水平上显著。

其次，分析内部控制质量高时内部人亲属卖出股票的超常回报模式。前述理论分析表明，高质量内部控制可有效降低信息不对称，从而降低内部人亲属的交易时机选择能力和交易后获取的超常回报。如表6-6所示，卖出前21天（含交易当天）的平均日超常回报率中有17天为正，前21天累计超常回报仍然高达3.008%，前11天的累计超常回报为2.444%（即0.3008%与0.564%之差），虽然低于同期内部控制质量较低时的累计超常回报，但仍然较高，而且交易前5天（含交易当天）的日超常回报率显著为正，这表明，在内控制质量较高时，内部人亲属仍然具有较强的选择时机的能力。在卖出后的20天中日超常回报率有16天为负，在交易后6天中只有1天显著为负，交易后20天的CAR为-1.04%，远远低于内部控制质量低时的-2.135%，这意味着在内部控制质量较高时，内部人亲属规避的损失明显下降，投资者对内部人亲属卖出股票行为所释放的信号虽然作出了负面反应，但已明显弱化了。

表6-6 卖出股票且内部控制质量高显著性检验

Date	AAR	T	CAR [-20, 20]	T	CAR [0, 20]	T
-20	-0.016	-0.196	-0.016	-0.196		
-19	-0.031	-0.358	-0.047	-0.399		
-18	0.000	-0.001	-0.047	-0.330		
-17	0.180**	2.104	0.133	0.781		
-16	0.035	0.405	0.168	0.884		
-15	0.074	0.858	0.242	1.125		
-14	0.069	0.807	0.311	1.336		
-13	0.163*	1.826	0.474*	1.862		
-12	0.106	1.161	0.580**	2.128		
-11	-0.016	-0.183	0.564**	1.971		
-10	0.134	1.502	0.698**	2.289		
-9	0.072	0.831	0.770**	2.443		
-8	0.004	0.051	0.774**	2.328		
-7	0.106	1.273	0.881***	2.624		
-6	-0.097	-1.144	0.783**	2.221		
-5	0.040	0.463	0.823**	2.262		
-4	0.187**	2.063	1.011***	2.636		
-3	0.358***	3.722	1.369***	3.495		
-2	0.489***	4.907	1.858***	4.513		
-1	0.426***	4.246	2.284***	5.426		
0	0.725***	6.677	3.008***	6.704	0.725***	6.704
1	-0.095	-0.989	2.914***	6.391	0.630***	6.391
2	0.042	0.443	2.956***	6.287	0.672***	6.287
3	-0.222**	-2.445	2.733***	5.652	0.450***	5.652
4	-0.023	-0.250	2.710***	5.436	0.427***	5.436
5	-0.059	-0.693	2.651***	5.304	0.368***	5.304
6	-0.059	-0.686	2.592***	5.099	0.308***	5.099
7	-0.037	-0.457	2.555***	4.915	0.271***	4.915

续表

Date	AAR	T	CAR [-20, 20]	T	CAR [0, 20]	T
8	-0.187 **	-2.163	2.368 ***	4.523	0.084 ***	4.523
9	-0.042	-0.494	2.326 ***	4.365	0.043 ***	4.365
10	-0.022	-0.265	2.304 ***	4.250	0.020 ***	4.250
11	0.005	0.060	2.309 ***	4.198	0.025 ***	4.198
12	0.056	0.654	2.365 ***	4.176	0.081 ***	4.176
13	-0.008	-0.097	2.356 ***	4.076	0.073 ***	4.076
14	-0.048	-0.560	2.308 ***	3.975	0.025 ***	3.975
15	0.062	0.713	2.370 ***	4.027	0.087 ***	4.027
16	-0.070	-0.824	2.300 ***	3.859	0.017 ***	3.859
17	-0.039	-0.451	2.262 ***	3.736	-0.022 ***	3.736
18	-0.109	-1.207	2.153 ***	3.524	-0.131 ***	3.524
19	-0.110	-1.290	2.043 ***	3.339	-0.241 ***	3.339
20	-0.075	-0.857	1.968 ***	3.179	-0.315 ***	3.179

注：*、**、*** 分别表示系数检验在10%、5%、1%水平上显著。

图6-5直观地反映了内部控制质量高和低两种情况下内部人亲属卖出股票时CAR的变化趋势，从图6-5可以发现，内部控制低时的CAR图与内部控制质量高时的CAR在交易前均呈相似的上升趋势，但内部控制质量低时的CAR在交易日时明显高于内部控制质量高时的CAR。在交易日后，内部控制质量低时的CAR呈显著地下降趋势，而内部人控制质量高时CAR的下降趋势明显趋缓，二者呈交叉状。这表明，内部控制对内部人亲属交易后获取的超常回报有了明显的抑制作用，市场反应有明显的区别。因此，依据表6-5和表6-6以及图6-5可以发现，内部控制对内部人亲属交易的选择时机能力有一定的抑制，可显著弱化卖出交易后的市场反应，降低内部人亲属获取的超常回报，假设H6-2a得以验证。

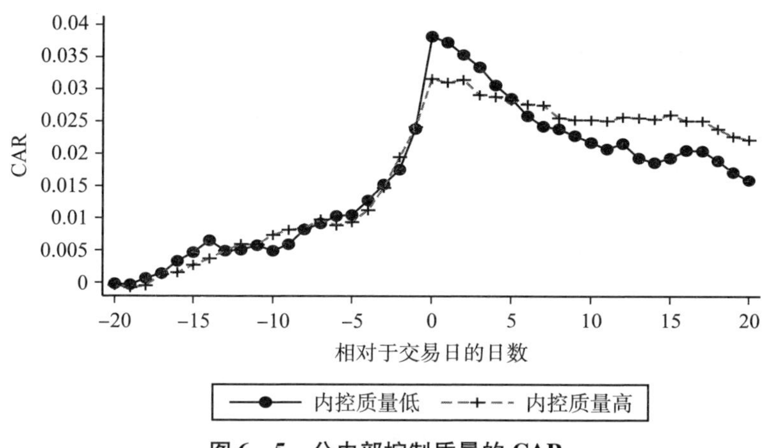

图6-5　分内部控制质量的CAR

2. 内部控制对内部人亲属买入股票的影响

将内部人亲属买入股票样本按照其所在公司内部控制质量的高低分成两组分别检验。

首先，分析内部控制质量低时内部人亲属买入股票的超常回报模式。如表6-7所示，买入前21天（含交易当天）的平均日超常回报率中有16天为负，前21天累计超常回报为-1.903%，前11天的累计超常回报为-1.508%（即-1.903%与-0.395%之差）。交易前5天（含交易当天）的日超常回报率有4天为负，仅有交易日当天显著异于0。这表明，在内部控制质量较低时，内部人亲属选择了在股价处于下跌趋势过程中买入了股票，具有一定的选择时机的能力。在买入后的20天中日超常回报率有11天为负，在交易后6天中3天为正且不显著，还有3天为负，交易后20天的CAR为-0.021%（即-0.298%与-0.277%之差），这意味着内部人亲属并未获得超常回报，投资者对内部人亲属买入股票行为所释放的信号未作出积极反应。

表6-7　　　买入股票且内部控制质量低显著性检验

Date	AAR	T	CAR [-20, 20]	T	CAR [0, 20]	T
-20	-0.006	-0.049	-0.006	-0.049		
-19	-0.078	-0.596	-0.084	-0.458		
-18	-0.155	-1.296	-0.239	-1.041		

续表

Date	AAR	T	CAR［-20，20］	T	CAR［0，20］	T
-17	0.060	0.536	-0.179	-0.687		
-16	-0.075	-0.618	-0.253	-0.901		
-15	-0.175	-1.520	-0.428	-1.464		
-14	0.165	1.306	-0.263	-0.811		
-13	0.058	0.473	-0.205	-0.634		
-12	-0.050	-0.418	-0.256	-0.733		
-11	-0.140	-1.253	-0.395	-1.056		
-10	-0.013	-0.103	-0.408	-1.010		
-9	-0.273**	-2.193	-0.681	-1.629		
-8	0.051	0.367	-0.630	-1.408		
-7	-0.188	-1.473	-0.818*	-1.704		
-6	-0.202	-1.621	-1.019**	-2.036		
-5	-0.248**	-2.016	-1.268**	-2.472		
-4	-0.100	-0.789	-1.368**	-2.532		
-3	-0.183	-1.400	-1.551***	-2.784		
-2	0.007	0.053	-1.544***	-2.681		
-1	-0.083	-0.502	-1.626***	-2.698		
0	-0.277**	-1.954	-1.903***	-3.082	-0.277***	-3.082
1	0.095	0.676	-1.808***	-2.821	-0.181***	-2.821
2	-0.053	-0.432	-1.861***	-2.817	-0.234***	-2.817
3	0.120	0.965	-1.741***	-2.622	-0.114***	-2.622
4	0.038	0.302	-1.703**	-2.539	-0.076**	-2.539
5	-0.042	-0.382	-1.744**	-2.560	-0.118**	-2.560
6	-0.056	-0.463	-1.801***	-2.619	-0.174**	-2.619
7	0.143	1.119	-1.657**	-2.385	-0.031**	-2.385
8	-0.123	-1.011	-1.781**	-2.544	-0.155**	-2.544
9	0.136	1.080	-1.645**	-2.292	-0.019**	-2.292
10	-0.200	-1.602	-1.845***	-2.564	-0.219***	-2.564

续表

Date	AAR	T	CAR [-20, 20]	T	CAR [0, 20]	T
11	-0.006	-0.048	-1.851 **	-2.511	-0.225 **	-2.511
12	-0.092	-0.727	-1.943 **	-2.569	-0.317 ***	-2.569
13	-0.127	-1.088	-2.070 ***	-2.686	-0.444 ***	-2.686
14	0.008	0.066	-2.062 ***	-2.664	-0.435 ***	-2.664
15	-0.157	-1.411	-2.219 ***	-2.882	-0.593 ***	-2.882
16	-0.056	-0.471	-2.275 ***	-2.962	-0.648 ***	-2.962
17	0.145	1.182	-2.130 ***	-2.741	-0.504 ***	-2.741
18	0.087	0.801	-2.043 ***	-2.614	-0.417 ***	-2.614
19	-0.058	-0.501	-2.101 ***	-2.637	-0.475 ***	-2.637
20	0.177	1.419	-1.924 **	-2.359	-0.298 **	-2.359

注：*、**、*** 分别表示系数检验在10%、5%、1%水平上显著。

其次，分析内部控制质量高时内部人亲属买入股票的超常回报模式。如表6-8所示，买入前21天（含交易当天）的平均日超常回报率中有16天为负，前21天累计超常回报为-1.980%，前11天的累计超常回报为-1.367%（即-1.980%与-0.613%之差）。交易前5天（含交易当天）的日超常回报率有2天为正，3天为负，交易日当天显著为负且显著异于0。这表明，在内控制质量较高时，内部人亲属选择了在股价处于下跌趋势过程中买入了股票，但是在交易时机的选择恰当性上没有内控质量低时高。在买入后的20天中日超常回报率有8天为正，在交易后6天中4天为正2天为负，交易后20天的CAR为-0.103%（即-0.540%与-0.437%之差），这意味着内部人亲属并未获得超常回报，投资者对内部人亲属买入股票行为所释放的信号未作出积极反应。

表6-8　　　　买入股票且内部控制质量高显著性检验

Date	AAR	T	CAR [-20, 20]	T	CAR [0, 20]	T
-20	-0.114	-0.987	-0.114	-0.987		
-19	-0.278 **	-2.492	-0.393 **	-2.383		
-18	-0.011	-0.100	-0.404 **	-2.090		

续表

Date	AAR	T	CAR [-20, 20]	T	CAR [0, 20]	T
-17	0.174	1.478	-0.230	-1.020		
-16	-0.064	-0.556	-0.294	-1.190		
-15	-0.131	-1.136	-0.425	-1.540		
-14	-0.039	-0.335	-0.465	-1.508		
-13	-0.065	-0.575	-0.530	-1.616		
-12	0.049	0.349	-0.482	-1.318		
-11	-0.131	-1.062	-0.613	-1.534		
-10	-0.292**	-2.473	-0.906**	-2.132		
-9	0.006	0.057	-0.899**	-2.005		
-8	-0.131	-1.316	-1.030**	-2.236		
-7	-0.236**	-2.003	-1.266***	-2.675		
-6	-0.148	-1.273	-1.414***	-2.831		
-5	-0.142	-1.074	-1.556***	-2.980		
-4	0.044	0.365	-1.512***	-2.744		
-3	0.046	0.357	-1.466**	-2.525		
-2	-0.015	-0.106	-1.481**	-2.387		
-1	-0.063	-0.504	-1.543**	-2.448		
0	-0.437**	-3.141	-1.980***	-3.070	-0.437***	-3.070
1	0.018	0.127	-1.962***	-2.944	-0.419***	-2.944
2	0.257**	2.074	-1.706**	-2.529	-0.162**	-2.529
3	0.232**	2.056	-1.474**	-2.115	0.069**	-2.115
4	-0.055	-0.453	-1.529**	-2.133	0.014**	-2.133
5	0.071	0.625	-1.458**	-2.005	0.085**	-2.005
6	-0.099	-0.829	-1.557**	-2.081	-0.014**	-2.081
7	0.032	0.279	-1.525**	-1.994	0.018**	-1.994
8	-0.200*	-1.704	-1.725**	-2.245	-0.182**	-2.245
9	-0.013	-0.112	-1.738**	-2.239	-0.195**	-2.239
10	-0.074	-0.611	-1.812**	-2.338	-0.269**	-2.338

续表

Date	AAR	T	CAR［-20，20］	T	CAR［0，20］	T
11	-0.004	-0.038	-1.816**	-2.327	-0.273**	-2.327
12	-0.054	-0.495	-1.871**	-2.395	-0.327**	-2.395
13	0.197*	1.735	-1.674**	-2.094	-0.131**	-2.094
14	-0.139	-1.194	-1.812**	-2.292	-0.269**	-2.292
15	-0.233**	-2.172	-2.046***	-2.575	-0.502***	-2.575
16	0.156	1.402	-1.890**	-2.341	-0.347**	-2.341
17	-0.047	-0.406	-1.937**	-2.385	-0.393**	-2.385
18	-0.075	-0.712	-2.012**	-2.465	-0.468**	-2.465
19	-0.091	-0.853	-2.103**	-2.558	-0.559**	-2.558
20	0.019	0.176	-2.083**	-2.505	-0.540**	-2.505

注：*、**、***分别表示系数检验在10%、5%、1%水平上显著。

图6-6直观地反映了内部控制质量高和低两种情形下内部人亲属买入股票时CAR的变化趋势，从图6-6可以发现，内部控制质量高和低的CAR图并未有明显的差别，呈现出的是向下趋势的流水状。这表明，内部控制对内部人亲属买入股票交易后获取的超常回报没有明显的抑制作用，市场无积极的反应。因此，假设H6-2b未得到验证。

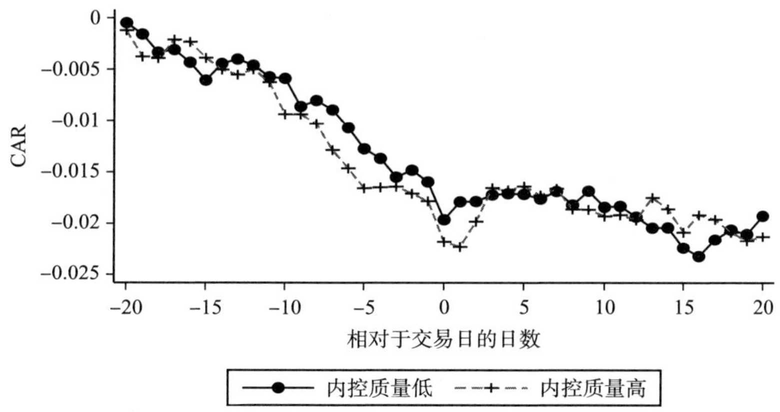

图6-6　分内部控制质量的CAR

3. 多元回归分析

为分析内部控制对内部人亲属买卖股票行为的影响，构建如下模型（6－6）进行多元回归，以进一步验证假设 H6－2a 和假设 H6－2b。

$$\begin{aligned} CAR(SellorBuy) = {} & \beta_0 + \beta_1 IC + \beta_2 lntramount + \beta_3 CAR\_p20 + \beta_4 Stdret \\ & + \beta_5 BF + \beta_6 Ctrler + \beta_7 EXEHR + \beta_8 DIRER \\ & + \beta_9 FSHD + \beta_{10} INSHOLD + \varepsilon \end{aligned} \tag{6-6}$$

其中，控制变量为内部人亲属交易规模 lntramount、交易前 20 天的累计超常回报 CAR_p20 和上一年公司市场回报的标准差 Stdret，还有公司治理变量：审计师是否为“四大”BF①、实际控制人性质 Ctrler、高管持股比例 EXEHR、独立董事在董事会占比 DIRER、机构投资者持股比例 INSHOLD 和股权集中度 FSHDCtrler。

在控制住影响累积超常回报的其他因素的情况下，通过 OLS 回归验证内部控制质量 IC 与内部人亲属交易后的累积超常回报 CAR 关系，回归结果见表 6－9。对内部人亲属卖出股票交易而言，回归（1）、回归（2）和回归（3）显示，内部控制质量 IC 的系数显著为负，这表明，内部控制质量越高，内部人亲属卖出股票后的累积超常回报越低，假设 H6－2a 得到验证。对内部人亲属买入交易而言，回归（4）、回归（5）和回归（6）显示，内部控制质量 IC 与累积超常回报 CAR 之间的关系未通过显著性检验，不具有统计学意义，假设 H6－2b 未得到验证。

表 6－9　　多元回归结果

变量	卖出交易			买入交易		
	(1)	(2)	(3)	(4)	(5)	(6)
	CAR [1, 5]	CAR [1, 10]	CAR [1, 20]	CAR [1, 5]	CAR [1, 10]	CAR [1, 20]
IC	-0.007** (-2.25)	-0.009** (-2.23)	-0.015** (-2.42)	0.003 (0.78)	0.001 (0.15)	0.002 (0.26)
lntramount	0.002** (2.16)	0.002 (1.65)	0.004** (2.39)	0.000 (0.28)	0.000 (0.22)	-0.003 (-1.24)

① “四大”会计师事务所来自中国注册会计师协会网站 http://www.cicpa.org.cn/Column/swszhpm/事务所综合评价排名。

续表

变量	卖出交易			买入交易		
	(1)	(2)	(3)	(4)	(5)	(6)
	CAR [1, 5]	CAR [1, 10]	CAR [1, 20]	CAR [1, 5]	CAR [1, 10]	CAR [1, 20]
CAR_p20	0.011 (0.80)	-0.022 (-1.15)	-0.022 (-0.80)	0.006 (0.33)	0.004 (0.15)	0.005 (0.13)
Stdret	0.006 (0.11)	0.038 (0.53)	0.110 (1.10)	0.191 (1.54)	0.269* (1.79)	0.162 (0.85)
BF	-0.007 (-0.85)	-0.006 (-0.64)	-0.013 (-0.92)	0.007 (0.97)	-0.002 (-0.19)	0.007 (0.56)
Ctrler	0.003 (0.75)	0.003 (0.49)	0.012 (1.44)	-0.002 (-0.39)	0.008 (1.18)	-0.002 (-0.23)
EXEHR	-0.000 (-0.02)	-0.015 (-0.90)	-0.026 (-0.97)	0.004 (0.27)	0.016 (0.75)	0.017 (0.50)
DIRER	0.071** (2.48)	0.072* (1.66)	0.104 (1.56)	0.030 (0.78)	0.068 (1.18)	0.022 (0.28)
FSHD	-0.012 (-1.11)	-0.019 (-1.28)	-0.044** (-1.97)	0.014 (1.12)	0.033* (1.68)	0.052* (1.92)
INSHOLD	0.013 (1.32)	-0.008 (-0.63)	0.003 (0.15)	0.002 (0.21)	-0.001 (-0.07)	0.006 (0.31)
截距	-0.029 (-1.50)	-0.022 (-0.75)	-0.052 (-1.25)	-0.039 (-1.42)	-0.058 (-1.39)	0.011 (0.21)
样本量	1350	1350	1350	701	701	701
R^2	0.037	0.032	0.038	0.032	0.033	0.032
R^2_a	0.019	0.013	0.020	-0.004	-0.003	-0.004

注：(1) *、** 分别表示系数检验在10%、5%水平上显著；(2) 括号中的数字为t值；(3) 回归中利用Robust处理了异方差。

6.4 主要结论

我国相关法律法规在对内部人亲属买卖股票交易行为的规范和监管

上存有漏洞，可能给刻意规避法律监管的内部人留下钻营的机会。本章运用事项研究法，对内部人亲属的股票买卖行为进行了研究，研究发现市场对内部人亲属卖出股票有着显著的负面反应，而对于内部人亲属买入股票交易行为则没有显著的反应。为检验内部控制质量对内部人亲属买卖股票交易行为的影响，分别将内部人亲属买入股票交易和卖出股票交易按照内部控制质量的高低分成两组，并分别采用事项研究法进行分析，结果发现：其一，对于内部人亲属卖出股票交易而言，当内部控制质量较低时，内部人亲属成功地选择了在股价大幅度上升的恰当时点卖出股票，具有较强的选择时机的能力，而且规避了交易后股价大跌可能带来的损失；当内部控制质量较高时，内部人亲属规避的损失明显下降，市场对内部人亲属卖出股票行为所释放的信号虽然作出了负面反应，但已明显弱化了。这表明，高质量内部控制能够有效抑制内部人亲属卖出股票规避的损失。其二，对于内部人亲属买入股票交易而言，未有证据表明内部控制与内部人亲属买入股票行为之间有显著的关联。为检验结果的可靠性，运用多元回归进行分析，回归结果与事项研究法结果是一致的。

第7章　内部控制对内部人违规交易行为的影响研究

为抑制内部人利用私有信息谋取超常收益，我国内部人交易相关法律法规禁止内部人在敏感期进行交易，并强制内部人交易后进行信息披露。尽管如此，由于监管不到位和缺乏明确的处罚标准，内部人选择在敏感期进行交易以及延迟披露交易信息的违规现象仍较为频繁。为此，本章实证检验了内部控制对内部人违规交易行为的影响，以期从公司层面找到规范内部人违规交易行为的对策。本章为前述第4章、第5章和第6章的补充和进一步验证。

7.1　理论分析与假设提出

7.1.1　内部人违规交易的成本收益分析

近年来，公司证券违规现象的涌现引发大量文献集中于研究违规动因以及如何设计公司和公共政策来阻止违规行为的发生。诸多文献把违规行为的高发生率与公司外部融资需求和管理层股权薪酬等联系起来，亦有文献关注公司董事会、政府机关、机构投资者和财务分析师等在抑制和识别公司违规行为中所发挥的角色。贝克尔（1974）的犯罪经济理论框架表明，代理人犯罪是因预期收益的效用超过了被发现和罚款的负效用。依据贝克尔的犯罪经济理论，当违规预期收益上升和违规预期成本下降时，企业违规发生的概率上升。这样两个决定性因素在企业违规过程中发挥着重要作用，即违规收益与违规被识别出的概率。

令内部人违规交易收入为 AR，违规成本为 C，违规被发现的概率为 ρ，内部控制质量为 IC。

内部人违规交易收入为内部人在敏感期交易中以及推迟披露交易信息所获得的收益，收益依赖于公司股票市场回报的高低。保证企业经营的合法合规性和提高信息质量是内部控制的主要目标，内部控制质量越高，内部人利用私有信息进行在敏感期交易的获利性会收到有效抑制，内部人推迟披露的交易信息越会及早泄露出去，因此内部人的违规收入就会越低，即$\partial AR/\partial IC<0$。

内部人违规交易产生的违规成本包括四个方面的内容：

第一，违规预备成本（C_1）。违规预备成本是指内部人为了实施违规交易而在准备过程中发生的成本。内部人是指公司董事、监事和高级管理人员，他们比一般管理人员和外部投资者拥有更多的经营权力，内部人为拥有较高的任职资格和经营权力而付出了巨大代价（如时间、金钱和精力）。这个成本是已发生成本，属于沉没成本，内部控制质量的提高不会对其产生直接影响，因此，$\partial C_1/\partial IC=0$。

第二，处罚成本（C_2）。处罚成本是指内部人从事违规交易被发现后而遭受的处罚损失，我国相关法律法规对内部人敏感期交易和延迟披露交易信息均有相应规定，一旦被发现违规，内部人可能会遭受较大的财富损失，甚至可能面临牢狱之灾，因此，违规的成本很高。因内部人违规所遭受的处罚是依据相关法律法规的规定做出的，与公司内部控制质量无关，所以，$\partial C_2/\partial IC=0$。

第三，社会地位成本（C_3）。社会地位成本是指内部人从事违规交易而被发现后所遭受的社会地位上的下降，以及相应的声誉损失。同样，内部人因为违规交易被发现后遭受的社会地位成本与内部控制质量也是无关的，$\partial C_3/\partial IC=0$。

第四，机会成本（C_4）。机会成本是指内部人因进行违规交易而放弃的因正常交易而获得收益，与内部控制质量无关，$\partial C_4/\partial IC=0$。

内部人违规交易行为被发现概率的大小取决于两方面的因素。一方面，体现在企业外部法制环境和外部监督水平上。企业所在的外部法制环境越好，对违规行为的执法力度越强，内部人违规交易行为被发现的可能性就越大；同时，针对企业的外部监督水平越高，内部人违规交易行为也容易被发现出来，如机构投资者有机会、资源和能力监督、约束和影响管理者（Hartzell and Starks，2003），经验证据表明机构投资者参与公司治理能够发挥监督作用，可有效约束管理者的违规行为（如Prowse，1990；Chung et al.，2002；程书强，2006等）。证券分析师通常接受过财务、会计和金融以及相关行业背景的专业培训，因此，他们有发现公司管理者违规行为的能力。例如，希利和帕利普（2001）认为证券分析师作为信息中介，有助于发现管理者的不当行为（misbehavior）。喻（2008）也认为能够对公司欺诈行为进行有效识别的是证券分析师，分析师的监督有助于发现欺诈行为。另一方面，内部人违规交易被发现的概率取决于企业内部治理水平的高低，公司内部控制质量越高，对内部人权力的制衡水平就越高，对其交易行为的监督力度也就越大，其违规交易行为被发现的可能性就会提高。因此，$\partial\rho/\partial IC>0$。

内部人违规交易与内部控制质量的模型为：

$$NR=[1-\rho(IC)]AR(IC)-\rho(IC)(C_1+C_2+C_3+C_4);$$

$$\partial NR/\partial IC=[1-\rho(IC)]\partial AR/\partial IC-(\partial\rho/\partial IC)AR(IC)-(\partial\rho/\partial IC)(C_1+C_2+C_3+C_4)<0 \quad (7-1)$$

在其他条件不变的前提下，内部人违规交易行为净收益是内部控制质量的减函数，说明随着内部控制质量的提高，内部人从违规交易中获得净收益降低，违规交易发生的可能性也随之降低。

企业违规行为的发生与企业及内部人对预期收益的需求是紧密相关的。违规收益和违规成本是决定企业是否违规的两大要素。我国资本市场上内部人违规交易行为的普遍存在，可能意味着内部人违规交易为其带来丰厚的回报，而违规行为被发现的概率比较低且处罚力度不够。

7.1.2　理论分析与研究假设

内部控制作为现代企业管理的重要组成部分，从其产生的根源来看，其基本目标是促进企业合法合规经营（毛新述和孟杰，2013）。1992年美国COSO委员会发布的指导内部控制实践的纲领性文件《内部控制——整合框架》明确指出合规性目标是内部控制基本目标之一。2001年后美国发生了一系列重大财务欺诈案件，推动了《萨班斯-奥克斯利法案》（简称为SOX）的产生，要求上市公司强化内部控制以有效抑制公司违规行为的发生，保护投资者利益。从我国内部控制规范体系的发展来看，财政部等五部委在 2008 年联合发布《企业内部控制基本规范》（简称为 C－SOX），也明确把企业经营管理合法合规作为内部控制的基本目标之一，强调内部控制系统要确保企业经营符合法律法规的要求，避免违法违规行为的发生。由此可见，美国 COSO 委员会发布的《内部控制——整合框架》、SOX 和 C－SOX 均将合规性列为内部控制的基本目标之一。合规性目标是指内部控制系统通过对企业所有部门与运营环节进行有效监督和控制，及时发现并制止和纠正偏离法律法规的行为，确保企业的经营活动服从国家有关法律法规、企业内部规章制度以及具体的经营方针和政策。同时，作为内部控制五要素之一的内部监督是公司内部控制的重要组成部分，是公司的利益相关者对公司代理人经营行为、过程或决策等经营活动实施客观、及时的监控所涉及的一系列监督制度的总称，因此，内部监督旨在约束内部人的违规行为。那么内部控制系统如何约束内部人交易，进而实现公司合规性目标？具体作用机理分析如下。

公司报告盈余的两个组成部分（包括应计利润和现金流量）具有不同的持续性，现金流量比应计利润更有持续性。根据有效市场理论，市场能够区分二者的不同并进行相应定价。然而，即使是老练的市场参与者（如证券分析师和审计师）也不能充分地理解会计应计项目的持续性和定价问题（Beneish and Vargus，2002），投资者更甚。不能充分理解的原因可能有两个方面：一方面是企业应计项目产生的过程和未来盈余的关系非常复杂，以至于投资者不能充分理解和识别应计项目持续性较差的本质特征（Thomas and Zhang，2002）；另一方面，内部人机会主义地操控盈余，改变了盈余的原始信息，仅有内部人掌握了应计利润的本质含义，而投资者则不能立即理解其含义，只有到后来投资者发现应计项目持续性小于现金流时方才理解并修正原来的认识（Defond and Park，2001；Xie，2001；Thomas and Zhang，2002）。由于内部人可能持有与应计项目本质和持续性相关的经济因素的私有信息，而这些经济因素可能会潜在地使得会计应计项目导致未来较高或较低的盈余。因此，如果内部人预测到数额较高的报告盈余持续性很高并会导致未来股价上升，那么内部人则存有违规交易动机以获取高额收益；反之，内部人将会利用应计项目持续性低的私有信息进行违规交易以避免巨额的亏损。由此，公司报告盈余质量越低，内部人的盈余信息优势越大，内部人进行违规交易获取的超常收益越是丰厚，那么内部人违规交易发生的概率越高。

公司披露的公开信息是私有信息的完美替代，投资者获取成本高昂的私有信息的数量一般会随着公开信息披露的增多而降低（Verrecchia，1982）。戴蒙德（1985）也发现投资者获取私有信息的动机随着公开信息的披露而减弱。而信息披露质量高的公司更可能及时公开披露重要信息和前瞻性信息（Brown and Hillegeist，2007），如此，高质量的信息披露将会降低私有信息搜寻动机。而且，既有研究表明，信息披露质量与私有信息事件的数量负相关，如盖尔布和扎罗温（Gelb and Zarowin，2002）与伦德霍尔姆和迈尔斯（Lundholm and Myers，2002）发现当信息披露质量较高时，当前股票价格反映了有关未来盈余更多的信息，意味着，更多信息含量的披露降低了有关未来盈余信息被私下占有的数量。由此，高质量的信息披露降低了私有信息事件发生的数量，进而降低了信息不对称。公司披露的公开信息越多，披露的质量越高，公司的可观察性就越高，内部人违规交易行为被发现的可能性则大为增加，违规成本也随之上升。伴随着信息披露质量的提高，对违规成本权衡后，内部人将随之调整交易行为。

综合上述分析发现，内部人利用掌握的信息优势，在收益成本权衡的基础上进行违规交易，而报告盈余质量和信息披露质量是影响内部人违规收益和违规成本的重要因素。强化公司内部控制的主要目的是确保公司内部人与外部人之间的信息均衡，减少道德风险和逆向选择，因此提高公司报告盈余质量和信息披露质量是内部控制的主要目标。现有经验研究已表明，高质量内部控制可显著改善公司的信息环境和披露环境，如道尔等（2007）、阿什宝 - 斯凯夫等（2008）、方红星和金玉娜（2011）以及叶建芳等（2012）经验研究发现，高质量内部控制能提高公司盈余质量；杨有红和毛新述（2011）和董望和陈汉文（2011）研究发现内部控制可有效改善公司信息披露质量。因此，高质量内部控制能够提高公司报告盈余质量和信息披露质量，从而能有效抑制内部人利用信息优势通过违规交易获取的丰厚收益，提高内部人违规交易行为被发现的可能性，进而降低内部人违规交易行为的发生。内部控制报告目标的实现有助于内部控制合规性目标的实现，二者是相互促进的。据此，提出如下假设：

H7－1：在其他条件不变的情况下，内部控制质量与内部人违规交易行为负相关，即内部控制质量越高，内部人违规交易行为发生的比率越低。

H7－1a：在其他条件不变的情况下，内部控制质量与内部人敏感期交易行为的发生负相关，即内部控制质量越高，内部人敏感期交易行为发生的比率越低。

H7－1b：在其他条件不变的情况下，内部控制质量与内部人交易信息披露违规行为的发生负相关，即内部控制质量越高，内部人交易信息延迟披露发生的比率越低。

7.2 研究设计

7.2.1 样本选择与数据来源

内部人交易数据来自上海证券交易所在其网站公布的数据①。2008年财政部等五部门颁布《企业内部控制基本规范》，要求上市公司加强风险防范和控制舞弊，对之后的上市公司产生了深远影响，为检验此项法规的实施效果，把样本期间定为2009年1月1日至2012年12月31日。从上海证券交易所网站共下载6282笔交易数据，剔除内部人交易股份总数小于1000股的交易176笔，剔除非二级市场交易数据1289笔，剔除金融行业数据98笔，剔除数据不全的交易数据1690笔，共得到3029笔日交易数据。在3029笔日交易数据的基础上，对同一家公司同一年度的交易计算年度违规交易比率后得到451个公司年样本。

本章内部控制数据来自深圳迪博内部控制与风险管理数据库，其他相关数据均来自深圳国泰安信息技术有限公司的CSMAR数据库。为避免离群值的影响，本章对所有变量在1%水平上予以缩尾处理。此外，

① 上海证券交易所在其网站的“上市公司诚信记录”栏目公布的“董事、监事、高级管理人员持有本公司股份变动情况”提供了内部人交易的变动日期，而深圳证券交易所网站未提供，故本章仅仅选择在上交所上市的公司为样本观察值。

本章的数据处理以及描述性统计和实证检验均使用统计软件 Stata11.0 进行处理。

7.2.2　变量设置与模型设定

1. 内部控制质量的度量

对于内部控制质量的度量，把迪博内部控制与风险管理数据库中的内部控制指数加 1 后取自然对数作为内部控制质量的度量方式，数值越大，内部控制质量越高。

2. 内部人违规交易行为的度量

受限于数据难于取得，本章把内部人在敏感期的交易和交易信息披露延迟统称为内部人违规交易行为。具体来说，在上市公司定期报告公告前 30 日内以及上市公司业绩预告、业绩快报公告前 10 日内进行的内部人交易，称之为敏感期交易，属于违规交易行为；尽管《上市公司董事、监事和高级管理人员所持本公司股份及其变动管理规则》第十一条规定："上市公司董事、监事和高级管理人员所持本公司股份发生变动的，应当自该事实发生之日起两个交易日内，向上市公司报告并由上市公司在证券交易所网站进行公告"，但是考虑到周末节假日及其他因素的影响，把交易日与交易填报日之间的天数大于 8 天（含 8 天）的披露定义为交易信息延迟披露。由此，内部人交易信息披露延迟超过 8 天（含 8 天），亦属于违规交易行为。

为了结果的稳健性，主要采用以下两种方式度量内部人违规交易，一是以公司内部人一年的违规交易次数除以该年总的内部人交易次数，即内部人违规交易比率（次数）；二是以公司内部人一年的违规交易金额除以该年总的内部人交易金额，即内部人违规交易比率（金额）。

为了更细致地分析内部控制对内部人违规交易行为的影响，把内部人违规交易的度量区分为内部人敏感期交易比率［一年内内部人敏感期交易次数（或金额）除以一年总的内部人交易次数（或金额）］和内部人延迟披露比率［一年内内部人延迟披露次数（或金额）除以一年总的内部人交易次数（或金额）]。

3. 模型设定

参考朱茶芬等（2011）的研究，采用模型（7-2）考察内部控制对内部人违规交易行为的影响。

$$Illegal = \beta_0 + \beta_1 IC + \beta_2 ROE + \beta_3 ROEnext + \beta_4 PB + \beta_5 Growth + \beta_6 MV + \sum \beta \times Year + \sum \beta \times IND + \varepsilon \qquad (7-2)$$

表7-1详细描述了各变量定义。被解释变量 Illegal 指内部人违规交易比率（次数）、内部人敏感期交易比率（次数）、内部人延迟披露比率（次数）、内部人违规交易比率（金额）、内部人敏感期交易比率（金额）和内部人延迟披露比率（金额），分别用 Illegal_c、Sensitive_c、Delay_c、Illegal_a、Sensitive_a 和 Delay_a 表示。IC 是主要的解释变量，用来衡量公司的内部控制质量。

表7-1 变量说明

变量性质	变量符号	变量名称	变量定义
被解释变量	Illegal_c	内部人违规交易比率（次数）	公司内部人一年的违规交易次数除以该年总内部人交易次数
	Sensitive_c	内部人敏感期交易比率（次数）	公司内部人一年的敏感期交易次数除以该年总内部人交易次数
	Delay_c	内部人延迟披露比率（次数）	公司内部人一年的延迟披露次数除以该年总内部人交易次数
	Illegal_a	内部人违规交易比率（金额）	公司内部人一年的违规交易金额除以该年总内部人交易金额
	Sensitive_a	内部人敏感期交易比率（金额）	公司内部人一年的敏感期交易金额除以该年总内部人交易金额
	Delay_a	内部人延迟披露比率（金额）	公司内部人一年的延迟披露金额除以该年总内部人交易金额
解释变量	IC	内部控制质量	内部控制指数加1后取自然对数

续表

变量性质	变量符号	变量名称	变量定义
控制变量	ROE	净资产收益率	净利润除以企业净资产的比例
	ROEnext	下一期的净资产收益率	下一期的净利润除以企业净资产的比例
	PB	期末市净率	期末每股股价除以每股净资产的比例
	Growth	营业收入增长率	当期营业收入与上期之差除以上期营业收入
	MV	公司规模	上年末公司市场价值的自然对数

另外，借鉴朱茶芬等（2011）研究成果，模型控制了可能影响公司内部人违规交易行为的变量。这些变量包括净资产收益率 ROE、下一期净资产收益率 ROEnext、市净率 PB、营业收入增长率 Growth 和公司规模 MV。具体见表7－1变量定义。

7.3　实证结果

7.3.1　描述性统计

1. 内部人违规交易行为描述性统计

表7－2和表7－3依据违规交易次数和金额统计了违规交易的年度分布情况。表7－2对违规交易次数以及占比进行了描述，从表7－2可以看出，在3029笔内部人交易中，敏感期交易次数546次，延迟披露次数为583次，违规交易次数（敏感期交易次数与延迟披露次数之和）达到了1013次①。在年度分布中，2010年内部人违规交易比率最小，竟然高达到30.10%；内部人敏感期交易比率最小的是2012年，为15.10%；

① 因一笔内部人交易可能既在敏感期进行了交易，又延迟进行了披露，所以违规交易总数小于敏感期交易和延迟披露之和。

内部人延迟披露交易信息比率最小的是2010年，为13.93%。从交易金额占比来看，如表7－3所示，在年度分布中，内部人违规交易比率最小的是2012年，为21.20%；内部人敏感期交易比率最小的是2012年，为7.37%，但是其他三个年度均超过了20%；内部人延迟披露交易信息比率最小的是2009年，为5.68%，其他三年均超过了10%。同时，我们发现敏感期交易比率普遍高于延迟披露比率。由表7－2和表7－3可见，在我国内部人交易中，违规交易比重非常高，违规现象较为普遍。

表7－2　　违规交易年度（次数）分布

指标	2009年	2010年	2011年	2012年	总计
违规交易（次数）	263	208	172	370	1013
敏感期交易（次数）	159	147	77	163	546
延迟披露（次数）	140	85	104	254	583
内部人交易（次数）	849	610	490	1080	3029
内部人违规交易比率（%）	30.98	30.10	35.10	34.26	—
内部人敏感期交易比率（%）	18.73	24.10	15.71	15.10	—
内部人延迟披露比率（%）	16.49	13.93	21.22	23.52	—

表7－3　　违规交易年度（金额）分布

指标	2009年	2010年	2011年	2012年	总计
违规交易（万元）	29918	42969	31844	41359	146091
敏感期交易（万元）	24444	39674	19354	14373	97845
延迟披露（万元）	5876	11445	14059	31745	63124
内部人交易（万元）	103385	112801	87177	195132	498496
内部人违规交易比率（%）	28.94	38.10	36.53	21.20	—
内部人敏感期交易比率（%）	23.64	35.17	22.20	7.37	—
内部人延迟披露比率（%）	5.68	10.15	16.13	16.23	—

表7－4和表7－5依据违规交易次数和金额描述了违规交易方向的分布情况。由表7－4可见，违规交易在买入交易和卖出交易分布上基本均等，差距较小。但从表7－5依据交易金额对交易方向的描述看，

卖出交易占比远远大于买入交易占比，其中，违规交易中卖出交易占比73. 59%，买入交易占比为 26. 41；敏感期交易中卖出交易占比高达87. 47，买入交易占比仅为 12. 53%；延迟披露中，卖出交易占比与买入交易相差不大，但仍然大于买入交易占比。而且在所有内部人交易中，卖出交易金额所占比重高达 76. 54%，远大于买入交易，这项数据再次表明，在内部人交易中卖出交易占据着主流地位。由表 7－5 可见，从交易金额上看，违规交易、敏感期交易、延迟披露以及内部人交易中卖出交易占有较高比重。

表 7－4　　违规交易方向（次数）分布

交易方向		买入交易	卖出交易	总计
违规交易	次数	530	483	1013
	占比（%）	52. 32	47. 68	100. 00
敏感期交易	次数	273	273	546
	占比（%）	50. 00	50. 00	100. 00
延迟披露	次数	310	273	583
	占比（%）	53. 17	46. 83	100. 00
内部人交易	次数	1331	1698	3029
	占比（%）	43. 94	56. 06	100. 00

表 7－5　　违规交易方向（金额）分布

交易方向		买入交易	卖出交易	总计
违规交易	金额（万元）	38581	107509	146091
	占比（%）	26. 41	73. 59	100. 00
敏感期交易	金额（万元）	12258	85587	97845
	占比（%）	12. 53	87. 47	100. 00
延迟披露	金额（万元）	27220	35904	63124
	占比（%）	43. 12	56. 88	100. 00
内部人交易	金额（万元）	116937	381559	498496
	占比（%）	23. 46	76. 54	100. 00

2. 分组描述性统计

表 7－6 列示了按照内部控制质量分组的主要变量的描述性统计。内部人违规交易比率 Illegal_c、内部人敏感期交易比率 Sensitive_c 和内部人延迟披露比率 Delay_c 的均值在低质量内部控制组分别为 0. 479、0. 242 和 0. 326，均分别大于高质量内部控制组的 0. 438、0. 240 和 0. 259；内部人违规交易比率 Illegal_a、内部人敏感期交易比率 Sensitive_a 和内部人延迟披露比率 Delay_a 的均值在低质量内部控制组分别为 0. 471、0. 237 和 0. 316，亦均分别大于高质量内部控制组的 0. 420、0. 225 和 0. 249。由此可见，随着内部控制质量的提高，上述六个被解释变量均随之下降，与理论分析和假设一致，本章假设初步得到验证。而上述六个被解释变量的中位数均为 0，没有呈现出随内控质量的提高而下降的趋势。对于控制变量，理论上来讲，内部控制质量越高，公司业绩越高、增长越稳健以及公司规模越大，呈现出正相关关系。在描述性分析中，净资产收益率、下一期的净资产收益率、营业收入增长率和公司规模在高质量内部控制组的均值和中位数都明显高于低质量内部控制组，与理论分析一致。

表 7－6　　主要变量的分组描述性统计

Panel A 低质量内部控制组								
变量	均值	25 分位	中位数	75 分位	标准差	最小值	最大值	样本量
Illegal_c	0. 479	0	0. 346	1	0. 467	0	1	147
Sensitive_c	0. 242	0	0	0. 346	0. 403	0	1	147
Delay_c	0. 326	0	0	1	0. 450	0	1	147
Illegal_a	0. 471	0	0. 309	1	0. 471	0	1	146
Sensitive_a	0. 237	0	0	0. 326	0. 401	0	1	146
Delay_a	0. 316	0	0	1	0. 450	0	1	146
ROE	0. 009	0. 008	0. 039	0. 094	0. 220	－1. 550	0. 410	147
ROEnext	0. 041	0. 011	0. 048	0. 104	0. 139	－0. 665	0. 410	147
PB	4. 440	2. 117	3. 400	4. 828	4. 534	1. 050	39. 79	147
Growth	0. 378	－0. 064	0. 133	0. 408	1. 600	－1. 517	17. 81	147
MV	21. 76	21. 00	21. 79	22. 33	1. 017	19. 63	26. 51	147

续表

Panel B 高质量内部控制组								
变量	均值	25 分位	中位数	75 分位	标准差	最小值	最大值	样本量
Illegal_c	0. 438	0	0. 333	1	0. 429	0	1	152
Sensitive_c	0. 240	0	0	0. 388	0. 368	0	1	152
Delay_c	0. 259	0	0	0. 448	0. 398	0	1	152
Illegal_a	0. 420	0	0. 198	1	0. 437	0	1	152
Sensitive_a	0. 225	0	0	0. 323	0. 367	0	1	152
Delay_a	0. 249	0	0	0. 425	0. 401	0	1	152
ROE	0. 155	0. 109	0. 146	0. 200	0. 071	0. 014	0. 495	152
ROEnext	0. 134	0. 094	0. 134	0. 191	0. 118	-0. 583	0. 439	152
PB	4. 197	2. 196	3. 442	4. 970	3. 193	0. 752	23. 87	152
Growth	0. 707	-0. 027	0. 144	0. 345	2. 554	-0. 533	17. 81	152
MV	23. 15	22. 12	22. 88	23. 77	1. 444	20. 04	28. 00	152

7. 3. 2　相关性分析

表 7 -7 列示了被解释变量 Illegal_c、Sensitive_c、Delay_c、Illegal_a、Sensitive_a 和 Delay_a 与解释变量 IC 以及主要控制变量之间的相关关系。从表 7 -7 可以看出，Illegal_c、Sensitive_c、Illegal_a、Sensitive_a 和与解释变量 IC 之间存在显著的负相关关系，其中，Illegal_c 和 Illegal_a 与 IC 相关系数分别为 -0. 103 和 -0. 109，在 5% 水平上显著；Sensitive_c 和 Sensitive_a 与 IC 相关系数分别为 -0. 169 和 -0. 175，均在 1% 水平上显著。Delay_c 和 Delay_a 与 IC 之间的相关关系虽不显著，但呈现的仍然是负相关关系，与预期基本一致。被解释变量与解释变量之间的相关关系表明高质量内部控制能够有效抑制内部人交易中的违规行为，本章假设得到初步验证。从相关系数表来看，被解释变量受到下一期净资产收益率 ROEnext 和公司规模的影响，相关关系大多显著。

表 7-7　相关系数

变量	Illegal_c	Delay_c	Sensitive_c	Illegal_a	Delay_a	Sensitive_a	IC	ROE	ROEnext	PB	Growth	MV
Illegal_c	1											
Delay_c	0. 751 ***	1										
Sensitive_c	0. 593 ***	0. 067	1									
Illegal_a	0. 974 ***	0. 728 ***	0. 578 ***	1								
Delay_a	0. 736 ***	0. 978 ***	0. 061	0. 751 ***	1							
Sensitive_a	0. 578 ***	0. 054	0. 975 ***	0. 597 ***	0. 065	1						
IC	-0. 103 **	-0. 019	-0. 169 ***	-0. 109 **	-0. 022	-0. 175 ***	1					
ROE	-0. 007	-0. 033	0. 013	-0. 028	-0. 035	-0. 011	0. 093 **	1				
ROEnext	-0. 123 ***	-0. 198 ***	0. 016	-0. 130 ***	-0. 201 ***	0. 001	0. 057	0. 294 ***	1			
PB	-0. 022	-0. 048	0. 025	-0. 029	-0. 054	0. 018	-0. 019	-0. 077	0. 134 ***	1		
Growth	-0. 022	0. 016	-0. 073	-0. 012	0. 024	-0. 065	0. 034	0. 053	-0. 071	0. 073	1	
MV	0. 114 **	0. 081 *	0. 088 *	0. 126 ***	0. 092 *	0. 095 **	0. 071	0. 147 ***	0. 097 **	-0. 345 ***	0. 007	1

注：***、** 和 * 分别代表 1%、5% 和 10% 的显著性水平，下表同。

7.3.3　多元回归结果分析

表7－8是内部人违规交易行为与内部控制质量的回归结果。方程（1）、方程（2）、方程（3）中的被解释变量是依据内部人交易次数衡量的违规交易行为，分别是内部人违规交易比率、内部人敏感期交易比率和内部人延迟披露比率。方程（4）、方程（5）、方程（6）中的被解释变量是依据内部人交易金额衡量的违规交易行为，分别是内部人违规交易比率、内部人敏感期交易比率和内部人延迟披露比率。方程（1）和方程（4）显示，内部控制质量IC的估计系数在5%水平上显著为负，说明内部控制质量越高，内部人违规交易比率越低；方程（2）和方程（5）显示，内部控制质量IC的估计系数均在1%水平上显著为负，说明内部控制质量越高，内部人敏感期交易比率则越低；方程（3）和方程（4）显示，内部控制质量与内部人延迟披露比率之间的相关关系不显著，但是估计系数为负，与我们的预期是一致的。回归结果表明，高质量内部控制会显著降低内部人违规交易行为，本章研究假设基本得到验证。

表7－8　　违规交易行为对内部控制质量的OLS回归结果

变量	(1)	(2)	(3)	(4)	(5)	(6)
	Illegal_c	Sensitive_c	Delay_c	Illegal_a	Sensitive_a	Delay_a
IC	−0.089** (−2.40)	−0.115*** (−3.85)	−0.013 (−0.38)	−0.093** (−2.48)	−0.117*** (−3.91)	−0.017 (−0.48)
ROE	0.149 (1.02)	0.101 (0.85)	0.079 (0.58)	0.074 (0.50)	0.043 (0.36)	0.072 (0.53)
ROEnext	−0.582*** (−3.28)	−0.066 (−0.46)	−0.749*** (−4.47)	−0.580*** (−3.23)	−0.084 (−0.58)	−0.750*** (−4.50)
PB	0.005 (0.88)	0.006 (1.27)	0.001 (0.19)	0.005 (0.86)	0.006 (1.19)	0.001 (0.19)
Growth	−0.008 (−0.70)	−0.014 (−1.52)	0.000 (0.01)	−0.005 (−0.45)	−0.012 (−1.32)	0.002 (0.17)

续表

变量	(1)	(2)	(3)	(4)	(5)	(6)
	Illegal_c	Sensitive_c	Delay_c	Illegal_a	Sensitive_a	Delay_a
MV	0.055*** (3.23)	0.037*** (2.69)	0.037** (2.33)	0.059*** (3.43)	0.039*** (2.83)	0.040** (2.52)
_cons	-0.135 (-0.31)	0.165 (0.46)	-0.367 (-0.89)	-0.231 (-0.52)	0.122 (0.34)	-0.426 (-1.03)
年度行业	控制	控制	控制	控制	控制	控制
N	451	451	451	447	447	447
R^2	0.057	0.060	0.056	0.059	0.060	0.059
R^2_a	0.038	0.041	0.036	0.040	0.041	0.040
F	2.975	3.120	2.880	3.062	3.098	3.041

注：(1) **、*** 分别表示系数检验在5%、1%水平上显著；(2) 括号内为t值；(3) 回归中利用Robust处理了异方差。

控制变量中，下一期净资产收益率ROEnext在六个方程中有四个在1%水平上显著为负，其余两个虽不显著，但符号仍为负，说明公司下一期的业绩越差，内部人违规交易行为越多，原因可能是内部人违规交易中卖出交易占有较高比重，内部人利用信息优势在未来业绩下降前卖出股票，因此公司下一期的经营业绩与违规交易行为负相关。公司规模MV在六个方程中有四个在1%水平上显著为正，两个在5%水平上显著为正，说明公司规模越大，公司违规行为越多，与预期相悖。

7.3.4 进一步检验

为进一步检验内部控制能否有效抑制内部人违规交易行为，在对3029笔内部人交易数据剔除8笔数据不全的交易信息后，对3021笔内部人交易中的每笔交易区分为违规交易或非违规交易，并采用以下Logit模型来分析内部控制和内部人违规交易行为之间的关系：

$$\begin{aligned} Prob(Illegality = 1) = \beta_0 + \beta_1 IC + \beta_2 ROE + \beta_3 ROEnext \\ + \beta_4 PB + \beta_5 Growth + \beta_6 MV + \sum \beta \\ \times Year + \sum \beta \times IND + \varepsilon \qquad (7-3) \end{aligned}$$

在模型（7－3）中，Illegality指内部人违规交易、内部人敏感期交易和内部人延迟披露，均为哑变量，分别用Illegal_d、Sensitive_d、Delay_d表示。当内部人在敏感期交易和（或）延迟披露交易信息时，Illegal_d为1，否则为0；当内部人在敏感期交易时，Sensitive_d为1，否则为0；当内部人交易信息延迟披露8（含8天）天以上时，Delay_d为1，否则为0。

表7－9是模型（7－3）的Logit回归结果。回归结果显示，方程（1）和方程（2）中，内部控制质量IC的估计系数分别为－1.077和－1.081，均在5%水平上显著为负。这说明内部控制质量越好的公司，内部人交易违规的概率越小，这一结果支持了假设H7－1和假设H7－1a。尽管方程（3）中，内部控制质量IC的估计系数不显著，但符号符合预期，假设H7－1b得到部分验证。综合方程（1）、方程（2）和方程（3）提供的经验证据，可以发现，内部控制质量差的公司更易发生内部人交易违规，内部控制有助于提升公司经营管理过程中的合法合规性，进而保护公司外部投资者的利益。

表7－9　　违规交易行为对内部控制质量的Logit回归结果

变量	（1）	（2）	（3）
	Illegal_d	Sensitive_d	Delay_d
IC	－1.077** （－2.41）	－1.081** （－2.05）	－0.238 （－0.47）
ROE	2.115*** （2.81）	3.641*** （4.04）	0.365 （0.42）
ROEnext	－3.432*** （－6.44）	－2.295*** （－3.85）	－2.800*** （－4.81）
PB	0.084*** （4.32）	0.094*** （4.24）	－0.019 （－0.72）
Growth	－0.277*** （－4.05）	－0.106 （－1.31）	－0.291*** （－3.36）
MV	0.285*** （6.92）	0.208*** （4.17）	0.187*** （4.02）

续表

变量	(1)	(2)	(3)
	Illegal_d	Sensitive_d	Delay_d
_cons	-0.075 (-0.03)	0.479 (0.16)	-3.585 (-1.23)
年度行业	控制	控制	控制
Pseudo R^2	0.0394	0.0516	0.0450
N	3021	3021	3021

注：(1) **、*** 分别表示系数检验在5%、1%水平上显著；(2) 括号内数字为t值；(3) 回归中利用Robust处理了异方差。

在控制变量中，方程（1）和方程（2）中的当期净资产收益率ROE在1%水平上显著为正，在方程（3）中不再显著，但符号仍然为正，说明内部人更偏好在公司业绩好的时候进行违规交易；下一期净资产收益率ROEnext在方程（1）、方程（2）和方程（3）中都在1%水平上显著为负，说明下一期公司经营业绩越差，内部人违规交易概率越高，原因可能是内部人卖出交易所占比重较高；公司规模MV在三个方程中均在1%水平上显著为正，说明公司规模越大，公司违规行为越多，与预期也是相悖的。

7.3.5 稳健性检验

1. 内生性问题的处理

影响内部控制质量的因素也可能会影响到内部人违规交易行为，因此，在缺少合理控制的情况下，前述的回归结果，可能会存在估计偏误。因此，借鉴道尔等（2007b）、阿什宝－斯凯夫等（2007）的内部控制缺陷决定因素模型，把影响内部控制质量的变量引入模型（7－1）中参与回归。这些变量包括：审计师是否为四大BF、是否并购或重组MA、实际控制人性质Ctrler、是否有海外销售业务FSALES、高管持股比例EXEHR、独立董事占比DIREER、股权集中度FSHD、机构投资者持股比例INSHOLD以及存货与总资产比率INVENTORY。回归结果见表7－10，与前文中表7-8回归结果一致。

表7-10　　稳健性检验

变量	(1)	(2)	(3)	(4)	(5)	(6)
	Illegal_c	Sensitive_c	Delay_c	Illegal_a	Sensitive_a	Delay_a
IC	-0.077** (-2.10)	-0.106*** (-3.58)	-0.006 (-0.19)	-0.082** (-2.19)	-0.107*** (-3.61)	-0.012 (-0.34)
ROE	0.143 (0.96)	0.136 (1.15)	0.059 (0.42)	0.060 (0.40)	0.073 (0.61)	0.040 (0.29)
ROEnext	-0.590*** (-3.27)	-0.059 (-0.41)	-0.759*** (-4.44)	-0.569*** (-3.12)	-0.062 (-0.43)	-0.747*** (-4.39)
PB	0.006 (0.99)	0.008* (1.70)	-0.000 (-0.01)	0.006 (0.97)	0.008* (1.67)	-0.000 (-0.02)
Growth	-0.012 (-0.95)	-0.015 (-1.47)	-0.002 (-0.15)	-0.008 (-0.61)	-0.013 (-1.27)	0.001 (0.11)
MV	0.052** (2.52)	0.042*** (2.58)	0.031 (1.58)	0.051** (2.47)	0.042** (2.54)	0.026 (1.35)
BF	0.106 (1.34)	0.164*** (2.60)	0.015 (0.20)	0.095 (1.19)	0.142** (2.23)	0.025 (0.34)
MA	-0.017 (-0.33)	-0.056 (-1.37)	0.002 (0.05)	-0.015 (-0.30)	-0.062 (-1.49)	0.011 (0.23)
Ctrler	0.005 (0.10)	0.007 (0.19)	-0.026 (-0.59)	0.013 (0.27)	-0.003 (-0.09)	-0.002 (-0.04)
FSALES	-0.098** (-2.31)	-0.035 (-1.03)	-0.064 (-1.59)	-0.081* (-1.89)	-0.024 (-0.69)	-0.046 (-1.16)
EXEHR	-0.468 (-1.32)	-0.105 (-0.37)	-0.532 (-1.58)	-0.622* (-1.73)	-0.161 (-0.56)	-0.675** (-2.01)
DIRER	-0.268 (-0.64)	-0.774** (-2.29)	0.171 (0.43)	-0.252 (-0.59)	-0.749** (-2.20)	0.250 (0.63)
FSHD	-0.109 (-0.68)	-0.249* (-1.95)	0.153 (1.01)	-0.074 (-0.45)	-0.183 (-1.41)	0.148 (0.97)

续表

变量	(1)	(2)	(3)	(4)	(5)	(6)
	Illegal_c	Sensitive_c	Delay_c	Illegal_a	Sensitive_a	Delay_a
INSHOLD	-0.132 (-1.07)	-0.174* (-1.76)	-0.053 (-0.46)	-0.156 (-1.25)	-0.225** (-2.26)	-0.037 (-0.32)
INVENTORY	-0.210 (-1.58)	-0.019 (-0.18)	-0.187 (-1.49)	-0.231* (-1.71)	-0.034 (-0.32)	-0.181 (-1.43)
_cons	0.118 (0.24)	0.429 (1.09)	-0.278 (-0.60)	0.100 (0.20)	0.413 (1.04)	-0.221 (-0.48)
年度行业	控制	控制	控制	控制	控制	控制
N	444	444	444	441	441	441
R^2	0.092	0.107	0.082	0.093	0.102	0.086
R^2_a	0.054	0.069	0.043	0.055	0.064	0.047

注：(1) *、**、*** 分别表示系数检验在 10%、5%、1% 水平上显著；(2) 括号内数字为 t 值；(3) 回归中利用 Robust 处理了异方差。

2. 两阶段工具变量测试

为了控制可能的内生性问题，把影响内部控制质量的因素组合为一个工具变量，即把审计师是否为四大、是否并购或重组、是否有海外销售业务、存货与总资产比率、公司规模、公司上市年限、是否亏损，以及股权集中度、机构投资者持股比例、独立董事在董事会占比、高管持股比例以及实际控制人性质等因素作为工具变量，进行两阶段回归，结果见表 7-11，同前面结果一致。

表 7-11　　两阶段工具变量测试

变量	(1)	(2)	(3)	(4)	(5)	(6)
	Illegal_c	Sensitive_c	Delay_c	Illegal_a	Sensitive_a	Delay_a
IC	-0.702** (-2.02)	-0.703** (-2.34)	-0.308 (-1.12)	-0.678** (-1.99)	-0.738** (-2.40)	-0.225 (-0.86)
ROE	0.366* (1.71)	0.309* (1.67)	0.192 (1.13)	0.272 (1.29)	0.248 (1.30)	0.146 (0.90)

续表

变量	(1)	(2)	(3)	(4)	(5)	(6)
	Illegal_c	Sensitive_c	Delay_c	Illegal_a	Sensitive_a	Delay_a
ROEnext	-0.535** (-2.35)	-0.009 (-0.05)	-0.728*** (-4.03)	-0.534** (-2.37)	-0.022 (-0.11)	-0.738*** (-4.24)
PB	0.007 (0.87)	0.007 (1.11)	0.002 (0.26)	0.007 (0.90)	0.007 (1.09)	0.002 (0.31)
Growth	-0.010 (-0.65)	-0.011 (-0.79)	-0.002 (-0.18)	-0.008 (-0.50)	-0.009 (-0.63)	-0.001 (-0.12)
MV	0.068*** (2.96)	0.052*** (2.58)	0.046** (2.53)	0.070*** (3.09)	0.053** (2.57)	0.046*** (2.61)
_cons	3.561* (1.67)	3.669** (1.98)	1.350 (0.80)	3.325 (1.58)	3.856** (2.03)	0.802 (0.50)
年度行业	控制	控制	控制	控制	控制	控制
N	444	444	444	441	441	441

注：(1) *、**、*** 分别表示系数检验在10%、5%、1%水平上显著；(2) 括号内数字为t值；(3) 回归中利用Robust处理了异方差。

7.4 主要结论

近年来，我国上市公司内部人违规交易频繁发生，“敏感期交易”和“延迟披露”较为普遍，扰乱了我国证券市场的健康发展，引发了监管者和投资者的普遍担忧。内部控制作为现代企业经营管理制度，其基本目标是促进企业经营管理的合法合规。因此，本章以内部控制的合规性目标为核心，探讨了内部控制对内部人违规交易行为的影响。本章以2009~2012年沪市上市公司为研究样本，把内部人违规交易比率、内部人敏感期交易比率和内部人延迟披露比率作为内部人违规交易行为的替代变量，考察了内部控制对内部人违规交易行为的影响。研究发现，总体而言，内部控制与内部人违规交易行为显著负相关，即内部控制质量越高，内部人违规交易行为发生越少。具体而言，内部控制与内部人违规交易比率和内部人敏感期交易比率显著负相关，与内部人延迟披露比率负相关，但不显著。研究结果表明，内部控制能有效抑制内部人违规交易行为的发生，有利于提高公司经营管理的合法合规性，进而保护投资者利益。

第 8 章　内部控制对董监高机会主义减持的影响研究

近年来，董监高减持股份行为日益受到监管当局、实务界和学术界的广泛关注，成为热点话题。在董监高减持股份中，恶意减持、“精准”减持、“清仓式”减持等无序和违规减持现象激增，由此遭受监管处罚的案例频繁地见诸人们的视野。比如，2017 年 9 月 21 日，中国证监会发布第 88 号行政处罚决定书，对山东墨龙董事长和总经理滥用信息优势和控股地位，在重大亏损内幕信息发布前抛售股票，进行了谴责和处罚。公司董监高处在生产经营第一线，与外部投资者相比，在估值判断和现金流量预测等方面具有信息优势（Piotroski and Roulstone，2005）。机会主义动机可能会推动董监高滥用信息优势或操控信息谋取超额回报。董监高减持，尤其是违规减持带来了较为负面的影响，扰乱了市场交易秩序，损害了中小投资者利益，引发了资本市场的异常波动，成为破坏金融安全的不稳定因素。为此，2017 年 5 月 26 日中国证监会发布实施经修订的《上市公司股东、董监高减持股份的若干规定》，目的在于为违规减持行为扎上制度藩篱，抑制董监高过度的短期投机行为，引导他们规范、理性和有序减持。因而，如何强化对董监高机会主义减持行为的监管成为内部控制研究的重要问题。基于此，本章实证检验了内部控制在董监高减持行为中所发挥的角色。

8.1　理论分析与假设提出

董监高减持动机是多样的，既可能是消费需要，也可能是多元化投资的需要。尽管如此，相对于外部投资者而言董监高拥有的信息优势是他们减持的主要驱动因素（Huddart and Ke，2007）。随着董监高信息优势的增加，择机减持使得董监高获取了超额收益（Grossman and Stiglitz，1980；Glosten and Milgrom，1985；Kyle，1985）。而且董监高减持传递出有关看衰公司未来发展前景的负面信息（Leland and Pyle，1977），可能导致股票价格的波动，加剧公司风险，损害投资者利益。因此，制约董监高减持中机会主义动机的主要途径是提高信息披露质量和信息透明度（Jin and Myers，2006），需从委托代理理论视角出发，设计合理的决策控制机制限制董监高的自利行为。内部控制作为决策控制机制，在约束董监高机会主义减持行为上能发挥根本作用。具体如下：

内部控制能有效降低董监高的信息优势。一方面，财务报告是公司传递、披露信息的重要机制和途径，可靠的财务报告有助于信息从内部人传递给外部人，缓解代理问题，降低管理者的利益侵占行为（Lambert et al.，2007）。而且公开信息披露质量越高，内部人的私有信息优势越低（Baiman and Verrecchia，1996）。合理保证公司财务报告及相关信息的真实完整是内部控制的基本目标之一。高质量内部控制能够有效提高公司财务报告质量，提高信息披露的透明度（方红星和金玉娜，2011；刘启亮等，2013），从而降低董监高的信息优势。另一方面，内部控制缺陷会加剧信息不对称。诸多实证研究发现，内部控制存在重大缺陷的公司有更低的应计利润质量，存在更多盈余管理行为，财务报告重大错报不会被内部控制制度阻止或识别出来的可能性大为增加；当内部控制缺陷修复后，异常应计利润和盈余管理行为显著下降（Doyle et al.，2007；Ashbaugh－Skaife et al.，2008）。因而，当内部控制存在重大缺陷时，董监高的信息优势提升，董监高与外部投资者之间的信息不对称程度也随之加大，可能会驱使董监高机会主义减持。由此，内部控制质量越高，越能识别和修复内部控制缺陷，降低董监高的信息优势，从而有效抑制董监高减持的择机性。

内部控制能塑造和培育优越的内部控制文化和控制环境。高质量内部控制意味着董事会和高级管理层已建立基调，强调内部控制制度的建立和落实在公司的重要性，并保证所有员工充分参与内部控制流程，而且在实施中强调职责分离和内部牵制，在公司管理层之间形成权力制衡（李心合，2013）。同时，高质量内部控制又意味着公司根据不断变化的内外部环境对内部控制制度的实施进行严格监督，及时修正内部控制制度存在的缺陷。因此，高质量内部控制有助于形成优越的内部控制文化和控制环境，对董监高的机会主义动机会形成有效制约。实证研究表明机会主义减持为董监高带来了超额回报（Seyhun，1986），且市场反应显著为负（朱茶芬等，2011），损害了公司价值和形象，这与内部控制文化和控制环境是相悖的。因此，内部控制质量越高，董监高机会主义减持行为将会受到更严格的监督和牵制，其减持择机性将得以削弱。

内部控制能促进企业合法合规经营。契约理论认为，企业是一系列契约的组合体。内部控制实质为平衡企业利益相关者之间利益关系的契约装置（林钟高和郑军，2007），目的在于保证公司与各个利益相关者之间的契约得到有效履行，发现并制止和纠正偏离法律法规的行为，确保企业的经营活动服从国家有关法律法规、企业内部规章制度以及具体的经营方针和政策。董监高利用私有信息优势进行机会主义减持打破了利益相关者之间的利益均衡，是对证券法律法规的违背，不但会引起投资者和媒体关注而遭受声誉损失，而且会增加被监管审查的风险（Kallunki et al.，2018），这与内部控制平衡利益相关者利益关系的契约安排是背离的，是内部控制存在缺陷的表现。因此，高质量内部控制能够有效制约董监高机会主义减持行为，确保他们减持行为的合法合规性。

综上，提出研究假设 H8－1：

H8－1：在控制其他因素的情况下，相对于低质量内部控制，高质量内部控制能有效抑制董监高减持的择机性。

8.2　研究设计与样本选择

8.2.1　关键变量的度量

1. 内部控制质量 IC_d 的度量

关于内部控制质量，以深圳迪博内部控制与风险管理数据库中的内部控制指数作为度量依据。该指数以内部控制基本目标为基础，立足于上市公司披露的年报、内部控制评价报告、内部控制审计报告、诉讼公告以及政府监管机构对上市公司违法违规的处理公告等因素构建而成的，同时把内部控制缺陷作为内部控制指数的修正变量。该指数基于正向和负向两个维度系统地度量了内部控制有效性，能够反映公司内部控制质量的高低。具体度量时，分年度构建衡量内部控制质量高低的虚拟变量 IC_d，当内部控制指数大于中位数时，IC_d 取值为 1，为高质量内部控制；当内部控制指数小于中位数时，IC_d 取值为 0，为低质量内部控制。

2. 董监高减持 NSR 的度量

借鉴皮尔斯托斯基和罗尔斯东（2004）和巴德舒（Badertscher, 2011），以董监高月减持交易总股数（或月减持交易次数）与月增持交易总股数（或月增持交易次数）之差与董监高月减持交易总股数（或月减持交易次数）与月增持交易总股数（或月增持交易次数）之和的比值，即董监高月净减持比率 NSR 来衡量董监高减持交易行为。公式见式（8-1）。

$$NSR_t = \frac{Sold_t - Purchased_t}{Sold_t + Purchased_t} \tag{8-1}$$

其中，$Sold_t$ 为董监高 t 月减持总股数（或次数），$Purchased_t$ 为董监高 t 月增持总股数（或次数）。Nsr 介于 -1 和 1 之间，数值越大，则董监高减持股份的占比越大，说明董监高股份减持程度越强。NSR1 和 NSR2 分别为基于交易总股数和交易次数测度的董监高减持。

3. 股票回报 BHAR 的度量

内部人减持（增持）后股票超常回报急剧下跌（上升）表明内部人利用了私有信息进行交易，体现的是内部人交易的择机性（Kallunki et al., 2018）。因而，我们选择董监高减持交易后半年的购买并持有超常回报 BHAR 作为董监高信息优势及其择机性的替代变量。董监高减持交易作为传递私有信息最直接的信号对股价的影响程度，必须设定一个合理的事件窗口。交易后回报窗口应能恰当地度量出董监高的私有信息优势。一个太短的窗口可能没有充分的时间使得内部人的私有信息完全反映到股票价格中，然而超过董监高信息优势时间范围的长窗口将会引入更多的噪声。由此可见，合理的窗口有赖于董监高信息优势反映到股票价格必需的时间。经验证据表明内部人交易可以预测交易后一年的回报，但超常回报大部分发生在交易后六个月（Seyhun，1998）。根据我国《证券法》的规定，董监高买卖本公司股票的反向交易时间不得短于 6 个月，因而考察内部人交易后 6 个月超常回报，能够更好地刻画董监高的信息优势。因此，本书采用交易后 6 个月的购买并持有超常回报（BHAR）作为董监高信息优势的替代变量。考虑到董监高减持能够规避可能发生的损失，将董监高减持后的 BHAR 取负值。计算 BHAR 时，借鉴李善民和朱滔（2006）的方法，对公司的规模效应和账面市值比效应进行了控制。BHAR 计算公式见式（8－2）。

$$BHAR_{iT} = \prod_{t=1}^{T}(1 + R_{it}) - \prod_{t=1}^{T}(1 + R_{\rho t}) \tag{8-2}$$

其中，T 最大值等于 125 天。此处 t＝1 表示交易日后的第一天，以此类推。R_{it}表示公司 i 在 t 日的个股日回报率，$R_{\rho t}$表示对应组合的日回报率。$R_{\rho t}$的计算步骤是：首先，根据公司 t 年 6 月底的流通市值的大小，进行排序，分成五组；其次，根据公司 t－1 年底公布的数据，计算账面市值比，从小到大分成 5 组。据此，每一年所有上市公司被分成 25 组，分别计算每一年中 25 组的等权日回报率，该回报率即为 $R_{\rho t}$。同时，计算了交易后 90 日的 BHAR 并运用到后面的模型中，结果呈现在稳健性检验部分。

8.2.2　模型设定

为检验假设 H8－1，借鉴皮尔斯托斯基和罗尔斯东（2008）以及高等（Gao et al.，2014），构建模型（8－3）：

$$NSR = \beta_0 + \beta_1 IC\_d + \beta_2 BHAR + \beta_3 IC\_d \times BHAR + \beta_4 Control\_Variables + \varepsilon \tag{8-3}$$

如果董监高减持具有择机性，则 β_2 应显著为正；如果假设 H8－1 成立，则 β_3 的系数应当显著为负。

对于控制变量的解释具体如下。

1. 股票收益动量 Momentum

Momentum 等于月首次交易前 6 个月的购买并持有超常回报。既有研究表明，董监高等内部人是反转交易者（Piotroski and Roulstone，2005；Seyhun，1992；Rozeff and Zaman，1998），因此，需要控制董监高交易前的购买并持有超常回报对其减持的影响。交易前购买并持有超常回报越高，董监高减持可能性越大，故预测 Momentum 系数为正。

2. 股票日回报的标准差 RETVOL

RETVOL 等于月首次交易前一年的股票日回报的标准差。股票日回报的标准差越大，表明企业存在较大的不确定性，董监高减持可能性增大，预测 RETVOL 的系数为正。

3. 董监高持股规模 lnSTOCK

lnSTOCK 等于交易所在月份全体董监高持股金额总和。董监高持股规模越大，减持可能性越大，预测 lnSTOCK 的系数为正。

4. BM 为账市比

BM 等于上年末公司权益账面价值除以上年末的市场价值。账市比是衡量公司相对价值的指标。罗泽夫和扎曼（1998）及朱茶芬等（2011）研究表明，董监高选择在公司价值低估时增持股票，而在公司价值被高估时减持股票。为控制董监高在公司价值被高估时的减持动机，将 BM 作为控制变量，预测董监高减持倾向与 BM 负相关。

5. 公司上市年限 LNAGE

LNAGE 等于公司上市年限的自然对数。上市年限越长，公司越成熟和稳定，董监高减持动机越弱，预测 LNAGE 的系数为负。

6. 公司规模 MV

MV 等于上年末公司市场价值的自然对数。大规模公司更可能实行基于股票的薪酬计划（Smith and Watts，1992），大规模公司股票流动性更强，因而基于股票薪酬计划的实施更可能导致董监高减持股票。塞伊洪（1986）研究发现，大规模公司董监高减持交易较多。然而，大规模公司董监高减持交易更易招致来自公众和政府的严格监管（Roulstone，2003）。公司规模与董监高减持股份之间的关系存在争议，故无法预测二者的关系。

7. 净资产收益率 ROE

ROE 等于上年度净利润与净资产平均余额的比值。公司经营成果是董监高减持的影响因素，董监高可能在公司经营成果较好时择机减持，预测 ROE 的系数为正。

8. 资产负债率 LEV

LEV 等于上年度总负债与总资产平均余额的比值。董监高可能在公司资产负债率较高时择机减持，预测 LEV 的系数为正。

9. 机构投资者持股比例 INST

INST 等于机构投资者持有的上市公司股票占流通股的比例。由于机构投资者能否发挥约束效应存有争议，因此，无法预测 INST 的系数为正还是为负。

10. 分析师关注 ANA

ANA 为分析师跟踪数量的自然对数。弗兰克尔和李（2004）研究表明分析师跟踪数量越多，对内部人交易约束程度越强，预测 ANA 的系数为负。

相关变量说明如表 8－1 所示。

表 8－1　变量说明

变量代码	变量名称	变量含义
NSR1	董监高减持	基于月交易总股数的董监高净减持比率
NSR2	董监高减持	基于月交易次数的董监高净减持比率
IC_d	内部控制质量	分年度内部控制指数大于中位数，则 IC_d 为 1，否则为 0

续表

变量代码	变量名称	变量含义
BHAR	股票回报	月最后交易后6个月的购买并持有超常回报
Momentum	股票收益动量	月首次交易前6个月的购买并持有超常回报
RETVOL	股票日回报标准差	月首次交易前1年的股票日回报标准差
lnSTOCK	董监高持股规模	交易所在月份全体董监高持股金额加总的自然对数
BM	账市比	交易前一年权益账面价值与权益市场价值比值
LNAGE	上市年限	公司上市年限的自然对数
MV	公司规模	上年末公司市场价值的自然对数
ROE	净资产收益率	上年末净利润与净资产平均余额的比值
LEV	资产负债率	上年末总负债与总资产的比值
INST	机构投资者持股比例	机构投资者持有的上市公司股票占流通股的比例
ANA	分析师关注	分析师跟踪人数的自然对数
IND	行业	行业虚拟变量
YEAR	年份	年份虚拟变量

8.2.3 样本选择

董监高交易数据来自深圳证券交易所和上海证券交易所在其网站公布的数据①。2007年中国证监会颁布的《上市公司董事、监事和高级管理人员所持本公司股份及其变动管理规则》第十一条对内部人交易信息披露进行了规定："上市公司董事、监事和高级管理人员所持本公司股份发生变动的，应当自该事实发生之日起两个交易日内，向上市公司报

① 深圳证券交易所在其网站的"上市公司诚信档案"栏目上公布的"上市公司董事、监事、高级管理人员及相关人员持有本公司股份变动情况"和上海证券交易所在其网站的"上市公司诚信记录"栏目公布的"董事、监事、高级管理人员持有本公司股份变动情况"提供了内部人交易数据，交易数据主要包括董监高姓名、职务、股票变动数、变动平均价格、变动原因和变动日期等。

告并由上市公司在证券交易所网站进行公告。”从 2007 年开始有关公司董事、监事和高级管理人员股份变动的信息在上海证券交易所和深圳证券交易所得以全面披露。尽管 2007 年之前，也有公司自愿披露其董事、监事和高级管理人员股份变动情况的，但数据较少。由于在度量董监高减持信息优势的代理变量时，需要样本期未来半年的个股收益率和市场收益率数据。因此，在考虑上述情况后，把样本期间定为 2007 年 1 月 1 日至 2016 年 12 月 31 日。董监高交易数据筛选流程如下：从深证证券交易所和上海证券交易所网站共下载 66012 笔交易数据，剔除非“竞争交易”或非“二级市场买卖”的交易数据 10868 笔，剔除非本人或亲属交易数据 2620 笔，剔除董监高交易股份总数小于 2000 股的交易数据 8624 笔，共得到 43900 笔交易数据。

在满足上述条件后再删除以下样本：第一，金融保险业样本；第二，数据缺失样本，共得到 12855 个公司月样本观察值。

本章内部控制数据来自深圳迪博内部控制与风险管理数据库，其他相关数据均来自深圳国泰安信息技术有限公司的 CSMAR 数据库。为避免离群值的影响，本章对所有变量在 1% 水平上予以缩尾处理。

8.3　实证结果与分析

8.3.1　描述性统计

表 8 -2 是主要变量的描述性统计。从表 8 -2 可以看到董监高净减持比率 NSR1 和 NSR2 的平均值分别为 0.358 和 0.353，均大于 0，意味着董监高减持在全部交易中的占比超过了董监高增持在全部交易中的占比，表明董监高减持比重较高。董监高净减持比率 NSR1 和 NSR2 的中位数为 1，25 分位数为 -1，也表明董监高减持占比较高。董监高净减持比率 NSR1 和 NSR2 的标准差分别是 0.908 和 0.902，说明这两个指标在样本公司间存在较大差异。股票回报 BHAR 的最小值为 -0.894，最大值为 0.894，均值为 0.022，表明公司董监高交易后的股票回报分布较为分散且差异较大，标准差也说明这一点。

表 8－2　　主要变量的描述性统计

变量	mean	p25	p50	p75	sd	min	max	N
NSR1	0.358	－1.000	1.000	1.000	0.908	－1.000	1.000	12855
NSR2	0.353	－1.000	1.000	1.000	0.902	－1.000	1.000	12855
BHAR	0.022	－0.127	0.030	0.187	0.285	－0.894	0.894	12855
Momentum	0.038	－0.172	－0.013	0.191	0.355	－0.689	1.220	12855
RETVOL	0.033	0.025	0.031	0.039	0.011	0.016	0.061	12855
lnSTOCK	14.54	13.39	16.44	18.50	6.292	0.000	22.05	12855
IC	6.511	6.455	6.526	6.572	0.105	6.236	6.755	5906
BM	0.480	0.291	0.448	0.650	0.235	0.106	0.995	5906
LNAGE	1.706	1.099	1.792	2.485	0.859	0.000	2.996	5906
MV	22.30	21.61	22.21	22.90	0.978	20.53	24.79	5906
ROE	0.087	0.044	0.083	0.127	0.072	－0.114	0.260	5906
LEV	0.405	0.234	0.397	0.565	0.207	0.0520	0.824	5906
INST	0.337	0.129	0.314	0.522	0.233	0.002	0.816	5906
ANA	1.791	1.099	1.946	2.708	1.089	0.000	3.611	5906

8.3.2　内部控制对董监高减持择机性的影响

表 8－3 报告了高质量内部控制对董监高减持择机性影响的回归结果。在第（1）列和第（4）列中，BHAR 的系数在 1% 水平上显著为正，表明相对于增持，董监高减持更多利用了信息优势，获得了更多的回报，因而具有更强的择机性；交互项 IC_d × BHAR 的系数在 1% 水平上显著为负，表明高质量内部控制显著抑制了董监高减持的择机性，降低了董监高减持后的超额回报，假设 H8－1 得以验证。进一步，基于内部控制质量的高低，对董监高减持的择机性进行分组回归，见表 8－3 第（2）列、第（3）列、第（5）列和第（6）列中，结果发现，在低质量内部控制组，BHAR 的系数显著为正，而在高质量内部控制组，BHAR 的系数则不显著或显著性较低，而且 BHAR 的系数在高质量内部控制组和低质量内部控制组之间存在显著差异（组间差异检验的 p 值均

为 0.000）。分组检验结果表明，相对于低质量内部控制，高质量内部控制显著抑制了董监高减持的择机性，进一步支持了假设 H8 - 1。

表 8 - 3　　内部控制与董监高减持的择机性

变量	（1）	（2）	（3）	（4）	（5）	（6）
	NSR1	NSR1	NSR1	NSR2	NSR2	NSR2
	全样本	内控质量低	内控质量高	全样本	内控质量低	内控质量高
IC_d × BHAR	-0.202 *** （0.001）			-0.194 *** （0.001）		
BHAR	0.269 *** （0.000）	0.268 *** （0.000）	0.063 （0.123）	0.266 *** （0.000）	0.265 *** （0.000）	0.068 * （0.093）
IC_d	-0.048 ** （0.012）			-0.045 ** （0.018）		
Momentum	0.413 *** （0.000）	0.399 *** （0.000）	0.428 *** （0.000）	0.409 *** （0.000）	0.394 *** （0.000）	0.426 *** （0.000）
RETVOL	-28.723 *** （0.000）	-28.227 *** （0.000）	-29.602 *** （0.000）	-28.458 *** （0.000）	-28.022 *** （0.000）	-29.245 *** （0.000）
lnSTOCK	0.058 *** （0.000）	0.060 *** （0.000）	0.056 *** （0.000）	0.058 *** （0.000）	0.060 *** （0.000）	0.056 *** （0.000）
BM	-0.381 *** （0.000）	-0.257 *** （0.002）	-0.483 *** （0.000）	-0.389 *** （0.000）	-0.269 *** （0.001）	-0.488 *** （0.000）
LNAGE	-0.086 *** （0.000）	-0.084 *** （0.000）	-0.078 ** （0.010）	-0.081 *** （0.000）	-0.078 *** （0.000）	-0.074 ** （0.014）
MV	-0.071 *** （0.006）	-0.071 *** （0.007）	-0.070 * （0.056）	-0.072 *** （0.005）	-0.075 *** （0.004）	-0.069 * （0.058）
ROE	-0.567 *** （0.003）	-0.505 ** （0.016）	-0.629 ** （0.029）	-0.580 *** （0.002）	-0.506 ** （0.016）	-0.652 ** （0.022）
LEV	-0.043 （0.586）	-0.064 （0.442）	-0.026 （0.826）	-0.031 （0.694）	-0.044 （0.593）	-0.022 （0.849）
INST	-0.085 （0.118）	-0.154 ** （0.023）	-0.022 （0.770）	-0.084 （0.124）	-0.145 ** （0.032）	-0.026 （0.728）

续表

变量	(1)	(2)	(3)	(4)	(5)	(6)
	NSR1	NSR1	NSR1	NSR2	NSR2	NSR2
	全样本	内控质量低	内控质量高	全样本	内控质量低	内控质量高
ANA	-0.028* (0.065)	-0.026* (0.083)	-0.028 (0.269)	-0.028* (0.062)	-0.026* (0.083)	-0.028 (0.255)
Constant	3.036*** (0.000)	2.872*** (0.000)	3.110*** (0.000)	3.032*** (0.000)	2.936*** (0.000)	3.040*** (0.000)
行业年度	控制	控制	控制	控制	控制	控制
样本量	12855	6412	6443	12855	6412	6443
R^2_adjust	0.359	0.379	0.344	0.360	0.379	0.347
组间差异检验		p 值 =0.000			p 值 =0.000	

注：***、**、*分别代表在1%、5%和10%水平上显著，标准误按照公司代码聚类和异方差调整。括号内为p值。

控制变量方面，股票收益动量 Momentum 的系数均在1%水平上显著为正，表明交易前股票回报越高，董监高越可能实施反向交易，即减持股份，符合理论预期。股票日回报标准差 RETVOL 的系数均在1%水平上显著为负，表明交易前股票回报波动性越强，董监高减持的可能性越低，与预期不符。原因可能是，公司回报波动性大越可能引发市场以及监管者的关注，董监高因顾忌这一点而审慎减持。董监高持股规模 lnSTOCK 的系数均在1%水平上显著为正，表明董监高持股规模越大，则董监高减持可能性越大，与预期相符。账市比 BM 的系数均在1%水平上显著为负，表明 BM 越小，公司价值被高估的可能性越大，因而作为反向交易者董监高减持可能性增大，符合预期。上市年限 LNAGE 的系数在1%或5%水平上显著为负，表明公司上市年限越长，董监高减持可能性越小，符合预期。公司规模 MV 系数均为负，其中第（1）、第（2）、第（4）和第（5）列在1%水平上显著，第（3）和第（6）列在10%水平上显著，表明大规模公司董监高有较强的减持倾向。净资产收益率 ROE 的系数均显著为负，表明公司前期盈利状况越好，董监高减持可能性越小，与预期不符。资产负债率 LEV 的系数为负，均不显著，表明 LEV 对董监高减持未产生显著影响。机构投资者持股比例 INST 和分析师关注 ANA 的系数均为负，符合预期。

8.3.3　内部控制与董监高减持择机性：产权性质的影响

相对于民营企业，国有企业董监高通过减持股份谋取私利的动机相对较弱。原因一方面在于国有企业董监高面临更大的政治风险。在现代公司治理框架下，国有企业董监高存在机会主义动机追求私有收益最大化。不过，国有企业董监高除具有“经济人”身份外，还兼具“政治人”身份（杨瑞龙，2013）。国有企业董监高的最终任免权在于地方或中央政府，抑或是国资委，他们的晋升模式类似于政府官员晋升的锦标赛机制（Li and Zhou，2005；周黎安等，2007；郑志刚等，2012）。国有企业董监高意识到凭借信息优势减持股份以获取超常回报的负面影响可能会阻碍其政治晋升，出于政治风险的考虑，国有企业董监高减持动机相对较弱，而民营企业董监高则没有政治风险的顾虑。另一方面，国有企业董监高较为注重政治声誉的维护。契约不完备和信息不对称理论表明，声誉会约束管理层的机会主义行为，声誉越高的高管将会因机会主义行为而遭受更高的声誉损失（Klein and Leffler，1981；Kreps and Wilson，1982），声誉在惩戒和阻止高管机会主义行为上发挥着重要作用。国有企业董监高利用私有信息的交易行为一旦披露出来，负面宣传将导致董监高和所在企业形象受损。国有企业董监高出于政治声誉考虑会审慎减持。对国有企业董监高出于政治风险和政治声誉考虑而审慎减持的观点，实证研究文献也有验证，比如曾庆生等（2018）研究发现国有企业高管出于政治风险考虑通过信息披露管理谋取内部人交易超额回报的动机较弱，非国有企业高管则更可能通过操纵年报语调谋取超额回报。综合上述分析，可以预期，在国有企业内部控制对董监高减持择机性的治理效果可能更好。

依据产权性质，将样本组分为民营企业组和国有企业组，民营企业样本量为 9508 个，国有企业样本量仅为 3347，存在较大差异。一定程度上表明了，在中国制度背景下，上市后民营企业董监高相比国有企业董监高通常有较大的减持需求。依据产权性质对模型（8－3）进行分组回归的结果见表 8－4。从回归结果发现，内部控制质量与股票回报的交互项 IC_d × BHAR 的回归系数在第（1）列民营企业组在 1% 水平上显著为负，在第（2）列国有企业组在5%水平上显著为负，系数在两组间没有显著差异（组间差异检验的p值为0.634）。同样，IC_d×BHAR的系数在第（3）和（4）中均显著为负，且没有显著差异（组间差异检验的p值为0.688）。结果表明，无论在民营企业还是在国有企业，高质量内部控制抑制董监高减持择机性的治理效应均显著存在，且无明显差异。

表8-4　内部控制与董监高减持择机性：产权性质的影响

变量	(1)	(2)	(3)	(4)
	NSR1	NSR1	NSR2	NSR2
	民营	国有	民营	国有
IC_d×BHAR	-0.193*** (0.003)	-0.245** (0.040)	-0.187*** (0.003)	-0.231** (0.049)
BHAR	0.171*** (0.001)	0.441*** (0.000)	0.170*** (0.001)	0.432*** (0.000)
IC_d	-0.032 (0.130)	-0.098** (0.014)	-0.027 (0.189)	-0.098** (0.012)
Momentum	0.358*** (0.000)	0.407*** (0.000)	0.352*** (0.000)	0.410*** (0.000)
RETVOL	-29.304*** (0.000)	-22.945*** (0.000)	-28.926*** (0.000)	-23.026*** (0.000)
lnSTOCK	0.056*** (0.000)	0.063*** (0.000)	0.056*** (0.000)	0.063*** (0.000)
BM	-0.435*** (0.000)	-0.233* (0.071)	-0.440*** (0.000)	-0.248* (0.054)
LNAGE	-0.059*** (0.003)	-0.147*** (0.001)	-0.055*** (0.006)	-0.140*** (0.001)
MV	-0.118*** (0.000)	0.002 (0.974)	-0.120*** (0.000)	0.003 (0.949)
ROE	-0.391** (0.021)	-0.389 (0.142)	-0.400** (0.019)	-0.389 (0.137)
LEV	0.033 (0.676)	-0.194 (0.246)	0.054 (0.492)	-0.200 (0.230)

续表

变量	(1)	(2)	(3)	(4)
	NSR1	NSR1	NSR2	NSR2
	民营	国有	民营	国有
INST	-0.063 (0.307)	-0.241** (0.044)	-0.059 (0.332)	-0.242** (0.043)
ANA	-0.009 (0.531)	-0.061 (0.107)	-0.008 (0.574)	-0.064* (0.087)
Constant	3.905*** (0.000)	1.530 (0.137)	3.918*** (0.000)	1.497 (0.142)
行业年度	控制	控制	控制	控制
样本量	9508	3347	9508	3347
R^2_adjust	0.344	0.380	0.346	0.381
组间差异检验	p 值 =0.634		p 值 =0.688	

注：***、**、*分别代表在1%、5%和10%水平上显著，标准误按照公司代码聚类和异方差调整。括号内为p值。

8.3.4 内部控制与董监高减持择机性：法制环境的影响

法制环境和监管者的执法质量是公司治理的重要因素，很大程度上决定了公司治理水平（La Port et al.，2000）。当前，中国处在市场化进程加快以及经济转型升级的过程中，不同地域之间的法制环境呈现出差异性和多样性，相应地，各地区的公司在遵法守法意识上以及监管者的执法质量上也会存在不同。公司所处区域的法制环境越好，董监高的机会主义行为越能得到有效约束（Burgstahler et al.，2006）。因此，可以预期，在法制环境较好的区域，内部控制对董监高机会主义减持的治理效应会更显著。

依据王小鲁、余静文和樊纲（2013）《中国分省企业经营环境指数2013年报告》中各省份“企业经营的法制环境”指数，将企业经营的法制环境指数大于中位数的归类法制环境优，否则为法制环境劣。依据上述分组进行分组回归，回归结果见表8-5。从回归结果可见，内部控制质量与股票回报的交互项IC_d×BHAR的回归系数在第（1）列法制环境优组在1%水平上显著为负，而在第（2）列法制环境劣组则不显著，系数在两组间呈显著差异（组间差异检验的p值为0.000）。同样，IC_d×BHAR的系数在第（3）列显著为负，在第（4）列不显著，同样呈显著差异（组间差异检验的p值为0.000）。结果表明，高质量内部控制抑制董监高减持择机性的治理效应在法制环境较好的地区更为显著。

表8-5　　内部控制与董监高减持择机性：法制环境的影响

变量	(1)	(2)	(3)	(4)
	NSR1	NSR1	NSR2	NSR2
	法制环境优	法制环境劣	法制环境优	法制环境劣
IC_d×BHAR	-0.413*** (0.000)	-0.030 (0.703)	-0.401*** (0.000)	-0.024 (0.755)
BHAR	0.427*** (0.000)	0.140** (0.015)	0.415*** (0.000)	0.143** (0.012)
IC_d	-0.048 (0.102)	-0.048* (0.053)	-0.047 (0.104)	-0.042* (0.081)
Momentum	0.398*** (0.000)	0.351*** (0.000)	0.397*** (0.000)	0.345*** (0.000)
RETVOL	-27.098*** (0.000)	-28.700*** (0.000)	-26.874*** (0.000)	-28.344*** (0.000)
lnSTOCK	0.053*** (0.000)	0.061*** (0.000)	0.053*** (0.000)	0.061*** (0.000)
BM	-0.488*** (0.000)	-0.302*** (0.000)	-0.491*** (0.000)	-0.313*** (0.000)
LNAGE	-0.036 (0.269)	-0.108*** (0.000)	-0.034 (0.290)	-0.101*** (0.000)
MV	-0.164*** (0.000)	-0.018 (0.580)	-0.162*** (0.000)	-0.022 (0.490)
ROE	-0.156 (0.583)	-0.616*** (0.000)	-0.131 (0.645)	-0.641*** (0.000)

续表

变量	(1)	(2)	(3)	(4)
	NSR1	NSR1	NSR2	NSR2
	法制环境优	法制环境劣	法制环境优	法制环境劣
LEV	0. 087 (0. 510)	-0. 158* (0. 078)	0. 096 (0. 459)	-0. 140 (0. 117)
INST	-0. 135* (0. 095)	-0. 052 (0. 476)	-0. 131 (0. 103)	-0. 051 (0. 481)
ANA	-0. 004 (0. 860)	-0. 043** (0. 025)	-0. 005 (0. 808)	-0. 043** (0. 027)
Constant	4. 984*** (0. 000)	1. 863*** (0. 003)	4. 914*** (0. 000)	1. 919*** (0. 002)
行业年度	控制	控制	控制	控制
样本量	5612	7243	5612	7243
R^2_adjust	0. 347	0. 375	0. 349	0. 376
组间差异检验	p 值 =0. 000		p 值 =0. 000	

注：***、**、*分别代表在 1%、5% 和 10% 水平上显著，标准误按照公司代码聚类和异方差调整。括号内为 p 值。

8.4　进一步研究：内部控制与董监高交易的信息优势

高质量内部控制能够提高公司信息透明度，降低董监高的信息优势（Doyle and Ge，2007a；Ashbaugh - Skaife et al.，2008；方红星和金玉娜，2011），约束董监高的机会主义行为。董监高交易行为是信息环境的函数（Huddart，2007）。董监高减持行为是其信息优势驱动的结果，是否减持取决于信息优势的大小：一方面，有关公司未来现金流量信息的精确度越低，有关公司价值评定信息的不确定性则越大（Veeman，2011），董监高的信息优势也就越大，其减持获利的可能性越大。另一方面，公开披露信息的精确度影响董监高与外部投资者之间的信息不对称（Bhattachary et al.，2012；Lambert et al.，2011）。公开披露信息精确度低加剧了信息不对称，结果则会提高董监高信息优势。借助信息优势，董监高择机减持谋取超常回报已成学界共识（Seyhun，1992；Rozeff and Zaman，1998；朱茶芬等，2011）。因此，信息优势大小可能是内部控制对董监高减持择机性治理效应的传导路径，内部控制提高了公司透明度，降低了董监高的信息优势，从而抑制了董监高减持的择机性。

股票价格是公司内部决策对当前和未来现金净流量影响的反应（Fama and Jensen，1983），董监高的信息优势会反映到未来的股价中。选择董监高减持交易后半年的购买并持有超常回报 BHAR 作为董监高信息优势的替代变量。为检验内部控制对董监高减持择机性治理效应的作用机制，构建模型见式（8－4）。

$$BHAR = \beta_0 + \beta_1 \times IC + \beta_2 \times Control\_Variables + \varepsilon \qquad (8-4)$$

其中，IC 为内部控制指数的自然对数，指数越大，则内部控制质量越高。依据模型（8－4），将董监高交易区分为减持组增持组并进行分组回归，回归结果见表 8－6。结果发现，在减持组内部控制与董监高的信息优势呈显著负相关关系，而在增持组二者关系不显著。结果表明，高质量内部控制能有效抑制董监高减持的信息优势，部分说明了内部控制抑制董监高机会主义减持的作用机制。

表 8－6　　内部控制与董监高交易的信息优势

变量	(1)	(2)
	BHAR	BHAR
	减持组	增持组
IC	−0.227*** (0.000)	0.103 (0.123)
Momentum	0.057*** (0.000)	−0.030* (0.054)
RETVOL	2.250*** (0.000)	1.005 (0.133)
lnSTOCK	−0.002 (0.174)	0.000 (0.451)
BM	−0.037 (0.213)	0.004 (0.904)

续表

变量	(1)	(2)
	BHAR	BHAR
	减持组	增持组
LNAGE	0.005 (0.449)	-0.019** (0.020)
MV	0.087*** (0.000)	-0.059*** (0.000)
ROE	0.186** (0.016)	-0.069 (0.391)
LEV	-0.010 (0.755)	0.077** (0.036)
INST	-0.141*** (0.000)	0.120*** (0.000)
ANA	-0.044*** (0.000)	0.022*** (0.002)
Constant	-0.265 (0.463)	0.535 (0.234)
行业年度	控制	控制
样本量	8586	4269
R^2_adjust	0.070	0.028
组间差异检验	p值=0.000	

注：***、**、*分别代表在1%、5%和10%水平上显著，标准误按照公司代码聚类和异方差调整。括号内为p值。

8.5　稳健性检验

8.5.1　内生性问题

迪博内部控制指数是以内部控制战略、经营、报告、合规和资产安全五大控制目标提供合理保证的程度为基础进行构建的，同时，以内部控制重大缺陷作为修正指数，设计出来用以综合反映上市公司内部控制水平与风险管控能力的一套指数。由于内部控制缺陷指标主要来自上市公司的自评报告或者鉴证报告，上市公司在权衡各种因素后存在选择不披露内部控制缺陷的可能性，意味着内部控制质量度量可能存在自选择问题。

同时，影响内部控制质量的企业特征也可能会影响到内部人交易的经济后果。因此，在缺少合理控制的情况下，前述模型（8－3）回归的结果可能会存在估计偏误。因此，采用赫克曼（1979）两步法进行测试。具体而言，借鉴道尔等（2007b）、阿什宝－斯凯夫等（2007）以及李万福等（2011）的内部控制缺陷决定因素模型，把内部控制质量 IC_d 作为一系列解释变量的函数，这些变量包括：审计师是否为四大 BIG4、存货与总资产比率 INV、公司规模 SIZE、亏损程度 LOSS、成长性 GROWTH、是否并购或重组 M&A、公司上市年限 LNAGE 和实际控制人性质 STATE，以及公司治理变量：第一大股东持股比例 Largestholder、机构投资者持股比例 INST。

基于上述内部控制质量决定因素的设定，采用 Heckman 两步法进行回归测试。首先，采用 probit 回归估计出公司内部控制质量高低的概率；其次，计算出逆米尔斯比 lambda，在控制逆米尔斯比的基础上，重新进行了回归分析。表 8－7 给出了第二阶段回归结果，结果表明在控制内部控制的自选择问题后，内部控制对董监高减持择机性的治理效应仍然显著。

表 8－7　　　内部控制与董监高减持择机性：第二阶段回归

变量	(1)	(2)	(3)	(4)	(5)	(6)
	NSR1	NSR1	NSR1	NSR2	NSR2	NSR2
	全样本	内控质量低	内控质量高	全样本	内控质量低	内控质量高
IC_d × BHAR	−0.170*** (0.004)			−0.161*** (0.006)		
BHAR	0.212*** (0.000)	0.212*** (0.000)	0.037 (0.318)	0.208*** (0.000)	0.209*** (0.000)	0.043 (0.249)

续表

变量	(1)	(2)	(3)	(4)	(5)	(6)
	NSR1	NSR1	NSR1	NSR2	NSR2	NSR2
	全样本	内控质量低	内控质量高	全样本	内控质量低	内控质量高
IC_d	-0.030 (0.132)			-0.028 (0.161)		
Momentum	0.377*** (0.000)	0.368*** (0.000)	0.387*** (0.000)	0.374*** (0.000)	0.364*** (0.000)	0.385*** (0.000)
RETVOL	-29.119*** (0.000)	-29.192*** (0.000)	-29.447*** (0.000)	-28.843*** (0.000)	-28.967*** (0.000)	-29.094*** (0.000)
lnSTOCK	0.057*** (0.000)	0.060*** (0.000)	0.055*** (0.000)	0.057*** (0.000)	0.060*** (0.000)	0.055*** (0.000)
BM	-0.264*** (0.001)	-0.172* (0.050)	-0.302** (0.010)	-0.275*** (0.000)	-0.190** (0.031)	-0.309*** (0.008)
LNAGE	-0.129*** (0.000)	-0.112*** (0.000)	-0.143*** (0.000)	-0.124*** (0.000)	-0.106*** (0.000)	-0.138*** (0.000)
MV	-0.039 (0.170)	-0.040 (0.167)	-0.018 (0.669)	-0.041 (0.152)	-0.045 (0.121)	-0.017 (0.689)
ROE	-0.282* (0.081)	-0.216 (0.225)	-0.342 (0.202)	-0.291* (0.069)	-0.221 (0.216)	-0.357 (0.175)
LEV	-0.070 (0.389)	-0.102 (0.234)	-0.026 (0.827)	-0.057 (0.482)	-0.078 (0.357)	-0.024 (0.841)
INST	0.028 (0.660)	-0.037 (0.633)	0.166* (0.090)	0.024 (0.698)	-0.034 (0.654)	0.157 (0.104)
ANA	-0.027 (0.108)	-0.023 (0.163)	-0.026 (0.332)	-0.028* (0.092)	-0.024 (0.139)	-0.027 (0.307)
lambda	0.118*** (0.001)	0.089** (0.016)	0.229*** (0.001)	0.113*** (0.001)	0.082** (0.026)	0.226*** (0.001)
Constant	2.219*** (0.000)	2.160*** (0.001)	1.665* (0.065)	2.240*** (0.000)	2.264*** (0.000)	1.616* (0.070)

续表

变量	(1)	(2)	(3)	(4)	(5)	(6)
	NSR1	NSR1	NSR1	NSR2	NSR2	NSR2
	全样本	内控质量低	内控质量高	全样本	内控质量低	内控质量高
行业年度	控制	控制	控制	控制	控制	控制
样本量	11933	5865	6068	11933	5865	6068
R^2_adjust	0. 360	0. 378	0. 347	0. 361	0. 379	0. 350
组间差异检验		p 值 =0. 000			p 值 =0. 000	

注：*** 、** 、* 分别代表在 1% 、5% 和 10% 水平上显著，标准误按照公司代码聚类和异方差调整。括号内为 p 值。

8. 5. 2　更换测度指标

1. 更换内部控制质量的测度方式

关于内部控制质量的度量，借鉴方红星和陈作华（2015）与林斌等（2013）的方法，基于内部控制缺陷，考虑公司是否违规、独立审计师的审计意见、盈利状况、财务报告是否重述以及内部控制是否存在重大缺陷等五个因素后，对内部控制质量进行度量。具体而言，当公司未发生违规行为、审计意见为无保留意见、盈利状况较好、无财务报告重述以及内部控制不存在重大缺陷时，企业内部控制为高质量内部控制，IC_d 取值为 1，其他情况为低质量内部控制，取值为 0。

更换内部控制质量的测度方式对模型（8 －3）重新检验，回归结果见表 8 －8，与前文一致，假设 H8 －1 得以验证，表明结论是稳健和可靠的。

表 8 －8　　稳健性检验：更换内部控制质量的测度方式

变量	(1)	(2)	(3)	(4)	(5)	(6)
	NSR1	NSR1	NSR1	NSR2	NSR2	NSR2
	全样本	内控质量低	内控质量高	全样本	内控质量低	内控质量高
IC_d × BHAR	－0. 121 ** (0. 037)			－0. 116 ** (0. 044)		

续表

变量	(1)	(2)	(3)	(4)	(5)	(6)
	NSR1	NSR1	NSR1	NSR2	NSR2	NSR2
	全样本	内控质量低	内控质量高	全样本	内控质量低	内控质量高
BHAR	0.187*** (0.000)	0.186*** (0.000)	0.061 (0.134)	0.185*** (0.000)	0.185*** (0.000)	0.064 (0.108)
IC_d	-0.044** (0.046)			-0.041* (0.060)		
Momentum	0.370*** (0.000)	0.353*** (0.000)	0.390*** (0.000)	0.367*** (0.000)	0.348*** (0.000)	0.389*** (0.000)
RETVOL	-28.175*** (0.000)	-29.395*** (0.000)	-26.785*** (0.000)	-27.911*** (0.000)	-28.981*** (0.000)	-26.662*** (0.000)
lnSTOCK	0.058*** (0.000)	0.059*** (0.000)	0.057*** (0.000)	0.058*** (0.000)	0.059*** (0.000)	0.057*** (0.000)
BM	-0.365*** (0.000)	-0.281*** (0.001)	-0.459*** (0.000)	-0.373*** (0.000)	-0.285*** (0.000)	-0.470*** (0.000)
LNAGE	-0.086*** (0.000)	-0.079*** (0.000)	-0.088*** (0.002)	-0.081*** (0.000)	-0.074*** (0.001)	-0.083*** (0.004)
MV	-0.076*** (0.003)	-0.080*** (0.002)	-0.065* (0.070)	-0.077*** (0.002)	-0.081*** (0.001)	-0.066* (0.064)
ROE	-0.422*** (0.002)	-0.228 (0.121)	-0.699*** (0.003)	-0.422*** (0.002)	-0.216 (0.140)	-0.720*** (0.002)
LEV	-0.074 (0.333)	-0.041 (0.612)	-0.143 (0.262)	-0.060 (0.428)	-0.021 (0.790)	-0.136 (0.284)
INST	-0.099* (0.067)	-0.153** (0.033)	-0.032 (0.658)	-0.097* (0.073)	-0.144** (0.043)	-0.035 (0.625)
ANA	-0.026* (0.088)	-0.029* (0.074)	-0.025 (0.290)	-0.026* (0.083)	-0.029* (0.065)	-0.025 (0.284)
Constant	3.100*** (0.000)	3.066*** (0.000)	3.020*** (0.000)	3.099*** (0.000)	3.041*** (0.000)	3.027*** (0.000)

续表

变量	(1) NSR1 全样本	(2) NSR1 内控质量低	(3) NSR1 内控质量高	(4) NSR2 全样本	(5) NSR2 内控质量低	(6) NSR2 内控质量高
行业年度	控制	控制	控制	控制	控制	控制
样本量	13013	6613	6400	13013	6613	6400
R^2_adjust	0.357	0.371	0.351	0.359	0.372	0.353
组间差异检验		p 值 =0.004			p 值 =0.005	

注：***、**、*分别代表在1%、5%和10%水平上显著，标准误按照公司代码聚类和异方差调整。括号内为p值。

2. 基于90天BHAR的稳健性检验

基于公式（8-2），计算董监高交易后90天的BHAR，并对模型（8-3）进行回归。回归结果见表8-9，发现IC_d×BHAR的系数在第（1）和第（4）列显著为负，BHAR的系数在第（2）和第（5）列中显著为正，但在第（3）和第（6）中不显著，与前述回归结果一致，结论是稳健的。

表8-9　　稳健性检验：90天BHAR

变量	(1) NSR1 全样本	(2) NSR1 内控质量低	(3) NSR1 内控质量高	(4) NSR2 全样本	(5) NSR2 内控质量低	(6) NSR2 内控质量高
IC_d×BHAR	-0.215*** (0.001)			-0.207*** (0.001)		
BHAR	0.231*** (0.000)	0.227*** (0.000)	0.013 (0.761)	0.231*** (0.000)	0.228*** (0.000)	0.021 (0.630)
IC_d	-0.043** (0.026)			-0.040** (0.036)		
Momentum	0.374*** (0.000)	0.368*** (0.000)	0.382*** (0.000)	0.370*** (0.000)	0.363*** (0.000)	0.379*** (0.000)

续表

变量	(1)	(2)	(3)	(4)	(5)	(6)
	NSR1	NSR1	NSR1	NSR2	NSR2	NSR2
	全样本	内控质量低	内控质量高	全样本	内控质量低	内控质量高
RETVOL	-28.112*** (0.000)	-27.771*** (0.000)	-28.861*** (0.000)	-27.838*** (0.000)	-27.572*** (0.000)	-28.483*** (0.000)
lnSTOCK	0.058*** (0.000)	0.061*** (0.000)	0.056*** (0.000)	0.058*** (0.000)	0.060*** (0.000)	0.056*** (0.000)
BM	-0.378*** (0.000)	-0.253*** (0.002)	-0.488*** (0.000)	-0.386*** (0.000)	-0.265*** (0.001)	-0.492*** (0.000)
LNAGE	-0.085*** (0.000)	-0.084*** (0.000)	-0.077** (0.012)	-0.080*** (0.000)	-0.077*** (0.000)	-0.073** (0.015)
MV	-0.075*** (0.004)	-0.071*** (0.007)	-0.076** (0.036)	-0.076*** (0.003)	-0.075*** (0.004)	-0.075** (0.037)
ROE	-0.466*** (0.002)	-0.368** (0.022)	-0.606** (0.016)	-0.473*** (0.002)	-0.362** (0.026)	-0.626** (0.012)
LEV	-0.042 (0.591)	-0.064 (0.435)	-0.019 (0.874)	-0.030 (0.702)	-0.044 (0.585)	-0.014 (0.901)
INST	-0.083 (0.130)	-0.157** (0.021)	-0.012 (0.872)	-0.081 (0.138)	-0.147** (0.029)	-0.016 (0.834)
ANA	-0.028* (0.067)	-0.028* (0.059)	-0.025 (0.325)	-0.028* (0.064)	-0.028* (0.058)	-0.025 (0.308)
Constant	3.083*** (0.000)	2.849*** (0.000)	3.191*** (0.000)	3.083*** (0.000)	2.921*** (0.000)	3.121*** (0.000)
行业年度	控制	控制	控制	控制	控制	控制
样本量	12855	6412	6443	12855	6412	6443
R^2_adjust	0.355	0.374	0.341	0.357	0.374	0.344
组间差异检验		p值=0.000			p值=0.000	

注：***、**、*分别代表在1%、5%和10%水平上显著，标准误按照公司代码聚类和异方差调整。括号内为p值。

3. 更换董监高减持的测度方式

一方面，将董监高交易月份减持总股数大于增持总股数的情况视为董监高减持，定义为Sell，取值为1，否则取值为0。据此构建混合截面Logistic 模型并进行回归，结果见表8－10，发现结果是稳健的。

表8－10　　稳健性检验：更换董监高减持的测度方式

变量	(1)	(2)	(3)
	Sell	Sell	Sell
	全样本	内控质量低	内控质量高
IC_d × BHAR	−0.700*** (0.002)		
BHAR	0.971*** (0.000)	0.990*** (0.000)	0.249* (0.087)
IC_d	−0.196*** (0.006)		
Momentum	1.414*** (0.000)	1.427*** (0.000)	1.412*** (0.000)
RETVOL	−95.179*** (0.000)	−96.884*** (0.000)	−95.249*** (0.000)
lnSTOCK	0.209*** (0.000)	0.223*** (0.000)	0.197*** (0.000)
BM	−1.190*** (0.000)	−0.748** (0.020)	−1.518*** (0.000)
LNAGE	−0.326*** (0.000)	−0.326*** (0.000)	−0.303*** (0.003)
MV	−0.189** (0.036)	−0.225** (0.022)	−0.171 (0.149)
ROE	−1.889*** (0.005)	−1.760** (0.028)	−1.905* (0.052)

续表

变量	(1)	(2)	(3)
	Sell	Sell	Sell
	全样本	内控质量低	内控质量高
LEV	-0.190 (0.506)	-0.320 (0.319)	-0.076 (0.853)
INST	-0.275 (0.169)	-0.437* (0.097)	-0.122 (0.643)
ANA	-0.090 (0.104)	-0.084 (0.151)	-0.081 (0.337)
Constant	8.841*** (0.000)	9.035*** (0.000)	8.642*** (0.000)
行业年度	控制	控制	控制
样本量	12854	6412	6442
R^2_adjust	0.338	0.364	0.321
组间差异检验		p 值 = 0.000	

注：***、**、*分别代表在 1%、5% 和 10% 水平上显著，标准误按照公司代码聚类和异方差调整。括号内为 p 值。

另一方面，用董监高月减持交易总股数（或次数）除以董监高月减持交易总股数（或次数）与月增持交易总股数（或次数）之和，即董监高减持比率 SR［见式（8－5）］来衡量董监高减持行为。将 SR 作为因变量，对模型（8－3）进行回归，发现结果是稳健的（见表 8－11）。

$$SR_t = \frac{Sold_t}{Sold_t + Purchased_t} \tag{8-5}$$

表 8－11　　稳健性检验：更换董监高减持的测度方式

变量	(1)	(2)	(3)	(4)	(5)	(6)
	SR1	SR1	SR1	SR2	SR2	SR2
	全样本	内控质量低	内控质量高	全样本	内控质量低	内控质量高
IC_d × BHAR	-0.101*** (0.001)			-0.097*** (0.001)		

续表

变量	(1)	(2)	(3)	(4)	(5)	(6)
	SR1	SR1	SR1	SR2	SR2	SR2
	全样本	内控质量低	内控质量高	全样本	内控质量低	内控质量高
BHAR	0. 135 *** (0. 000)	0. 134 *** (0. 000)	0. 032 (0. 123)	0. 133 *** (0. 000)	0. 133 *** (0. 000)	0. 034 * (0. 093)
IC_d	-0. 024 ** (0. 012)			-0. 022 ** (0. 018)		
Momentum	0. 206 *** (0. 000)	0. 200 *** (0. 000)	0. 214 *** (0. 000)	0. 205 *** (0. 000)	0. 197 *** (0. 000)	0. 213 *** (0. 000)
RETVOL	-14. 362 *** (0. 000)	-14. 114 *** (0. 000)	-14. 801 *** (0. 000)	-14. 229 *** (0. 000)	-14. 011 *** (0. 000)	-14. 623 *** (0. 000)
lnSTOCK	0. 029 *** (0. 000)	0. 030 *** (0. 000)	0. 028 *** (0. 000)	0. 029 *** (0. 000)	0. 030 *** (0. 000)	0. 028 *** (0. 000)
BM	-0. 190 *** (0. 000)	-0. 128 *** (0. 002)	-0. 241 *** (0. 000)	-0. 195 *** (0. 000)	-0. 135 *** (0. 001)	-0. 244 *** (0. 000)
LNAGE	-0. 043 *** (0. 000)	-0. 042 *** (0. 000)	-0. 039 ** (0. 010)	-0. 040 *** (0. 000)	-0. 039 *** (0. 000)	-0. 037 ** (0. 014)
MV	-0. 036 *** (0. 006)	-0. 035 *** (0. 007)	-0. 035 * (0. 056)	-0. 036 *** (0. 005)	-0. 037 *** (0. 004)	-0. 035 * (0. 058)
ROE	-0. 283 *** (0. 003)	-0. 253 ** (0. 016)	-0. 315 ** (0. 029)	-0. 290 *** (0. 002)	-0. 253 ** (0. 016)	-0. 326 ** (0. 022)
LEV	-0. 022 (0. 586)	-0. 032 (0. 442)	-0. 013 (0. 826)	-0. 015 (0. 694)	-0. 022 (0. 593)	-0. 011 (0. 849)
INST	-0. 043 (0. 118)	-0. 077 ** (0. 023)	-0. 011 (0. 770)	-0. 042 (0. 124)	-0. 072 ** (0. 032)	-0. 013 (0. 728)
ANA	-0. 014 * (0. 065)	-0. 013 * (0. 083)	-0. 014 (0. 269)	-0. 014 * (0. 062)	-0. 013 * (0. 083)	-0. 014 (0. 255)
Constant	2. 018 *** (0. 000)	1. 936 *** (0. 000)	2. 055 *** (0. 000)	2. 016 *** (0. 000)	1. 968 *** (0. 000)	2. 020 *** (0. 000)

续表

变量	(1)	(2)	(3)	(4)	(5)	(6)
	SR1	SR1	SR1	SR2	SR2	SR2
	全样本	内控质量低	内控质量高	全样本	内控质量低	内控质量高
行业年度	控制	控制	控制	控制	控制	控制
样本量	12855	6412	6443	12855	6412	6443
R^2_adjust	0. 359	0. 379	0. 344	0. 360	0. 379	0. 347
组间差异检验		p 值 =0. 000			p 值 =0. 000	

注：*** 、** 、* 分别代表在 1% 、5% 和 10% 水平上显著，标准误按照公司代码聚类和异方差调整。括号内为 p 值。

4. 排除敏感期交易的影响

董监高在定期报告公告前 30 日内以及业绩预告、业绩快报公告前 10 日内进行的交易称为敏感期交易，属于违规交易。考虑到敏感期交易可能对本书结论带来影响，剔除掉 861 笔敏感期交易后再次对模型（8 -3）进行回归，发现结果与前文保持一致（见表 8 -12）。

表 8 -12　　　　稳健性检验：排除敏感期交易的影响

变量	(1)	(2)	(3)	(4)	(5)	(6)
	NSR1	NSR1	NSR1	NSR2	NSR2	NSR2
	全样本	内控质量低	内控质量高	全样本	内控质量低	内控质量高
IC_d × BHAR	-0. 202 *** (0. 001)			-0. 199 *** (0. 001)		
BHAR	0. 264 *** (0. 000)	0. 264 *** (0. 000)	0. 057 (0. 162)	0. 263 *** (0. 000)	0. 264 *** (0. 000)	0. 058 (0. 146)
IC_d	-0. 049 ** (0. 014)			-0. 045 ** (0. 022)		
Momentum	0. 420 *** (0. 000)	0. 399 *** (0. 000)	0. 443 *** (0. 000)	0. 417 *** (0. 000)	0. 395 *** (0. 000)	0. 441 *** (0. 000)

续表

变量	(1)	(2)	(3)	(4)	(5)	(6)
	NSR1	NSR1	NSR1	NSR2	NSR2	NSR2
	全样本	内控质量低	内控质量高	全样本	内控质量低	内控质量高
RETVOL	-27.607*** (0.000)	-27.016*** (0.000)	-28.596*** (0.000)	-27.388*** (0.000)	-26.885*** (0.000)	-28.262*** (0.000)
lnSTOCK	0.059*** (0.000)	0.060*** (0.000)	0.057*** (0.000)	0.059*** (0.000)	0.060*** (0.000)	0.057*** (0.000)
BM	-0.386*** (0.000)	-0.250*** (0.004)	-0.493*** (0.000)	-0.395*** (0.000)	-0.263*** (0.002)	-0.498*** (0.000)
LNAGE	-0.091*** (0.000)	-0.086*** (0.000)	-0.088*** (0.006)	-0.087*** (0.000)	-0.080*** (0.000)	-0.085*** (0.008)
MV	-0.069** (0.010)	-0.075*** (0.006)	-0.064* (0.096)	-0.070*** (0.009)	-0.078*** (0.004)	-0.063* (0.098)
ROE	-0.581*** (0.004)	-0.536** (0.016)	-0.632** (0.037)	-0.592*** (0.003)	-0.543** (0.015)	-0.642** (0.032)
LEV	-0.049 (0.553)	-0.080 (0.351)	-0.026 (0.832)	-0.034 (0.680)	-0.058 (0.494)	-0.019 (0.877)
INST	-0.098* (0.082)	-0.165** (0.018)	-0.041 (0.598)	-0.096* (0.086)	-0.155** (0.025)	-0.046 (0.551)
ANA	-0.029* (0.070)	-0.024 (0.124)	-0.030 (0.248)	-0.029* (0.064)	-0.024 (0.119)	-0.030 (0.233)
Constant	2.911*** (0.000)	2.843*** (0.000)	2.903*** (0.000)	2.905*** (0.000)	2.901*** (0.000)	2.833*** (0.000)
行业年度	控制	控制	控制	控制	控制	控制
样本量	11994	5985	6009	11994	5985	6009
R^2_adjust	0.341	0.359	0.329	0.343	0.359	0.332
组间差异检验		p 值 = 0.000			p 值 = 0.000	

注：***、**、*分别代表在1%、5%和10%水平上显著，标准误按照公司代码聚类和异方差调整。括号内为p值。

8.6　主要结论

近年来，董监高恶意减持、“精准”减持、“清仓式”减持等无序和违规减持现象激增，扰乱了市场交易秩序，损害了中小投资者利益，引发了资本市场的异常波动，成为破坏金融安全的不稳定因素。在此背景下，探讨如何有效规范和制约董监高的机会主义减持行为，对于投资者利益保护和资本市场健康稳定发展，显得尤为重要。本章基于公司层面监管体系，考察内部控制能否制约董监高的机会主义减持行为，降低其减持择机性，并探求作用机理。基于 2007 ~ 2016 年中国 A 股上市公司的财务数据进行了实证检验。研究发现，相对于低质量内部控制，高质量内部控制显著地抑制了董监高减持的择机性，结果表明内部控制对董监高机会主义减持行为具有治理效应；这一治理效应在法制环境较好地区更为显著，而在民营企业与国有企业均较为显著，无显著差异。进一步检验发现，内部控制能有效抑制董监高的信息优势，部分说明了内部控制发挥治理效应的机理。

从研究结论来看：第一，高质量内部控制能够降低董监高的信息优势，信息优势又是董监高减持的驱动因素。因此，内部控制制度在上市公司的推行和落实具有积极的意义，高质量内部控制显著提升了公司透明度，降低了董监高减持择机性。第二，规范和制约董监高减持行为中机会主义动机的关键是：制定更为详细的信息披露规则，提高董监高减持信息披露的质量，降低董监高的私有信息优势。第三，本研究具有一定的启示意义，是对市场和投资者关注董监高减持问题的呼应，为中国证监会《上市公司股东、董监高减持股份的若干规定》所要求的强化监管董监高减持行为提供了支持，是对外部监管机制的丰富和补充。

第9章 研究结论、政策建议与研究展望

9.1 研究结论

本研究在对内部控制与内部人交易相关文献和相关理论进行梳理和分析的基础上，运用规范性分析和实证分析相结合的方法，围绕本研究主题进行了理论归纳和实证研究。本章通过对前文理论分析和实证研究的归纳总结，提炼出本研究的主要研究结论如下：

（1）内部人交易行为具有传递私有信息的信号功能，市场能够准确地捕捉到内部人交易所传达的新信息，内部人交易具有较高的信息含量；高质量内部控制能够有效弱化内部人交易的信号功能，能够显著降低内部人交易信息含量。

立足于我国制度背景，以2009～2012年沪深两市A股上市公司为研究样本，以内部人交易6个月和12个月期间的购买并持有超常回报作为内部人交易信息含量的替代变量，首先检验了内部人股票交易行为与内部人交易超常回报之间的关系以及高质量内部控制对内部人交易信息含量的影响。研究发现，内部人买入股票交易行为与未来超常回报之间存在显著的正相关关系，而内部控制质量越高，内部人交易行为与内部人交易超常回报之间的正相关关系则越弱。结果表明，作为传递私有信息的最直接的信号，市场准确地捕捉到了内部人交易行为所传达的新信息，并对此作出了显著的反应；内部控制有效地抑制了内部人的私有信息优势，显著地弱化了内部人交易行为的信号功能，显著地降低了内部人交易信息含量。其次，运用内部人净买入比率作为内部人交易行为

的替代变量，进一步检验了内部控制对内部人交易行为信息含量的影响，发现结论是稳健可靠的。总体来讲，内部控制质量越高，公司信息透明度越高，内部人私有信息在交易前反映到股价中的程度比较高，因此，在内部人交易后，内部人交易行为预测股票未来回报的能力显著下降。

（2）高质量内部控制能有效抑制内部人凭借股票交易行为进行寻租。

立足于公司层面监管体系，以内部人单日交易获取的超常收益和内部人单月多次交易获取的总超常收益作为内部人寻租的代理变量，从内部人交易行为的视角检验了内部控制质量与内部人寻租的关系。研究发现，内部控制质量越高，内部人交易获取的超常收益则越低，且二者的负相关关系在控制住可能的内生性问题后依然显著；说明高质量内部控制可有效降低内部人与外部人之间的信息不对称，从而有效地降低了内部人寻租的程度，有助于保护投资者利益。

（3）市场认为内部人亲属卖出股票交易行为向市场传达了新信息，并对此作出了显著的负面反应；内部控制对内部人亲属交易所引起的市场反应有着显著的影响。

以2009～2012年的深圳证券交易所上市公司为研究样本，采用事件研究法研究了内部人亲属买卖本公司股票前后的超常回报模式以及内部控制在其中发生的作用。事件的窗口期为股份变动日期前后20天，即[-20，20]，估计期窗口为事件期窗口的前180天，即[-200，-21]。研究发现，市场对内部人亲属卖出股票交易行为有着显著的负面反应，而对于内部人亲属买入股票交易行为则没有显著的反应。进一步分别将内部人亲属买入股票交易和卖出股票交易按照内部控制质量的高低分成两组，并分别采用事项研究法进行分析，结果发现：其一，对于内部人亲属卖出股票交易而言，当内部控制质量较低时，内部人亲属成功地选择了在股价大幅度上升的恰当时点卖出了股票，具有较强的选择时机的能力，而且规避了交易后股价大跌可能带来的损失；当内部控制质量较高时，内部人亲属规避损失的能力大大下降，市场对内部人亲属卖出股票交易行为所释放的信号虽然作出了负面反应，但已明显弱化了。这表明，高质量内部控制能够有效抑制内部人亲属卖出股票以规避损失的目的。其二，对于内部人亲属买入股票交易而言，未有证据表明内部控制与内部人亲属买入股票交易行为之间有显著的关联。

（4）我国内部人卖出股票交易在总的内部人交易中所占比重远远大于内部人买入股票交易，内部人在敏感期交易的现象是高发的，交易信息不能及时披露的现象也是高发的。

通过对我国内部人交易2009～2012年的数据统计分析后发现，无论是在内部人交易次数还是在内部人交易金额上，内部人卖出股票交易在总的内部人交易中所占的比重远远大于内部人买入股票交易。2009～2012年的内部人敏感期交易和信息披露延迟的年度分布（以交易次数为基准）来看，2010年内部人违规交易比率最小，竟然高达到30.10%；内部人敏感期交易比率最小的是2012年，为15.10%；内部人延迟披露交易信息比率最小的是2010年，为13.93%。因此，我国内部人交易违规现象是高发的。

（5）高质量内部控制能够抑制内部人违规交易行为尤其是敏感期交易行为的发生。

立足于内部控制的合规性目标，以2009～2012年上海证券交易所上市公司为研究样本，把内部人违规交易比率、内部人敏感期交易比率和内部人延迟披露比率作为内部人违规交易行为的替代变量，考察了内部控制对内部人违规交易行为的影响。研究发现，总体而言，内部控制质量与内部人违规交易行为显著负相关，表明内部控制质量越高，内部人违规交易行为发生率越低。具体而言，内部控制与内部人违规交易比率和内部人敏感期交易比率显著负相关，与内部人延迟披露比率负相关。研究结果表明，内部控制能有效抑制内部人违规交易行为的发生，有利于提高公司经营管理的合法合规性，进而保护投资者利益。

（6）高质量内部控制能够有效抑制内部人的机会主义减持行为，发挥了治理功能。

基于公司层面监管体系，考察内部控制能否制约董监高的机会主义减持行为，降低其减持择机性，并探求作用机理。基于2007～2016年中国A股上市公司的财务数据进行了实证检验。研究发现，相对于低质量内部控制，高质量内部控制显著地抑制了董监高减持的择机性，结果表明内部控制对董监高机会主义减持行为具有治理效应；这一治理效应在法制环境较好地区更为显著，而在民营企业与国有企业均较为显著，无显著差异。进一步检验发现，内部控制能有效抑制董监高的信息优势，部分说明了内部控制发挥治理效应的机理。

9.2 政策建议

根据本研究的结论，结合我国制度现状，提出如下政策建议。

1. 建议证券交易监管部门加强对内部人交易信息披露和敏感期交易的监管

2007年中国证监会颁布的《上市公司董事、监事和高级管理人员所持本公司股份及其变动管理规则》第十一条对内部人交易信息披露进行了规定，要求上市公司董事、监事和高级管理人员所持本公司股份发生变动的，应当自该事实发生之日起两个交易日内，向上市公司报告并由上市公司在证券交易所网站进行公告。该规则第十三条对敏感期交易进行了详细的规定。尽管该规则仅是要求董事、监事和高级管理人员应当保证本人申报数据的及时、真实、准确、完整，而且指出对违反规则的内部人依照《证券法》进行处罚，但是《证券法》并未针对董事、监事和高级管理人员信息披露延迟和敏感期交易制定明确的处罚规定，并且中国证监会也没有制定出明确的监管措施，这无疑是内部人交易信息延迟披露现象和敏感期交易现象高发的重要原因。因此，建议中国证监会制定明确的监管措施，对内部人违规行为实施严格的处罚，让内部人承担起应该担负的法律责任。

2. 完善内部人亲属交易立法

我国《证券法》以及证监会颁布的《上市公司董事、监事和高级管理人员所持本公司股份及其变动管理规则》对上市公司董事、监事和高级管理人员买卖本公司股票行为进行了相应规定，但是内部人亲属并未被纳入法律法规的监管中。由于董事、监事和高级管理人员与其亲属之间存在着血缘上和利益上的紧密关联，因此，公司内部人为规避法律法规的监管，可能会利用亲属关系进行交易以获取超常收益。本书的研究发现，内部人亲属在卖出股票交易上具有较强的择机能力，而且成功规避了交易后股价的大幅下跌。因此，建议将公司内部人的父母、子女、配偶和兄弟姐妹等亲属明确地纳入相关法律法规的监管体系之中，堵住内部人规避监管的漏洞。

3. 建立内部人交易跟踪、评价和处罚机制

内部人交易与内幕交易在交易主体、交易动机、交易后果和交易性质上存在差异。内部人利用尚未公开的重大事件信息进行交易，内部人的股票交易则变成了内幕交易。因此，对于内部人是否利用私有的重大事件信息进行交易很难做出清晰的界定。因此，建议证券监管机构加强对内部人交易的跟踪，对重大事件前后的内部人交易进行评价，对违反规定进行的交易行为进行处罚。总之，建立内部人交易跟踪、评价和处罚机制是规范内部人交易、促进证券市场健康发展的重要举措。

4. 完善公司层面监管体系，强化在公司层面上对内部人交易的监督

本书的研究结论表明，公司内部控制质量越高，内部人及其亲属利用股票交易寻租程度就越低，内部人违规交易行为也能得到有效抑制。因此，内部控制与公司治理等公司层面监管体系是规范内部人交易的首要机制设计，强化内部控制和公司治理是维护证券市场健康发展，维护市场公平，保护投资者利益的第一道防线。具体来讲，其一，完善内部控制信息披露和评价制度，提高内部控制的有效性；其二，完善公司信息报告制度，提高公司信息报告质量；其三，完善董事会等公司治理制度，发挥董事会、监事会、审计委员会等的监督作用。

9.3 研究展望

内部人买卖本公司股票自2006年开始有限制解禁以来，内部人交易成为极具研究价值的学术话题。与西方发达经济体所取得的丰硕的内部人交易研究成果相比，我国对内部人交易的研究只是刚刚起步。本书对内部控制如何影响内部人交易进行了系统研究，具体涉及内部人交易信息含量、内部人交易寻租、内部人亲属交易行为以及内部人违规交易行为四个领域。然而，本书的研究受到主客观因素的影响仍然存在诸多不足，需要在未来开展进一步的研究。

1. 研究内部人交易动机的内在机理

内部人交易动机是多方面的，既有出于流动性需要、消费需要和多元化投资需要的交易动机，又有出于利用私有信息获取超常回报的交易动机。既有研究包括本书尚不能对内部人交易动机做出清晰的划分，不能对内部人交易动机的内在机理做出深入解读，这既是本书和既有研究存在的不足，又是未来研究需要解决的问题。

2. 研究特定事件（如会计重述、违规处罚）与内部人交易之间的关联性

市场认为内部人交易具有传递公司内部信息的信号功能，那么对于公司特定事件前后发生的内部人交易将对市场带来何种影响？既有研究以及本书均未有深入探讨。因此，以公司特定事件的发生为研究视角来探讨内部人交易在证券市场上所起到的作用，可以对内部人交易所具有的信息传递机制提供更深厚的理论和经验支持。

3. 研究外部监督因素在规范内部人交易上发挥的作用

本书的研究立足于公司内部控制对内部人交易的影响，实质上探讨的是公司内部监督对于规范内部人交易是否发挥积极的作用。那么，公司外部监督因素（比如证券分析师、独立审计师以及机构投资者等）在规范内部人交易上能否发挥积极的作用，对这类问题的研究将对本书的研究起到补充和丰满的作用。

4. 研究内部控制质量的度量方法

采用迪博内部控制与风险管理数据库中的内部控制指数来衡量内部控制质量，虽然从法律规范和相关文献上看，这种方式有合理之处，但是其能否恰如其分地度量内部控制的质量尚需后续数据的检验。

著者近年来的学术成果

[1] 胡耀亭，陈作华．创新资本形成：“双区”建设的优先目标与实现路径［J］．深圳大学学报（人文社会科学版），2020，37（2）：82－90．（CSSCI 检索）

[2] 陈作华，陈娇娇．内部人交易与信息效率——来自中国上市公司的经验证据［J］．证券市场导报，2019（11）：42－52．（CSSCI 检索）

[3] 陈作华，刘子旭．政企关系与企业特质风险［J］．管理科学，2019，32（4）：48－61．（国家自然科学基金委 A 类期刊，CSSCI 检索）

[4] 陈作华，方红星．内部控制能扎紧董监高的机会主义减持藩篱吗？［J］．会计研究，2019（7）：82－89．（国家自然科学基金委 A 类期刊，CSSCI 检索）

[5] 陈作华，方红星．融资约束、内部控制与企业避税［J］．管理科学，2018，31（3）：125－139．（国家自然科学基金委 A 类期刊，CSSCI 检索）

[6] 陈作华，方红星，王守海．董监高减持股份行为会加剧股价崩盘风险吗？［J］．中国会计评论，2018，16（2）：175－204．（CSSCI 检索）

[7] 王守海，张晖，陈作华，高媛．会计准则与金融监管规则协调研究：理论基础、评价标准与政策建议［J］．会计研究，2018（3）：12－18．（国家自然科学基金委 A 类期刊，CSSCI 检索）

[8] 陈作华．关联交易与公司避税——来自中国上市公司的经验数据．证券市场导报，2017（5）：21－31．（CSSCI 检索）

[9] 陈作华，孙文刚．内部人交易行为研究述评与展望——基于信息优势的视角［J］．财务研究，2017（1）：78－86．

[10] 陈作华，方红星．企业避税行为与投资者系统风险估算［J］．

管理科学，2016，29（5）：134－146.（国家自然科学基金委A类期刊，CSSCI检索）

［11］陈作华，温琳．内部控制与内部人亲属卖出股票交易行为的市场反应_来自深市上市公司的经验证据［J］．财经论丛，2016（10）：76－84.（人大复印报刊资料《财务与会计导刊（理论版）》2017年第1期全文转载，CSSCI检索）

［12］陈作华．内部控制与内部人违规交易行为［J］．财经理论与实践，2015（5）：76－82.（CSSCI检索）

［13］陈作华．内部控制质量与内部人寻租——基于内部人交易视角的经验证据．证券市场导报，2015（5）：25－32.（人大复印资料《财务与会计导刊（理论版）》2015年第8期全文转载，CSSCI检索）

［14］方红星，陈作华．高质量内部控制能有效应对特质风险和系统风险吗？［J］．会计研究，2015（4）：70－77.（国家自然科学基金委A类期刊，CSSCI检索）

［15］陈作华，金贞姬．应计项目盈余管理与公司系统风险——来自中国上市公司的经验证据［J］．山西财经大学学报，2014（7）：115－124.（CSSCI检索）

［16］陈作华．强化外部监督能降低公司系统风险吗？——来自中国上市公司的经验证据［J］．会计论坛，2014（2）：87－101.（CSSCI检索）

［17］陈作华．后危机背景下会计计量属性选择研究［J］．财会通讯，2013（3）：14－16.

参考文献

［1］ 陈乾坤．管理者交易的市场择时能力及对市场影响［D］．大连：东北财经大学，2012.

［2］ 陈维，吴世农．我国创业板上市公司高管和大股东减持股份的动因及后果——从风险偏好转向风险规避的“偏好逆转”行为研究［J］．经济管理，2013（6）：43－53.

［3］ 陈作华．内部控制质量与内部人寻租——基于内部人交易视角的经验证据［J］．证券市场导报，2015（5）：25－32.

［4］ 陈作华．内部控制与内部人违规交易行为［J］．财经理论与实践，2015（5）：35－41.

［5］ 程书强．机构投资者持股与上市公司会计盈余信息关系实证研究［J］．管理世界，2006（9）：129－136.

［6］ 程晓陵，王怀明．公司治理结构对内部控制有效性的影响［J］．审计研究，2008（4）：53－61.

［7］ 董望，陈汉文．内部控制、应计质量与盈余反应——基于中国2009年A股上市公司的经验证据［J］．审计研究，2011（4）：68－78.

［8］ 方红星，陈作华．高质量内部控制能有效应对特质风险和系统风险吗？［J］．会计研究，2015（4）：70－77.

［9］ 方红星，金玉娜．高质量内部控制能抑制盈余管理吗？——基于自愿性内部控制鉴证报告的经验研究［J］．会计研究，2011（8）：53－60，96.

［10］ 方红星，金玉娜．公司治理、内部控制与非效率投资：理论分析与经验证据［J］．会计研究，2013（7）：63－69.

［11］ 方红星，施继坤．自愿性内部控制鉴证与权益资本成本——来自沪市A股非金融类上市公司的经验证据［J］．经济管理，2011（12）：128－134.

［12］方红星，孙翯．交叉上市公司内部控制缺陷披露的影响因素与市场反应——基于兖州煤业的案例研究［J］．上海立信会计学院学报，2010（1）：28－36，97.

［13］方红星，张志平．内部控制质量与会计稳健性——来自深市A股公司2007～2010年年报的经验证据［J］．审计与经济研究，2012（5）：3－10.

［14］高垚．内部人交易、信息获利动机与制衡因素［D］．上海：复旦大学，2008.

［15］韩丽荣，盛金．自愿性披露时期内部控制缺陷影响因素的实证分析——以我国制造业A股上市公司样本为例［J］．吉林大学社会科学学报，2013（1）：132－140.

［16］黄琪．信息不对称与市场效率的关系研究［D］．济南：山东大学，2014.

［17］李善民，朱滔．多元化并购能给股东创造价值吗？——兼论影响多元化并购长期绩效的因素［J］．管理世界，2006（3）：129－137.

［18］李万福，林斌，宋璐．内部控制在公司投资中的角色：效率促进还是抑制？［J］．管理世界，2011（2）：81－99，188.

［19］李心合．内部控制研究的困惑与思考［J］．会计研究，2013（6）：54－61，96.

［20］李勇，王美今．“内部人”交易信息披露规则与市场交易操纵［J］．中国经济问题，2003（5）：34－40.

［21］李勇，朱淑珍．内部人交易与信息披露成本［J］．中国矿业大学学报，2005（5）：668－672.

［22］林斌，孙烨，刘瑾．内部控制、信息环境与资本成本——来自中国上市公司的经验证据［J］．证券市场导报，2012（11）：26－31.

［23］林斌，周美华，舒伟，刘春丽．内部控制、公司诉讼和公司价值［J］．中国会计评论，2013，11（4）：431－456.

［24］刘启亮，罗乐，张雅曼，陈汉文．高管集权、内部控制与会计信息质量［J］．南开管理评论，2013（1）：15－23.

［25］毛玲玲．中美证券内幕交易规制的比较与借鉴［J］．法学，2007（7）：101－107.

［26］毛新述，孟杰．内部控制与诉讼风险［J］．管理世界，2013

(11)：155－165.

[27] 谭智心，孔祥智．不完全契约、非对称信息与合作社经营者激励——农民专业合作社“委托—代理”理论模型的构建及其应用[J]．中国人民大学学报，2011 (5)：34－42.

[28] 田高良，齐保垒，李留闯．基于财务报告的内部控制缺陷披露影响因素研究 [J]．南开管理评论，2010 (4)：134－141.

[29] 王小鲁，余静文，樊纲．中国分省企业经营环境指数2013年报告 [M]．北京：中信出版社，2013.

[30] 武聪，张俊生．内部人交易与企业盈余管理行为 [J]．经济管理，2009 (8)：113－118.

[31] 徐向艺，房林林，宋理升．上市公司内部人交易行为研究[M]．第1版．北京：经济科学出版社，2014.

[32] 杨德明，胡婷．内部控制、盈余管理与审计意见 [J]．审计研究，2010 (5)：90－97.

[33] 杨有红，毛新述．内部控制、财务报告质量与投资者保护——来自沪市上市公司的经验证据 [J]．财贸经济，2011 (8)：44－50，58，136.

[34] 杨有红．企业内部控制系统的构建——构建、运行、评价[M]．第1版．北京：北京大学出版社，2013：1－2.

[35] 叶建芳，李丹蒙，章斌颖．内部控制缺陷及其修正对盈余管理的影响 [J]．审计研究，2012 (6)：50－59，70.

[36] 曾庆生，张耀中．信息不对称、交易窗口与上市公司内部人交易回报 [J]．金融研究，2012 (12)：151－164.

[37] 曾庆生，张耀中．政治关联、分析师跟踪与内部人交易的信息含量 [J]．中国会计与财务研究，2013，15 (3)：67－119.

[38] 曾庆生．高管及其亲属买卖公司股票时“浑水摸鱼”了？——基于信息透明度对内部人交易信息含量的影响研究 [J]．财经研究，2014 (12)：15－26，88.

[39] 曾庆生．公司内部人具有交易时机的选择能力吗？——来自中国上市公司内部人卖出股票的证据 [J]．金融研究，2008 (10)：117－135.

[40] 曾庆生．上市公司内部人交易披露延迟及其经济后果研究——

来自上海股票市场的经验证据［J］. 财经研究，2011（2）：72 – 82.

［41］张国清. 内部控制与盈余质量——基于 2007 年 A 股公司的经验证据［J］. 经济管理，2008（3）：112 – 119.

［42］张俊生，曾亚敏. 上市公司内部人亲属股票交易行为研究［J］. 金融研究，2011（3）：121 – 133.

［43］张然，王会娟，许超. 披露内部控制自我评价与鉴证报告会降低资本成本吗？——来自中国 A 股上市公司的经验证据［J］. 审计研究，2012（1）：96 – 102.

［44］张维迎. 博弈论与信息经济学［M］. 上海：上海人民出版社，2004.

［45］朱茶芬，李志文，陈超. A 股市场上大股东减持的时机选择和市场反应研究［J］. 浙江大学学报（人文社会科学版），2011（3）：159 – 169.

［46］朱茶芬，姚铮，李志文. 高管交易能预测未来股票收益吗？［J］. 管理世界，2011（9）：141 – 152，188.

［47］朱海珅，闫贤贤. 董事会治理结构对企业内部控制影响的实证研究——来自中国上市公司的数据［J］. 经济与管理，2010（1）：55 – 59.

［48］Aboody，D.，Hughes，J. S.，and Liu，J.，Earnings Quality，Insider Trading，and Cost of Capital［J］. *Journal of Accounting Research*，2005，43（5）：651 – 673.

［49］Aboody，D.，Lev，B.，Information Asymmetry，R&D，and Insider Gains［J］. *Journal of Finance*，2000，55（6）：2747 – 2766（20）.

［50］Akerlof，G. A.，The Market for Lemons：Quality Uncertainty and the Market Mechanism quart［J］. *J Econ*，1970，79（3）：165 – 192（28）.

［51］Altamuro，J.，Beatty，A.，How Does Internal Control Regulation Affect Financial Reporting?［J］. *Journal of Accounting and Economics*，2009，49：58 – 74.

［52］Armstrong，C. S.，Jagolinzer，A. D.，Larcker，D. F.，Chief Executive Officer Equity Incentives and Accounting Irregularities［J］. *Journal of Accounting Research*，2010，48（2）：225 – 271.

[53] Ashbaugh, H., The Discovery and Reporting of Internal Control Deficiencies Prior to Sox – Mandated Audits [J]. *Social Science Electronic Publishing*, 2007, 44: 166 – 192.

[54] Ashbaugh – Skaife, H., Collins, D. W., Kinney Jr, W. R., et al., The Effect of Sox Internal Control Deficiencies and Their Remediation on Accrual Quality [J]. *Accounting Review*, 2011, 83 (1): 217 – 250.

[55] Ashbaugh – Skaife, H., Collins, D. W., Kinney Jr, W. R., et al., The Effect of Sox Internal Control Deficiencies on Firm Risk and Cost of Equity [J]. *Journal of Accounting Research*, 2009, 47 (1): 1 – 43.

[56] Ashbaugh – Skaife, H., Collins, D. W., Kinney Jr, W. R., et al., The Effect of Sox Internal Control Deficiencies and Their Remediation on Accrual Quality [J]. *Accounting Review*, 2011, 83 (1): 217 – 250.

[57] Ausubel, L. M., Insider Trading in a Rational Expectations Economy [J]. *American Economic Review*, 1990, 80 (5): 1022 – 1041.

[58] Badertscher, B., Hribar, P., and Jenkins, N. T., Informed Trading and the Market Reaction to Accounting Restatements [J]. *Accounting Review*, 2010, 86 (5): 1519 – 1547.

[59] Baiman, S., Verrecchia, R., The Relation among Capital Markets, Financial Disclosure, Production Efficiency, and Insider Trading [J]. *Journal of Accounting Research*, 1996, 34 (1): 1 – 22.

[60] Barth, M. E., Nelson, K. K., Accruals and the Prediction of Future Cash Flows [J]. *Social Science Electronic Publishing*, 1999, 76 (1): 27 – 58.

[61] Bartov, E., Mohanram, P., Private Information, Earnings Manipulations, and Executive Stock – Option Exercises [J]. *Accounting Review*, 2004, 79 (4): 889 – 920.

[62] Bebchuk, L. A., Fried, J. M., and Walker, D. I., Managerial Power and Rent Extraction in the Design of Executive Compensation [J]. *Social Science Electronic Publishing*, 2002, 69 (3): 751 – 846.

[63] Becker, G. S., Crime and Punishment: An Economic Approach [J]. *Economic Analysis of the Law: Selected Readings*. Blackwell Publishing Ltd, 1974.

[64] Beneish, M. D., Billings, M. B., Hodder, L. D., Internal Control Weaknesses and Information Uncertainty [J]. *The Accounting Review*, 2008, 83 (3): 665 -703.

[65] Beneish, M. D., Vargus, M. E., Insider Trading, Earnings Quality, and Accrual Mispricing [J]. *Accounting Review*, 2001, 77 (4): 755 -791.

[66] Berle, A. A., Means, G. C. The Modern Corporation and Private Property. New York: Commerce Clearing House, 1932.

[67] Beyer, A., Cohen, D. A., Lys, T. Z., et al., The Financial Reporting Environment: Review of the Recent Literature [J]. *Journal of Accounting and Economics*, 2010, 50 (2): 296 -343.

[68] Bhattacharya, N., Ecker, F., Olsson, P. M., et al., Direct and Mediated Associations among Earnings Quality, Information Asymmetry, and the Cost of Equity [J]. *The Accounting Review*, 2012, 87 (2): 449 - 482.

[69] Bhattacharya, U., Daouk, H., The World Price of Insider Trading [J]. *The Journal of Finance*, 2002, 57 (1): 75 -108.

[70] Biddle, G. C., Hilary, G., Accounting Quality and Firm-level Capital Investment [J]. *The Accounting Review*, 2006, 81 (5): 963 - 982.

[71] Biddle, G. C., Hilary, G., Verdi, R. S., How does Financial Reporting Quality Relate to Investment Efficiency? [J]. *Journal of Accounting and Economics*, 2009, 48 (2): 112 -131.

[72] Bradshaw, M. T., Richardson, S. A., Sloan, R. G., Do Analysts and Auditors Use Information in Accruals? [J]. *Journal of Accounting research*, 2001, 39 (1): 45 -74.

[73] Brealey, R., Leland, H. E., Pyle, D. H., Informational Asymmetries, Financial Structure, and Financial Intermediation [J]. *The Journal of Finance*, 1977, 32 (2): 371 -387.

[74] Brochet, F., Information Content of Insider Trades before and after the Sarbanes - Oxley Act [J]. *The Accounting Review*, 2010, 85 (2): 419 -446.

[75] Brown, S., Hillegeist, S. A., How Disclosure Quality Affects the Level of Information Asymmetry [J]. *Review of Accounting Studies*, 2007, 12 (2-3): 443-477.

[76] Burgstahler, D. C., Hail, L., Leuz, C., The Importance of Reporting Incentives: Earnings Management in European Private and Public Firms [J]. *Accounting Review*, 2006, 81 (5): 983-1016.

[77] Bushman, R. M., Smith, A. J., Financial accounting information and corporate governance [J]. *Journal of Accounting and Economics*, 2001, 32 (1): 237-333.

[78] Carlton, D. W., Fischel, D. R., The Regulation of Insider Trading [J]. *Stanford Law Review*, 1983, 35 (5): 857-895.

[79] Chang, J. C., Tang, A. P., and Krivogorsky, V., The Impacts of SOX and SEC Investigation on the Corporate Governance of Option Backdating Firms [J]. *Advances in Accounting*, 2011 (2): 205-212.

[80] Cheng, M., Dhaliwal, D., Zhang Y., Does Investment Efficiency Improve after the Disclosure of Material Weaknesses in Internal Control over Financial Reporting? [J]. *Journal of Accounting and Economics*, 2013, 56 (1): 1-18.

[81] Chung, R., Firth, M., and Kim, J. B., Institutional Monitoring and Opportunistic Earnings Management [J]. *Journal of Corporate Finance*, 2002, 8 (1): 29-48.

[82] Coase, R. H., The Nature of the Firm [J]. *Economica*, 1937, 4 (16): 386-405.

[83] Coase, R. H., Problem of Social Cost [J]. *The Journal of Laws and Economics*, 1960, 3: 1.

[84] Collins, D. W., Kothari, S. P., and Shanken, J., et al., Lack of Timeliness and Noise as Explanations for the Low Contemporaneuos Return-earnings Association [J]. *Journal of Accounting and Economics*, 1994, 18 (3): 289-324.

[85] Core, J., Guay, W., The Use of Equity Grants to Manage Optimal Equity Incentive Levels [J]. *Journal of Accounting and Economics*, 1999, 28 (2): 151-184.

[86] Dechow, P. M., Ge, W., and Larson, C. R., et al., Predicting Material Accounting Misstatements [J]. *Contemporary Accounting Research*, 2011, 28 (1): 17-82.

[87] Dechow, P. M., Kothari, S. P., and L Watts, R., The Relation Between Earnings and Cash Flows [J]. *Journal of Accounting and Economics*, 1998, 25 (2): 133-168.

[88] Dechow, P. M., Sloan, R. G., and Sweeney, A. P., Causes and Consequences of Earnings Manipulation: An Analysis of Firms Subject to Enforcement Actions by the SEC [J]. *Contemporary Accounting Research*, 1996, 13 (1): 1-36.

[89] Defond, M. L., Park, C. W., The Reversal of Abnormal Accruals and the Market Valuation of Earnings Surprises [J]. *The Accounting Review*, 2001, 76 (3): 375-404.

[90] Demsetz, H., Lehn, K., The Structure of Corporate Ownership: Causes and Consequences [J]. *The Journal of Political Economy*, 1985: 1155-1177.

[91] Dhaliwal, D., Hogan, C., and Trezevant, R., et al., Internal Control Disclosures, Monitoring, and the Cost of Debt [J]. *The Accounting Review*, 2011, 86 (4): 1131-1156.

[92] Diamond, D. W., Optimal Release of Information by Firms [J]. *The Journal of Finance*, 1985, 40 (4): 1071-1094.

[93] Diamond, D. W., Verrecchia, R. E., Disclosure, Liquidity, and the Cost of Capital [J]. *The Journal of Finance*, 1991, 46 (4): 1325-1359.

[94] Doyle, J., Ge, W., and McVay, S., Determinants of Weaknesses in Internal Control over Financial Reporting [J]. *Journal of Accounting and Economics*, 2007a, 44 (1): 193-223.

[95] Doyle, J., Ge, W., and McVay, S., Accruals Quality and Internal Control over Financial Reporting [J]. *The Accounting Review*, 2007b, 82 (5): 1141-1170.

[96] Easley, D., O'hara, M., Information and the Cost of Capital [J]. *The Journal of Finance*, 2004, 59 (4): 1553-1583.

[97] Ecker, F., Francis, J., and Kim, I., et al., A Returns-based Representation of Earnings Quality [J]. *The Accounting Review*, 2006, 81 (4): 749 -780.

[98] Efendi, J., Srivastava, A., and Swanson, E. P., Why Do Corporate Managers Misstate Financial Statements? The Role of Option Compensation and Other Factors [J]. *Journal of Financial Economics*, 2007, 85 (3): 667 -708.

[99] Elliott. J., Morse, D., and Richardson, G., The Association between Insider Trading and Information Announcements [J]. *Rand Journal of Economics*, 1984, 15 (4): 521 -536.

[100] Erickson, M., Hanlon, M., and Maydew, E. L., Is There a Link between Executive Equity Incentives and Accounting Fraud? [J]. *Journal of Accounting Research*, 2006, 44 (1): 113 -143.

[101] Fama, E. F., French, K. R., The Cross-section of Expected Stock Returns [J]. *The Journal of Finance*, 1992, 47 (2): 427 -465.

[102] Fama, E. F., Jensen, M. C., Separation of Ownership and Control [J]. *Journal of Laws and Economics*, 1983: 301 -325.

[103] Fazzari, S. M., Hubbard, R. G., and Petersen, B. C., Investment-cash Flow Sensitivities Are Useful: A Comment on Kaplan and Zingales [J]. *Quarterly Journal of Economics*, 2000: 695 -705.

[104] Fernandes, N., Ferreira, M. A., Insider Trading Laws and Stock Price Informativeness [J]. *Review of Financial Studies*, 2009, 22 (5): 1845 -1887.

[105] Fidrmuc, J. P., Goergen, M., and Renneboog, L., Insider Trading, News Releases, and Ownership Concentration [J]. *The Journal of Finance*, 2006, 61 (6): 2931 -2973.

[106] Finnerty, J. E., Insiders and Market Efficiency [J]. *The Journal of Finance*, 1976, 31 (4): 1141 -1148.

[107] Fishman, M. J., Hagerty, K. M., Insider Trading and the Efficiency of Stock Prices [J]. *The Rand Journal of Economics*, 1992: 106 -122.

[108] Francis, J., LaFond, R., and Olsson, P., et al., The

Market Pricing of Accruals Quality [J]. *Journal of Accounting and Economics*, 2005, 39 (2): 295 - 327.

[109] Frankel, R., Li X., Characteristics of a Firm's Information Environment and the Information Asymmetry between Insiders and Outsiders [J]. *Journal of Accounting and Economics*, 2004, 37 (2): 229 - 259.

[110] Frijns, B., Gilbert, A., and Tourani - Rad, A., Insider Trading, Regulation, and the Components of the Bid - Ask Spread [J]. *Journal of Financial Research*, 2008, 31 (3): 225 - 246.

[111] Gelb, D. S., Zarowin, P., Corporate Disclosure Policy and the Informativeness of Stock Prices [J]. *Review of Accounting Studies*, 2002, 7 (1): 33 - 52.

[112] Givoly, D., Palmon D., Insider Trading and the Exploitation of Inside Information: Some Empirical Evidence [J]. *Journal of Business*, 1985: 69 - 87.

[113] Glosten, L. R., Milgrom, P. R., Bid, Ask and Transaction Prices in a Specialist Market with Heterogeneously Informed Traders [J]. *Journal of Financial Economics*, 1985, 14 (1): 71 - 100.

[114] Goh, B. W., Audit Committees, Boards of Directors, and Remediation of Material Weaknesses in Internal Control [J]. *Contemporary Accounting Research*, 2009, 26 (2): 549 - 579.

[115] Goh, B. W., Li, D., Internal Controls and Conditional Conservatism [J]. *The Accounting Review*, 2011, 86 (3): 975 - 1005.

[116] Grossman, S. J., Stiglitz, J. E., On the Impossibility of Informationally Efficient Markets [J]. *The American Economic Review*, 1980: 393 - 408.

[117] Gu, F., Li, J. Q., The Credibility of Voluntary Disclosure and Insider Stock Transactions [J]. *Journal of Accounting Research*, 2007, 45 (4): 771 - 810.

[118] Hall, B. J., Murphy, K. J., Stock Options for Undiversified Executives [J]. *Journal of Accounting and Economics*, 2002, 33 (1): 3 - 42.

[119] Hammersley, J. S., Myers, L. A., and Shakespeare, C.,

Market Reactions to the Disclosure of Internal Control Weaknesses and to the Characteristics of Those Weaknesses under Section 302 of the Sarbanes Oxley Act of 2002 [J]. *Review of Accounting Studies*, 13 (1): 141 -165.

[120] Harris, J. , Bromiley, P. , Incentives to Cheat: The Influence of Executive Compensation and Firm Performance on Financial Misrepresentation [J]. *Organization Science*, 2007, 18 (3): 350 -367.

[121] Hartzell, J. C. , Starks, L, T. , Institutional Investors and Executive Compensation [J]. *The Journal of Finance*, 2003, 58 (6): 2351 -2374.

[122] Hayek, F. A. , The Use of Knowledge in Society [J]. *The American Economic Review*, 1945: 519 -530.

[123] Healy, P. M. , Palepu, K. G. , Information Asymmetry, Corporate Disclosure, and the Capital Markets: A Review of the Empirical Disclosure Literature [J]. *Journal of Accounting and Economics*, 2001, 31 (1): 405 -440.

[124] Himmelberg, C. P. , Hubbard, R. G. , and Palia, D. , Understanding the Determinants of Managerial Ownership and the Link between Ownership and Performance [J]. *Journal of Financial Economics*, 1999, 53 (3): 353 -384.

[125] Hoitash, U. , Hoitash, R. , and Bedard, J. C. , Corporate Governance and Internal Control over Financial Reporting: A Comparison of Regulatory Regimes [J]. *The Accounting Review*, 2009, 84 (3): 839 - 867.

[126] Holthausen, R. W. , Accounting Method Choice: Opportunistic Behavior, Efficient Contracting, and Information Perspectives [J]. *Journal of Accounting and Economics*, 1990, 12 (1): 207 -218.

[127] Hribar, P. , Jenkins, N. T. , The Effect of Accounting Restatements on Earnings Revisions and the Estimated Cost of Capital [J]. *Review of Accounting Studies*, 2004, 9 (2 -3): 337 -356.

[128] Huddart, S. J. , and Ke, B. , Information Asymmetry and Cross-sectional Variation in Insider Trading [J]. *Contemporary Accounting Research*, 2007, 24 (1): 195 -232.

[129] Jaffe, J. F., Special Information and Insider Trading [J]. *Journal of Business*, 1974: 410 – 428.

[130] Jagolinzer, A. D., Larcker, D. F., and Taylor, D. J., Corporate Governance and the Information Content of Insider Trades [J]. *Journal of Accounting Research*, 2011, 49 (5): 1249 – 1274.

[131] Jennings, R., Unsystematic Security Price Movements, Management Earnings Forecasts, and Revisions in Consensus Analyst Earnings Forecasts [J]. *Journal of Accounting Research*, 1987: 90 – 110.

[132] Jensen, M. C., Meckling W. H., Theory of the Firm: Managerial Behavior, Agency Costs and Ownership Structure [J]. *Journal of Financial Economics*. 1976, 3 (4): 305 – 360.

[133] Jensen, M. C., Meckling W. H., Specific and General Knowledge and Organizational Structure [J]. *Journal of Applied Corporate Finance*, 1992, 8 (2): 4 – 18.

[134] Jin, L., Myers, S. C., Around the World: New Theory and New Tests [J]. *Journal of Financial Economics*, 2006, 79 (2): 257 – 292.

[135] Johnson, S. A., Ryan, H. E., and Tian, Y. S., Managerial Incentives and Corporate Fraud: The Sources of Incentives Matter [J]. *Review of Finance*, 2009, 13 (1): 115 – 145.

[136] Kaplan, S. N., Zingales, L., Investment-cash Flow Sensitivities are not Valid Measures of Financing Constraints [J]. *National bureau of economic research*, 2000.

[137] Kasznik, R., Aboody, D., Ceo Stock Option Awards and the Timing of Corporate Voluntary Disclosures [J]. *Journal of Accounting and Economics*, 2000, 29 (1): 73 – 100.

[138] Ke, B., Huddart, S., and Petroni, K., What Insiders Know About Future Earnings and How They Use It: Evidence from Insider Trades [J]. *Journal of Accounting and Economics*, 2003, 35 (3): 315 – 346.

[139] Kormendi, R., Lipe, R., Earnings Innovations, Earnings Persistence, and Stock Returns [J]. *Journal of Business*, 1987: 323 – 345.

[140] Kravet, T., Shevlin, T., Accounting Restatements and Infor-

mation Risk [J]. *Review of Accounting Studies*, 2010, 15 (2): 264 - 294.

[141] Kyle, A, S., Continuous Auctions and Insider Trading [J]. *Econometrica*: *Journal of the Econometric Society*, 1985: 1315 - 1335.

[142] La Porta, R., Lopez-de - Silanes, F., Shleifer, A., et al., Investor Protection and Corporate Governance [J]. *Journal of Financial Economics*, 2000, 58: 3 - 27.

[143] Lakonishok, J., Lee, I., Are Insider Trades Informative? [J]. *Review of Financial Studies*, 2001, 14 (1): 79 - 11.

[144] Lakonishok, J., Shleifer, A., Vishny, R. W., Contrarian Investment, Extrapolation, and Risk [J]. *The Journal of Finance*, 1994, 49 (5): 1541 - 1578.

[145] Lambert, R. A., Leuz, C., and Verrecchia, R. E., Accounting Information, Disclosure, and the Cost of Capital [J]. *Journal of Accounting Research*, 2007, 45 (2): 385 - 420.

[146] Lambert, R. A., Leuz, C., and Verrecchia, R. E., Information Asymmetry, Information Precision, and the Cost of Capital [J]. *Review of Finance*, 2011, 16 (1): 1 - 29.

[147] Leland, H. E., Insider Trading: Should it be Prohibited? [J]. *Journal of Political Economy*, 1992: 859 - 887.

[148] Leland, H. E., Pyle, D. H., Informational Asymmetries, Financial Structure, and Financial Intermediation [J]. *The Journal of Finance*, 1977, 32 (2): 371 - 387.

[149] Leuz, C., Verrecchia, R. E., The Economic Consequences of Increased Disclosure (Digest Summary) [J]. *Journal of Accounting Research*, 2000, 38: 91 - 124.

[150] Lundholm, R., Myers, L. A., Bringing the Future Forward: The Effect of Disclosure on the Returns - Earnings Relation [J]. *Journal of Accounting Research*, 2002, 40 (3): 809 - 839.

[151] Manne, H. G., Insider Trading and the Stock Market. Free Press, New York, 1966.

[152] Manove, M., The Harm from Insider Trading and Informed Speculation [J]. *The Quarterly Journal of Economics*, 1989: 823 - 845.

[153] Miller, M. H., Rock, K., Dividend Policy under Asymmetric Information [J]. *The Journal of Finance*, 1985, 40 (4): 1031 - 1051.

[154] Mitra, S., Jaggi, B., and Hossain, M., Internal Control Weaknesses and Accounting Conservatism Evidence From the Post - Sarbanes - Oxley Period [J]. *Journal of Accounting, Auditing & Finance*, 2013, 28 (2): 152 - 191.

[155] Ofek, E., Yermack, D., Taking Stock: Equity-based Compensation and the Evolution of Managerial Ownership [J]. *The Journal of Finance*, 2000, 55 (3): 1367 - 1384.

[156] Ogneva, M., Subramanyam, K. R., and Raghunandan, K., Internal Control Weakness and Cost of Equity: Evidence from SOX Section 404 Disclosures [J]. *The Accounting Review*, 2007, 82 (5): 1255 - 1297.

[157] Palmrose, Z. V., Richardson, V. J., and Scholz, S., Determinants of Market Reactions to Restatement Announcements [J]. *Journal of Accounting and Economics*, 2004, 37 (1): 59 - 89.

[158] Park, M. S., Park, T., Insider Sales and Earnings Management [J]. *Journal of Accounting and Public Policy*, 2004, 23 (5): 381 - 411.

[159] Penman, S. H., Zhang, X. J., Accounting Conservatism, the Quality of Earnings, and Stock Returns [J]. *The Accounting Review*, 77 (2): 237 - 264.

[160] Piotroski, J. D., Roulstone, D. T., Do Insider Trades Reflect Both Contrarian Beliefs and Superior Knowledge about Future Cash Flow Realizations? [J]. *Journal of Accounting and Economics*, 2005, 39 (1): 55 - 81.

[161] Prowse, S. D., Institutional Investment Patterns and Corporate Financial Behavior in the United States and Japan [J]. *Journal of Financial Economics*, 1990, 27 (1): 43 - 66.

[162] Rajgopal, S., Venkatachalam, M., Financial Reporting Quality and Idiosyncratic Return Volatility [J]. *Journal of Accounting and Economics*, 2011, 51 (1): 1 - 20.

[163] Rajgopal. S. , Shevlin, T. , Empirical Evidence on the Relation between Stock Option Compensation and Risk Taking [J]. *Journal of Accounting and Economics*, 2002, 33 (2): 145 - 171.

[164] Rangan. S. , Earnings Management and the Performance of Seasoned Equity Offerings [J]. *Journal of Financial Economics*, 1998, 50 (1): 101 - 122.

[165] Rice, S. C. , Weber, D. P. , How Effective Is Internal Control Reporting under SOX 404? Determinants of the (Non -) Disclosure of Existing Material Weaknesses [J]. *Journal of Accounting Research*, 2012, 50 (3): 811 - 843.

[166] Rogers, J. L. , Disclosure Quality and Management Trading Incentives [J]. *Journal of Accounting Research*, 2008, 46 (5): 1265 - 1296.

[167] Rothschild, M. , Stiglitz, J. E. , Equilibrium in Competitive Insurance Markets: An Essay on the Economics of Imperfect Information [J]. *The Quarterly Journal of Economics*, 1976, 90 (4): 630 - 49.

[168] Roulstone, D. T. , The Relation Between Insider - Trading Restrictions and Executive Compensation [J]. *Journal of Accounting Research*, 2003, 41 (3): 525 - 551.

[169] Rozeff, M. S. , Zaman, M. A. , Market Efficiency and Insider Trading: New Evidence [J]. *The Journal of Business*, 1988, 61 (1): 25 - 44.

[170] Rozeff, M. S. , Zaman, M. A. , Overreaction and Insider Trading: Evidence from Growth and Value Portfolios [J]. *The Journal of Finance*, 1998, 53 (2): 701 - 716.

[171] Sawicki. J. , Shrestha, K. , Insider Trading and Earnings Management [J]. *Journal of Business Finance & Accounting*, 2008, 35 (3 - 4): 331 - 346.

[172] Scott, W. R. , Financial Accounting Theory, Upper Saddle River, NJ: Prentice Hall, 1997.

[173] Seyhun, H. N. , Insiders' Profits, Costs of Trading, and Market Efficiency [J]. *Journal of Financial Economics*, 1986, 16 (2): 189 - 212.

[174] Seyhun, H. N., The Information Content of Aggregate Insider Trading [J]. *Journal of Business*, 1988: 1-24.

[175] Seyhun, H. N., Why Does Aggregate Insider Trading Predict Future Stock Returns [J]. *The Quarterly Journal of Economics*, 1992: 1303-1331.

[176] Seyhun, H. N., Investment Intelligence From Insider Trading. MIT Press, Cambridge MA, 1998.

[177] Skaife, H. A., Veenman, D., and Wangerin, D., Internal Control over Financial Reporting and Managerial Rent Extraction: Evidence from the Profitability of Insider Trading [J]. *Journal of Accounting and Economics*, 2013, 55 (1): 91-110.

[178] Sloan, R. G., Do Stock Prices Fully Reflect Information in Accruals and Cash Flows about Future Earnings? [J]. *Accounting Review*, 1996: 289-315.

[179] Spence, M., Job Market Signaling [J]. *The Quarterly Journal of Economics*, 1973, 87 (3): 355-379.

[180] Stein, J. C., Chapter 2 Agency, Information and Corporate Investment [J]. *Handbook of the Economics of Finance*, 2003, 1 (3).

[181] Summers, S. L., Sweeney, J. T., Fraudulently Misstated Financial Statements and Insider Trading: An Empirical Analysis [J]. *Accounting Review*, 1998: 131-146.

[182] Teoh, S, H., Welch, I., Wong, T. J., Earnings Management and the Long-run Market Performance of Initial Public Offerings [J]. *The Journal of Finance*, 1998a, 53 (6): 1935-1974.

[183] Teoh, S, H., Welch, I., Wong, T. J., Earnings Management and the Underperformance of Seasoned Equity Offerings [J]. *Journal of Financial Economics*, 1998b, 50 (1): 63-99.

[184] Thomas, J. K., Zhang, H., Inventory Changes and Future Returns [J]. *Review of Accounting Studies*, 2002, 7 (2-3): 163-187.

[185] Veenman, D., Disclosures of Insider Purchases and the Valuation Implications of Past Earnings Signals [J]. *The Accounting Review*, 2011, 87 (1): 313-342.

［186］ Verrecchia, R. E., The Use of Mathematical Models in Financial Accounting ［J］. *Journal of Accounting Research*, 1982: 1－42.

［187］ Verrecchia, R. E., Essays on Disclosure ［J］. *Journal of Accounting and Economics*, 2001, 32 (1): 97－180.

［188］ Watts, R. L., Zimmerman, J. L., Positive Accounting Theory: a Ten Year Perspective ［J］. *Accounting Review*, 1990: 131－156.

［189］ Wilson, W. M., An Empirical Analysis of the Decline in the Information Content of Earnings Following Restatements ［J］. *The Accounting Review*, 2008, 83 (2): 519－548.

［190］ Winch, R. F., Mate Selection. New York: Harper, 1958.

［191］ Winch, R. F., Another Look at the Theory of Complementarity Needs in Mate Selection ［J］. *Marriage and Family*, 1967, 29: 756－762.

［192］ Xie, H., The Mispricing of Abnormal Accruals ［J］. *The Accounting Review*, 2001, 76 (3): 357－373.

［193］ Yermack, D., Do Corporations Ward CEO Stock Options Effectively? ［J］. *Journal of Financial Economics*, 1995, 39 (2): 237－269.

［194］ Yu, F. F., Analyst Coverage and Earnings Management ［J］. *Journal of Financial Economics*, 2008, 88 (2): 245－271.